山东省优秀博士论文

山东省滨海全域体育旅游资源评价与优化研究

姜付高　著

人民体育出版社

图书在版编目（CIP）数据

山东省滨海全域体育旅游资源评价与优化研究 / 姜付高著. -- 北京：人民体育出版社, 2023
ISBN 978-7-5009-6281-6

Ⅰ.①山… Ⅱ.①姜… Ⅲ.①体育—滨海旅游—旅游资源开发—研究—山东 Ⅳ.①F592.3

中国国家版本馆CIP数据核字(2023)第055804号

*

人民体育出版社出版发行
北京建宏印刷有限公司印刷
新 华 书 店 经 销

*

710×1000　16开本　18.25印张　334千字
2023年9月第1版　2023年9月第1次印刷

*

ISBN 978-7-5009-6281-6
定价：79.00元

社址：北京市东城区体育馆路8号（天坛公园东门）
电话：67151482（发行部）　邮编：100061
传真：67151483　邮购：67118491
网址：www.psphpress.com
（购买本社图书，如遇有缺损页可与邮购部联系）

目 录

绪论 ……………………………………………………………（1）

    一、问题缘起 …………………………………………………（1）

    二、研究意义 …………………………………………………（3）

    三、研究对象和方法 …………………………………………（4）

第一章　全域体育旅游相关理论溯源 ………………………（48）

    第一节　全域体育旅游理论基础 ……………………………（48）

        一、可持续发展理论 ……………………………………（48）

        二、平衡发展理论 ………………………………………（49）

        三、区位理论 ……………………………………………（50）

        四、经济发展理论 ………………………………………（52）

        五、城市化理论 …………………………………………（55）

    第二节　全域体育旅游理论 …………………………………（56）

        一、全域旅游的提出 ……………………………………（56）

        二、全域体育旅游的演化 ………………………………（57）

        三、全域体育旅游的概念 ………………………………（62）

        四、全域体育旅游的特点 ………………………………（64）

第二章　山东滨海发展全域体育旅游分析 …………………（70）

    第一节　山东滨海发展全域体育旅游的重要性 ……………（70）

        一、建设蓝色山东的需要 ………………………………（70）

二、建设旅游山东的需要……………………………………（71）
　　三、建设体育山东的需要……………………………………（73）
　　四、建设文化山东的需要……………………………………（75）
　　五、建设和谐山东的需要……………………………………（77）
第二节　山东滨海发展全域体育旅游的可行性………………（78）
　　一、自然地理环境特殊………………………………………（78）
　　二、海洋生态环境良好………………………………………（79）
　　三、区位发展条件优越………………………………………（81）
　　四、区域产业经济发达………………………………………（81）
　　五、海洋产业结构良好………………………………………（83）
　　六、区域旅游资源丰富………………………………………（83）
　　七、体育产业发展迅速………………………………………（85）
　　八、区域战略规划优先………………………………………（87）
　　九、区域产业政策支持………………………………………（87）
第三节　山东滨海发展全域体育旅游的不足…………………（88）
　　一、体育旅游淡季、旺季的不平衡性………………………（88）
　　二、体育旅游产品空间的不平衡性…………………………（89）
　　三、体育旅游消费结构的不平衡性…………………………（90）
　　四、区域体育旅游发展的不平衡性…………………………（91）
　　五、体育旅游效益发展的不平衡性…………………………（92）
　　六、体育旅游服务系统的不平衡性…………………………（93）
　　七、体育旅游客源结构的不平衡性…………………………（94）
　　八、体育赛事品牌形象的不平衡性…………………………（96）

第三章　山东滨海全域体育旅游行为分析………………（97）

第一节　山东滨海体育旅游发展概况…………………………（97）
　　一、山东滨海国内体育旅游现状……………………………（99）
　　二、山东滨海入境体育旅游现状……………………………（100）

目 录

第二节 山东滨海旅游者体育旅游行为…………………………（102）
　　一、山东滨海旅游者基本信息…………………………………（102）
　　二、山东滨海体育旅游行为……………………………………（107）
　　三、山东滨海旅游整体满意度分析……………………………（114）
　　四、山东滨海旅游者旅游行为空间特征………………………（117）
　　五、山东滨海旅游消费满意度分析……………………………（123）

第四章　山东滨海全域体育旅游资源评价…………………………（137）

第一节　滨海体育旅游资源概念及分类……………………………（137）
　　一、滨海体育旅游资源相关概念………………………………（137）
　　二、滨海体育旅游资源分类原则………………………………（139）
　　三、滨海体育旅游资源分类……………………………………（140）

第二节　山东滨海体育旅游资源调查………………………………（140）

第三节　山东滨海体育旅游资源分析………………………………（153）
　　一、山东滨海自然类体育旅游资源……………………………（153）
　　二、山东滨海人文类体育旅游资源……………………………（157）
　　三、山东滨海综合与服务类体育旅游资源……………………（161）
　　四、山东滨海商业类体育旅游资源……………………………（163）

第四节　山东滨海体育旅游资源评价………………………………（166）
　　一、评价指标体系的建构………………………………………（166）
　　二、山东滨海体育旅游资源禀赋评价…………………………（168）
　　三、山东滨海体育旅游资源丰度评价…………………………（174）
　　四、山东滨海体育旅游资源绩效评价…………………………（179）

第五章　山东滨海全域体育旅游空间优化…………………………（187）

第一节　山东滨海全域体育旅游发展目标…………………………（187）
　　一、山东滨海全域体育旅游发展基本目标……………………（187）
　　二、山东滨海全域体育旅游发展重点目标……………………（191）

第二节　山东滨海全域体育旅游发展原则 (193)

一、整体规划，点面结合 (193)

二、全域统筹，城乡融合 (194)

三、多业并举，融合发展 (194)

四、文化发展，智慧保障 (195)

五、提质扩容，创新发展 (196)

六、全民参与，绿色共享 (197)

第三节　山东滨海全域体育旅游空间优化与布局 (197)

一、山东滨海全域体育旅游空间优化路径 (197)

二、山东滨海全域体育旅游空间布局 (200)

第四节　山东滨海全域体育旅游发展重点项目 (205)

一、重点发展"仙境海岸"全域体育度假旅游项目 (205)

二、统筹发展"胶东人家"全域体育乡村旅游项目 (206)

三、融合发展"健康山东"全域体育颐养旅游项目 (207)

四、蓬勃发展"儒风海韵"全域体育传统旅游项目 (207)

五、品牌发展"节事山东"全域体育节事旅游项目 (208)

六、助力发展"冰雪山东"全域体育冰雪旅游项目 (209)

七、培育发展"环赛山东"全域体育环赛旅游项目 (209)

八、特色发展"露营山东"全域体育自助旅游项目 (210)

九、规范发展"逍遥山东"全域体育新兴旅游项目 (210)

第五节　山东滨海全域体育旅游发展模式 (211)

一、山东滨海全域体育旅游开发与管理 (211)

二、山东滨海全域体育旅游开发与管理模式 (214)

第六节　山东滨海全域体育旅游发展保障机制 (215)

一、创新管理机制，建立工作协调机制 (215)

二、完善金融体系，加大政策支持力度 (216)

三、加强人才培养，建立人才服务体系 (217)

四、健全法律法规，保障安全有序发展 (217)

五、制定评价体系，注重体育旅游绩效……………………（218）
　第七节　山东滨海全域体育旅游空间优化策略………………（219）
　　一、科学规划，优化山东滨海体育旅游空间结构……………（219）
　　二、品牌塑造，提升山东滨海体育旅游产品品质……………（220）
　　三、业态融合，延展山东滨海体育旅游产业链条……………（222）
　　四、提质扩容，优化山东滨海体育旅游产品空间……………（223）
　　五、智慧发展，完善山东滨海体育旅游网络体系……………（224）
　　六、注重服务，提升山东滨海体育旅游服务品质……………（225）
　　七、细分市场，注重山东滨海体育旅游产品营销……………（227）

第六章　研究结论与展望……………………………………（229）
　一、研究结论……………………………………………………（229）
　二、研究不足……………………………………………………（231）
　三、研究展望……………………………………………………（232）

参考文献………………………………………………………（233）

附录……………………………………………………………（249）
　附录1　山东滨海体育旅游行为调查……………………………（249）
　附录2　山东滨海体育旅游资源评价……………………………（255）
　附录3　山东滨海地区体育旅游资源……………………………（258）

绪 论

一、问题缘起

体育旅游是以体育作为内涵、旅游作为载体，体育提供资源、旅游带来市场的深度旅游产品[1]。据国际体育旅游委员会统计，体育及与体育相关的消遣娱乐活动在旅游活动中所占的比重达到25%以上，全球体育旅游的收入占世界旅游总收入的32%[2]，年产值达到1820亿美元[3]。

旅游产业增长额度在2%~3%时，体育旅游的增长率能够达到约14%，是全球旅游市场中增长最快的部分。2016年12月，国家体育总局和国家旅游局共同印发了《关于大力发展体育旅游的指导意见》，提出到2020年，体育旅游总消费突破1万亿元，体育旅游参与人数占旅游总人数的15%，达到10亿人次的发展目标。体育旅游已经成为丰富体育与旅游产品体系，拓展体育与旅游消费空间，促进体育与旅游业转型升级的必然要求，对于培育经济发展新动能，拓展经济发展新空间，实现全民健身和全民健康深度融合具有十分重要的意义。

为促进体育旅游发展，国务院、国家体育总局、国家旅游局等相关部门相继颁布实施了一系列政策和文件，推动和促进体育与旅游融合发展。国家旅游局先后将1996年旅游主题定为"休闲度假游"，提出"崭新的度假天地"宣传口号；将2001年旅游主题定为"中国体育健身游"，推出赛事、节庆和专项体育旅游线路；将2008年旅游主题定为"2008中国奥运旅游年"，提出"北京奥运、相约中国"的宣传口号；将2012年旅游主题定为"中国欢乐健康游"，提出"欢乐旅游、尽享健康"的宣传口号。通过系列主题年的促进活动，体育已与旅游紧密相连。2009年，国家体育总局和国家旅游局以"动观天下"为理念，联合发表《促进中国体育旅游发展倡议书》，倡导旅游与体育部门合作，

---

[1] 顾阳，刘存瑞.体育旅游：让生活更加健康美好[N].经济日报，2010-07-19（6）.
[2] 赵珊.体育旅游：迎来前所未有的发展机遇[N].人民日报海外版，2010-04-24（7）.
[3] 黄晶.周游世界：以体育的名义[N].海南日报，2010-10-20（11）.

优化体育旅游发展；2014年，《国务院关于促进旅游业改革发展的若干意见》（国发〔2014〕31号）中明确提出积极推动体育旅游，加强竞赛表演、健身休闲与旅游活动的融合发展，支持和引导有条件的体育运动场所面向游客开展体育旅游服务。《国家体育产业发展"十三五"规划》中明确指出，大力发展体育旅游，制定体育旅游发展纲要，实施体育旅游精品示范工程，编制体育旅游重点项目名录。支持和引导有条件的旅游景区拓展体育旅游项目，鼓励设计开发体育赛事活动旅游项目和路线。2016年，国家体育总局、国家旅游局签署了《关于推进体育旅游融合发展的合作协议》，期冀谋长远发展，做顶层设计，通过政策扶持、标准化规范、平台建设支撑等手段，全面推动体育与旅游产业融合发展，引领经济新常态。2017年，"全域旅游"首次写入政府工作报告，明确提出要大力发展全域旅游，全域旅游已经从区域探索实践上升为国家发展战略。2016年，国家体育总局、国家旅游局共同印发了《关于大力发展体育旅游的指导意见》，协调方针政策，加大对体育旅游项目的扶持力度，引领休闲体育旅游发展，培育市场，保障基础设施建设。2021年，文化和旅游部出台了《"十四五"文化和旅游市场发展规划》，明确了文化和旅游市场发展的总体要求、主要任务、保障措施，系统部署文化和旅游市场建设工作，促进文旅市场高质量发展。

这些利好政策的颁布与实施，既与我国建设海洋强国的战略目标相契合，又为加快滨海体育旅游供给侧结构性改革，激发滨海体育旅游业内生动力，扩大体育产业辐射连带作用，优化体育与旅游产业结构，发展我国滨海体育旅游产业指明了方向、明确了目标，带来了重大机遇。

山东旅游发展迅速，已步入以全民旅游为特征的大众休闲旅游时代，正在经历"景点旅游"到"景区旅游"再到"全域旅游"的发展转型，传统的旅游模式已不能满足现代全民旅游发展的需要。山东滨海体育旅游虽然发展迅速，但是由于体育旅游资源分布存在地区差异，产业结构、产业链条发展不完善，体育旅游的产品体系缺乏科学合理性，地市间、区县间体育旅游发展水平存在差异，区域间的协调机制有待优化，各区域间体育旅游相关产业的融合度较低，严重制约了山东滨海体育旅游的健康可持续发展。因此通过何种途径助力滨海旅游的"转型升级、提质增效"，已成为山东滨海体育旅游可持续发展亟须解决的问题。

从全域视角梳理体育旅游发展脉络，了解体育旅游的概念、内涵和特征。客观分析山东滨海体育旅游市场和体育旅游消费行为，明晰山东滨海体育旅游消费现状和消费趋势；摸清山东滨海体育旅游资源家底，科学评价山东滨海体育旅游资源；厘清山东滨海体育旅游资源的分布特点，准确定位滨海体育旅游资源的开发规模和发展方向；优化山东滨海体育旅游功能布局；制定山东滨海体育旅游发展战略，科学选择滨海体育旅游发展模式；通过深度挖掘体育旅游的概念和内涵，赋予滨海体育旅游产品较高创意，进而提高体育旅游产品品质，完善体育旅游产品体系，拓展体育旅游资源空间结构[1]；加速"体育旅游+"业态融合，分模式、分阶段、分区域打造全域体育旅游[2]；从供给侧结构性改革层面发力，推动体育旅游转型升级、提质扩容；在促进山东滨海区域大产业、大体育、大旅游一体化发展的前提下，兼顾经济效益、生态效益、社会效益的平衡可持续发展；对于提升国民健康和幸福指数，实现美丽中国、休闲中国和健康中国的深度融合具有实际意义。

二、研究意义

（一）进一步完善滨海全域体育旅游空间发展理论

随着我国经济社会的高速发展、医疗交通等基础设施的不断完善、休闲养生观念的深入人心、健康生活方式的普遍贯彻，进一步激发了人们的旅游和体育需求。随着生活品质逐渐提高，以休闲旅游为代表的生活方式逐渐常态化，这也对全域体育旅游的发展提出了更高的要求。运用区位论、经济发展理论、旅游发展理论等，从全域角度，以"大体育""大旅游""大产业"观为引领，探讨全域体育旅游概念、内涵和特征，构建"点—线—面—域"的空间演化体系，凸显了研究的系统性、整体性，为体育旅游空间演化研究提供了新的思路。借助地理学、旅游学等多学科理论，界定"体育旅游资源""体育旅游资源禀赋""体育旅游资源丰度""体育旅游资源绩效"等概念，探寻体育旅游资源评价方法，构建体育旅游资源评价指标体系，探求全域体育旅游发展路径，对于丰富和完善滨海体育与旅游理论体系具有重要的理论参考和实践价值。

（二）进一步丰富滨海全域体育旅游发展规划

探讨体育旅游空间结构是贯彻国家"功能分区、统筹规划、多规合一、提

---

[1] 姜付高,曹莉,孙晋海,等.我国滨海地区体育旅游资源禀赋、丰度与绩效评价研究[J].天津体育学院学报,2016,31（4）：277-282.
[2] 2009年中国体育旅游发展高峰论坛组委会.促进体育旅游发展的倡议书[N].中国旅游报,2009-12-14（3）.

升空间效益"战略的重要方式，对于科学干预、调控乃至重构体育旅游空间，合理布局体育旅游产业具有重要意义。按照体育旅游资源的分布情况、功能视域下的海洋区划和旅游布局、体育产业的发展集群等相关特征，运用主体功能区划的行政管理思想，在空间上打破行政区划的限制，系统地对滨海区域体育旅游的功能类型进行分析，并利用GIS系统对滨海区域体育旅游的资源禀赋、特点进行量化分析、定位，从而按照科学性的原则对滨海体育旅游的功能布局进行再度划分，对区域体育旅游的发展方向进行科学定位，确立滨海体育旅游区域的开发模式和发展时序，优化滨海体育旅游产业结构，丰富和完善滨海体育旅游规划，为科学制定沿海地区经济发展规划和发展战略提供决策参考。

（三）进一步夯实滨海全域体育旅游发展实践

发展全域体育旅游，是"创新、协调、绿色、开放、共享"五大发展理念在体育旅游发展中的具体应用和实践。滨海旅游业作为山东省最具优势和发展潜力的产业，是国家海洋和区域协调发展战略的重要组成部分。伴随"一带一路"倡议的发布与实施，以山东滨海体育旅游为研究对象，就更有其代表意义。以山东滨海为例，在对其体育旅游发展特点、面临机遇和发展不足进行分析的基础上，了解山东滨海体育旅游发展现状，调研山东滨海体育旅游者空间行为特征。科学评价山东滨海体育旅游资源，准确定位山东滨海体育旅游消费市场，综合山东滨海体育旅游特色、优势，制定山东滨海体育旅游发展战略，优化山东滨海体育旅游空间布局，科学选择滨海体育旅游发展模式和发展路径，对于打造山东滨海全域体育旅游、促进可持续发展具有重要的研究意义。也可以点带面，指导政府和相关行业以科学方式对体育旅游产业发展进行干预、调控甚至重构，为区域体育旅游科学决策、健康发展提供实证借鉴。

三、研究对象和方法

（一）研究对象

以山东滨海全域体育旅游资源评价与空间优化为研究对象，分析山东滨海地区体育旅游发展现状、发展特点、面临机遇和发展不足；梳理山东滨海体育旅游资源构成和布局特点，客观评价山东滨海体育旅游资源禀赋、体育旅游资源丰度、体育旅游资源绩效；从全域角度，提出山东滨海体育旅游发展目标、发展原则、发展战略、发展模式、空间布局和空间结构优化措施。

（二）研究方法

根据研究需要，采用质化研究和量化研究相结合的方法。质化研究重视"质"的描述，对"什么是全域体育旅游"和"体育旅游资源是什么"等问题进行整体详细的描述和说明；量化研究注重"量"的分析，从计量统计角度，描述、解释、分析全域体育旅游中的某些问题、现象，如"体育旅游消费行为、体育旅游资源禀赋、体育旅游资源绩效"等。两种研究方法的结合，既使量化研究中的冰冷数字之骨感得以丰满，又使质化研究中的诠释描述拥有数据支撑，实现了研究的优势互补，提高了研究的普适性和实践性。

1. 质化研究方法

质化研究首要明确的是"个案研究范围"。在梳理文献资料和半开放式访谈的基础上，对"滨海体育旅游""全域体育旅游""体育旅游资源""体育旅游资源分类""全域旅游模式""体育旅游空间""演化路径"中"名"（概念）、"域"（范围）、"资"（现状）、"策"（路径）四部分结构框架中可能涉及的相关系统要素进行文献梳理和开放式调查收集，为后期的理论归纳、演绎、问卷编制、评价体系和发展路径等做好预备性探索工作和定性分析。

（1）实地观察法

深入山东滨海7地市（日照、青岛、威海、烟台、潍坊、滨州、东营）主要滨海旅游景点（如日照市桃花岛海滨风景区、青岛石老人国家旅游度假区、威海乳山银滩旅游度假区、烟台海阳亚沙会风景区、潍坊滨海欢乐海省级旅游度假区、东营黄河三角洲湿地公园、滨州贝壳堤岛旅游风景区等），通过半参与式观察、非正式访谈（交谈聊天）、录音影像等方式，了解山东省不同滨海城市体育旅游发展情况。

（2）文献资料法

以"体育旅游资源""体育旅游空间""全域旅游""体育旅游化""体育景区化"为检索词（为避免文献丢失，分别进行检索），通过中国知网、万方数据知识服务平台、Taylor & Francis数据库、Wiley数据库查阅相关文献。查阅截止时间为2015年5月31日，共获得相关文献3828篇，经过筛选去重，获得相关文献568篇。通过图书馆、档案馆、规划局、统计局、旅游局及相关部门，查询相关书籍、年鉴、大事记和发展规划文本；查阅近20年来国家统计局、国家旅游局、山东省统计局、山东省各地市统计局、山东省体育局、山东省各地市体育局、山东省旅游局、山东省各地市旅游局等政府相关部门编撰的统计年鉴、体育年鉴、旅游年鉴、旅游统计年鉴、旅游抽样调查资料等多种统计年鉴；查阅与论文有关的体育、旅游、产业规划、全域、城市化、城乡统筹等方面的书籍、期刊、报纸等；通过期刊网、学术网站、微信平台、学术文库、旅游网站与统计网站、国家相关部委网站进行资料搜集。通过以上方法获得论文研究的有关文献、资料和数据，对其进行整理、分析，并作为演绎、推理、论证、评价的前提。

（3）半结构式访谈法

对山东滨海旅游者就相关问题进行访谈。根据本书的研究目的和研究需求，随机抽取部分具有地方特色的海滨城市为研究对象，对山东滨海区体育旅游的发展现状展开调研。在笔者进行实地研究的过程中，依次对滨海旅游参与者的基本信息、旅游行为和旅游感知进行访谈，进一步挖掘滨海体育旅游者的体育旅游预期和旅游潜力，充分了解滨海体育旅游目的地管理人员、从业人员对体育旅游发展的从业体会和心得，并综合先前查阅的文献资料，进一步查找和论证山东滨海体育旅游发展中存在的相关问题和不足。

通过专家访谈，初步选定体育旅游资源质量评价单体样本。针对山东滨海地区体育旅游资源禀赋、丰度和绩效评价等相关问题对曲阜师范大学、山东大学、山东体育学院、山东省旅游规划设计研究院、北京体育大学等体育产业与旅游研究方向的10名教授，以及山东省体育局、日照市体育局、青岛市体育局和山东省旅游局等主管或分管体育旅游方面的6名领导进行访谈，访谈结果为评价指标的选取和权重的确定提供重要依据。

（4）系统分析法

利用系统分析的方法，结合分析论的相关内容，对山东滨海体育旅游发展进行系统分析，结果显示山东滨海体育旅游发展是系统中各维度的构成要素综合作用的结果。从整体上看，山东滨海体育旅游发展与旅游资源特色、旅游空间结构、体育产业布局、海洋功能区划、产业融合、区位条件、体育与旅游发展水平等是相互作用、相互联系的。逐阶逐级对系统内的诸要素及空间形态进行识别，既要在系统内部考虑各要素的独立特性，也要从系统间考虑各要素有机组合的整体功能，以此构建全域体育旅游理论体系，对山东滨海体育旅游资源进行系统评价和空间优化。

2. 量化研究方法

通过量化研究方法，进一步探究山东省滨海体育旅游资源利用与发展现状。主要运用问卷调查法、数理统计法、GIS空间分析法等，对质化研究探索出的问题进行验证。

（1）问卷调查法

①专家问卷调查。在文献梳理和定性研究的基础上，初步选定体育旅游资源质量评价单体样本，制定体育旅游资源评价指标体系。首先，采用专家问卷调查法，请相关专家对《山东滨海体育旅游资源评价指标体系》调研内容进行评定，并对指标进行筛选，最终获得体育旅游资源吸引力大小、体育旅游资源的规模等级、体育旅游资源的类型、体育旅游者的旅游偏好、开展体育旅游关联程度五项评价指标。其次，专家运用体育旅游资源质量评价指标，对不同类别、不同规模、不同等级的体育旅游资源单体进行评价赋分。最后，将专家对各项体育旅游资源单体样本的赋分，按照由大到小的顺序排列，取中位数。利用"题项与总分相关性"筛选指标法，采用同质性检验，求出各体育旅游资源单体评价样本得分与总分之间的积累方差相关系数，若各体育旅游资源评价样本得分与总分相关性未达到显著水平，或两者相关系数小于0.400，呈现低度相关，则将该体育旅游资源评价单体样本得分及其代表选项去掉，确定体育旅游资源单体样本和赋分。

②滨海体育旅游行为调查问卷。首先，问卷设计及检验。从系统角度，在走访调研部分旅游者、从业人员和相关利益者的基础上，从体育旅游者、体育旅游媒介和体育旅游目的地三个维度，对山东滨海体育旅游者的基本信息、出游动机、出游决策、出游行为、出游感受及体育旅游服务系统、体育旅游产品系统等相关要素进行问卷设计，并对问卷进行信度、效度检验。

信度检验：主要采用重测信度和内部一致性信度。量表的重测信度用组内相关系数（intraclass correlation coefficients，ICC）来检验，ICC达到0.7为良好。本研究选取30名滨海旅游者为调查对象，在完成调查问卷后两周，通过网络方式，再次填写调查问卷并回收。两次所得数据，运用SPSS 19.0软件计算两次评价结果的相关系数，ICC=0.89，说明具有良好的重测信度。运用SPSS 19.0对问卷的

Cronbach's α系数即内部一致性系数进行信度分析，经检验问卷的信度为0.83，表明问卷测量题目的一致性程度和内部结构良好，可信度较高。

效度检验：通过因子分析，检验问卷的结构效度，若KMO值大于0.7，说明问卷的结构效度良好。经检验KMO=0.912，说明《山东滨海体育旅游行为调查问卷》具有良好的结构效度。

其次，问卷发放。2015年8月，对山东滨海7地市旅游者发放《山东滨海体育旅游行为调查问卷》。本着全面、便利、易得的原则，随机选取问卷调查对象，通过现场发放、现场填写、现场回收的形式，共发放问卷800份，回收780份，回收率为97.5%，有效问卷752份，有效率为94.0%。问卷发放前，由调查员为旅游者介绍调研目的，获得被调研者的授权与支持。在问卷填写过程中，被调研者在任何时间都可退出，不会有负面影响，并且其回答将被保密。

（2）数理统计法

由16位专家学者对不同级别、不同类型的旅游资源进行赋分，运用Excel 2007和SPSS 19.0对原始数据进行统计处理，确定滨海地区体育旅游资源禀赋评价指标权重，并计算各地区各级指标的赋值。建立山东滨海旅游资源评价指标体系，运用定量与定性相结合的研究方法，从资源禀赋、资源丰度、资源绩效三个角度对山东滨海体育旅游进行系统分析，梳理山东滨海各地区体育旅游资源家底，了解体育旅游资源特色，分析体育旅游资源布局，评价体育旅游资源开发利用情况。

（3）GIS空间分析法

地理信息系统（GIS）是地理科学研究方法中，借助计算机技术针对空间分析数据的处理方法，能够在短时间内完成空间信息的分析和时空特征的展现。本书借助地理信息系统的数据处理与空间分析能力，运用体育旅游资源空间分布数据，结合旅游经济学和区域旅游经济学理论，对山东滨海体育旅游资源的价值评价、空间分布进行分析，为滨海体育旅游空间优化和可持续发展提供支持。

（三）研究创新

1. 选题创新

①从全域角度，以"大体育、大旅游、大产业"观为引领，注重统筹发

展、融合发展、绿色发展、共享发展，加速体育与旅游发展融合，促进体育旅游"提质扩容，转型升级"，加快供给侧结构性改革，实现健康中国和休闲中国深度融合，使研究具有前瞻性。

②从空间角度，探讨体育旅游空间结构，对于科学干预、调控乃至重构体育与旅游空间，合理布局体育旅游产业具有重要意义，是贯彻国家"功能分区、统筹规划、多规合一、提升空间效益"战略的重要方式，体现出研究的政策性和战略性。

2. 理论创新

①构建全域体育旅游空间理论体系。运用区位理论、经济发展理论、城市化理论，界定"全域体育旅游"概念，提炼全域体育旅游的特征，探寻全域体育旅游演变路径，构建"点—线—面—域"全域体育旅游空间理论体系，体现了研究的系统性、整体性。

②构建体育旅游资源评价体系。采取定性与定量相结合的方法，从资源禀赋、丰度、绩效三个维度，构建滨海体育旅游资源评价体系，可为体育旅游资源科学开发提供新方法，体现了研究的科学性。

③提出新概念。从旅游学、体育学、地理学等多学科角度，对"滨海体育旅游""滨海体育旅游资源""体育旅游资源丰度""体育旅游资源评价"的概念进行界定，为体育旅游学科发展提供理论支撑，体现出研究的基础性与理论性。

3. 方法创新

①采用地理学方法。采用地理信息系统与探索性空间数据分析（ESDA）相结合的方法，探索体育旅游要素之间的关系，反映体育旅游空间布局特征，可为体育旅游发展规划提供新思路，体现出研究方法的创新性。

②采用数理统计方法。采用综合评分、相对丰度、绩效评价等方法，对山东滨海体育旅游资源进行定量评价，梳理山东滨海体育旅游资源禀赋特点，分析山东滨海体育旅游资源利用现状，科学定位区域体育旅游发展方向，确立滨海体育旅游区域开发模式和发展时序，体现出研究的科学性与严谨性。

③采用系统方法。体育旅游发展是"资源、市场、产品"的有机融合，从系统角度，对山东滨海体育旅游市场、体育旅游资源、体育旅游产品进行系统研究。在调研山东滨海体育旅游行为、分析山东滨海体育旅游资源的基础上，从供给侧结构性改革角度，对山东滨海体育旅游产品的空间布局、发展模式、

发展路径进行系统优化，体现出研究的整体性与系统性。

（四）研究路线

本书的研究技术路线遵循提出问题、分析问题和解决问题的基本逻辑（图1）。

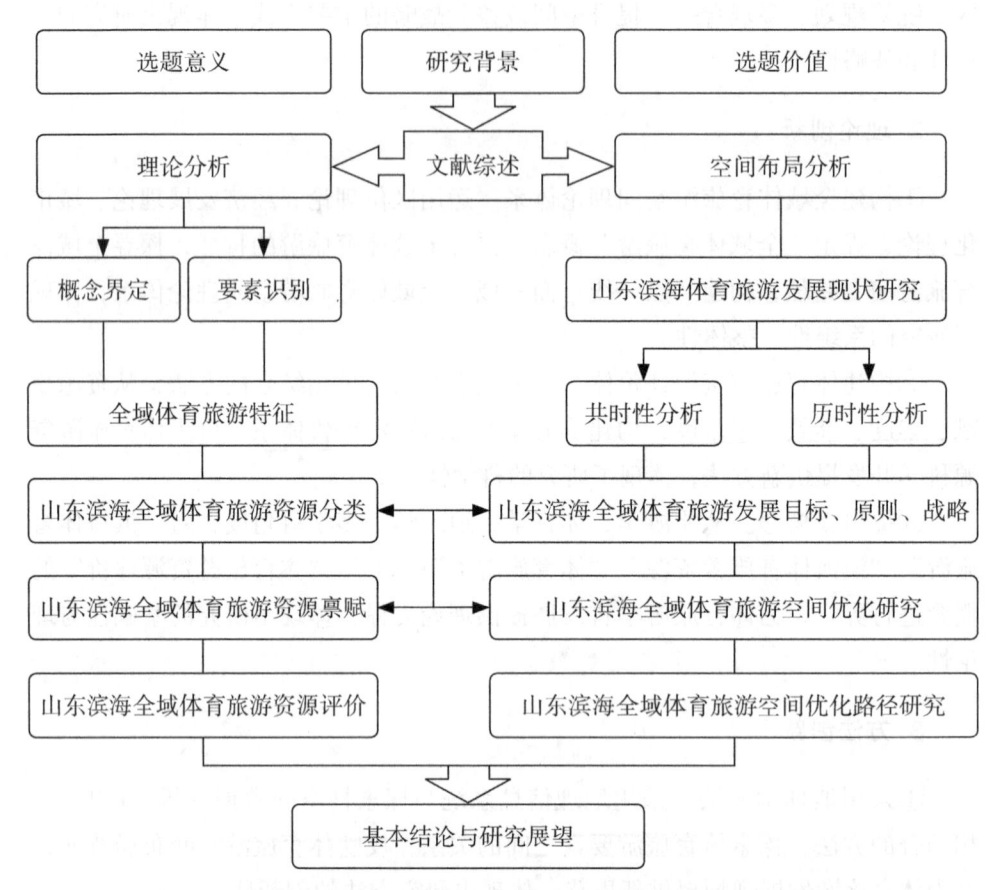

图1　山东滨海全域体育旅游资源评价及其空间结构优化研究路线

体育旅游作为一种国际化的发展形式始于20世纪60年代，学者唐·安东尼（Don Anthony，1966）在《体育与旅游》文章中，分析了度假旅游中体育活动扮演的角色，成为体育旅游研究发展的开端[1]。格里帕提斯（Glyptis）对主动参加体育活动的游客进行研究，标志着体育和旅游相互关系研究的真正开端。在此之前，体育旅游研究尚未得见，但是体育旅游形式已存在。诸多学者借鉴旅

---

[1] Anthony D. Sport and Tourism [J]. CCPR，1966.

游学、地理学、经济学等学科知识对体育旅游进行了一系列探讨。由此，体育旅游研究走过了一条由体育旅游现象描述到体育旅游业影响研究，再到注重体育旅游规划实证的道路。

1. 体育旅游空间研究

空间理论始于20世纪30—40年代，基于区位论发展而来。作为一种国际化的发展形式，美国《人文地理学词典》1981年首度增列、2000年持续增列"The Geography of Sport"条目，两个版本都强调体育地理研究的主题是"体育地景研究""体育活动中变革的空间形态"和"描述体育组织和体育地景变动"，象征着体育地理学成为地理学中的分支学科。学者弗林（Flynn，1985）从规划角度对体育设施空间布局进行研究，象征体育地理学作为地理学中的分支学科，已被学界认可。国内旅游空间结构研究主要从西方引进，学者楚义芳（1989，1992）从空间经济角度对"旅游的空间组织"这一前沿问题进行研究，并对旅游活动做了空间经济分析，开启我国旅游空间结构研究之门[1-2]。我国体育旅游空间相关研究滞后于旅游空间结构研究，相关研究起始于我国大型体育场馆设施与城市发展规划、城市功能布局、体育与旅游发展的关系，由此，体育旅游空间结构研究走了一条由体育旅游空间要素现象描述到体育旅游业空间联系研究，再到注重体育旅游地空间利用和区划研究的道路。

（1）初始结合：体育旅游空间要素研究

在20世纪60年代，国外学者开始探讨体育项目、体育设施等体育旅游要素与空间的关系，揭示体育空间发展背后的经济、文化、地理、旅游等因素的影响。海勒·吉布森（Heather Gibson）认为体育旅游应该包括活动型、观赏型和情感型体育旅游[3]。英国学者迈克·韦德（Mike Weed）和克里斯·布尔（Chris Bull）把体育旅游分为含有体育内容的旅游、体育参与旅游、体育训练、体育节事和奢侈体育旅游（类似于体育度假）五类[4]。国际体育旅游委员会（International Sports Tourism Council）则将体育旅游分为以体育名胜景点

---

[1] 楚义芳. 旅游的空间组织研究[D]. 天津：南开大学，1989.
[2] 楚义芳. 旅游的空间经济分析[M]. 西安：陕西人民出版社，1992.
[3] Heather J Gibson. Active sports tourism: Who participate leisure studies rutledge[J]. Part of the Toylor and Francis Group, 1998, 17（2）：155-170.
[4] Mike Weed, Chris Bull. 体育旅游[M]. 戴光全，朱竑，译. 天津：南开大学出版社，2006.

浏览为主的旅游、以体育竞赛参与观赏为主的旅游、以运动设施为主的度假旅游、以运动为主要方式的旅行或度假、以主题运动或个性化运动为主的旅游五类[1]。库珀（Cooper，1990）、黄（Wong，1998）等学者通过实地调研发现未经规划的度假区等项目严重阻碍了滨海地区环境发展的进程且产生了诸多消极影响，提出了滨海地区旅游规划的重要作用[2-3]。体育产业的发展吸引诸多学者分别从体育地景、体育设施布局、足球运动空间、高尔夫目的地等角度来分析体育旅游与空间的关系，为体育旅游空间结构研究提供了研究方法和思路。巴勒（Bale，1994）将发展一项体育运动的空间范围视为一个地域，认为每项运动都有独特的地方感或特殊细微差异[4]。莫里斯（Maurice，1994）提出大型体育赛事（如世界大学生运动会等）会对城市的发展规划和战略产生极其重要的影响[5]。马奎尔（Maguire，1998）以足球在英国的发展为例，来探讨体育与空间和地方的关系[6]。卞奇尼（Bianchini，1996）等认为城市形象的提升对大型体育赛事举办的依赖程度较大，城市宏观发展战略规划也是体育赛事的推动要素之一[7]。希勒（Hiller，1998）探究了一个城市长期的发展目标与承办奥运会是否存在必要的联系，并提出承办奥运会能促进城市环境的改变，这些改变可能是为筹办奥运会而开展的建设活动，也可能是上述活动引发的剩余效应、附属效应或平行关联效应[8]。沃尔（Wall，1972）利用问卷调查法，统计了汽车出游的频率、时间、游伴构成、居住地和目的地之间的距离及分布，以及汽车在旅游中的娱乐作用等，初步为自驾游研究奠定了框架基础[9]。普利多

[1] Stephen Williams. 旅游休闲[M]. 杜靖川，曾萍，译. 昆明：云南大学出版社，2006.

[2] Cooper C. Resorts in decline-the management response[J]. Tourism Management，1990，11（1）：63-67.

[3] Wong P P. Coastal tourism development in Southeast Asia: relevance and lessons for coastal zone management[J]. Ocean & Coastal Management，1998，38（2）：89-109.

[4] Bale J. Landscapes of Modern Sport[M]. Leicester: Leicester University Press，1994.

[5] Maurice R. Mega-Events and Urban policy[J]. Annals of Tourism Research，1994（1）：1-19.

[6] Maguire J，Stead D. Border crossings soccer labour migration and the European Union[J]. International Review for the Sociology of sport，1998，33（33）：59-73.

[7] Bianchini F，et al. Enterprise and Heritage: Crosscurrents of National Culture[M]. London: Routledge，1996.

[8] Hiller H H. Assessing the impact of Mega-events: A linkage model[J]. Current Issues in Tourism，1998，1（1）：47-57.

[9] Wall G. Socio-economic variations in pleasure-trip patterns: The case of hull car-owners[J]. Transactions of the Institute of British Geographers，1972，57：45-58.

（Prideaux，2001）对自驾游进行研究，结果显示自驾游可以影响和刺激偏远地区旅游发展，并可以成为重要的新兴体育旅游目的地[1]。卡西马蒂（Kasimati，2003）对新建体育场馆、基础设施、城市转型、形象提升、游客增加、福利改善、就业增加、经济促进及对内投资增长等方面的收益进行了总结，认为这些收益与举办奥运会息息相关[2]。克里斯·格拉顿（Chris Gratton，2005）研究了欧洲足球锦标赛、欧洲短池游泳锦标赛和世界柔道锦标赛等国际体育赛事对体育旅游的经济价值。这些研究结果表明，体育赛事和城市发展关系紧密，并成为城市宏观发展战略规划的内容，但是，经济得失不能评定赛事成功与否。体育赛事的魅力和对城市的作用，主要体现在城市振兴、重塑和提升城市形象、促进旅游发展等方面[3]。

国内体育旅游相关的研究起始于单项体育旅游案例研究，主要对登山、滑雪、民俗体育等体育旅游现象进行介绍和描述。靳建明（1986）梳理了国内外登山旅游的发展历程，了解登山旅游开发与建设的意义和途径[4]。韩杰等（1990）从完善冰雪体育设施、丰富冰雪体育项目等角度，提出冰雪旅游开发设想[5]。明庆忠（1995）提出在山间盆地中进行城市建设布局时，应注意各地貌区段的适宜利用模式与旅游、体育用地规划使用[6]。

北京亚运会、奥运会等大型赛事的承办，户外体育休闲运动的快速发展，吸引诸多学者从空间角度对大型赛事、体育休闲与城市经济、旅游发展的关系进行研究。易剑东（2005）研究了大型体育赛事对于中国经济和社会发展起到推动作用[7]。孙一民（2004）认为承办亚运会、建设体育场馆有利于广州城市内部结构优化整合[8]。肖锋等（2004）认为大型体育赛事可优化举办城市旅游客源结构、提高举办城市的知名度、改善举办城市的旅游基础设施、提升

---

[1] Prideaux B, Wei S, Ruys H. The senior drive tour market in Australia [J]. Journal of Vacation Marketing, 2001, 7（3）：209-219.

[2] Kasimati E.Economic aspects and the Summer Olympics: a review of related research [J]. International Journal of Tourism Research, 2003, 5：433-444.

[3] Gratton C. The economics of sport tourism at major sports events [J]. Sport Tourism Destinations,2005.

[4] 靳建明.登山旅游的发展与接待 [J].旅游学刊，1986（2）：22-28.

[5] 韩杰，张中飞.吉林市冬季冰雪旅游资源开发初探 [J].东北师大学报：自然科学版，1990（2）：99-104.

[6] 明庆忠.论山间盆地城市地貌适宜利用模式 [J].地理学与国土研究，1995（2）：52-56，64.

[7] 易剑东.大型赛事对中国经济和社会发展的影响论纲 [J].山东体育学院学报，2005，21（6）：1-7.

[8] 孙一民.广州亚运体育设施建设谈：城市的机遇 [J].建筑与文化，2004（7）：18-21.

旅游营销管理水平和促进旅游文化的交流[1]。鲍明晓等（2006）采用文献资料、调查、数理统计、比较等研究方法，阐述了体育设施在城市发展中的作用与地位，并以国内外奥运会举办城市为例，分析体育场馆的建设、运营与管理等问题[2]。上述研究表明，以举办赛事为契机，提升城市形象，提升城市旅游业的综合竞争力，推动城市全面发展成为赛事承办城市的重要议题。

生活方式的变化使健康需求日益旺盛，体育健身得到快速发展，公共体育设施建设成为城市发展的重点。也吸引诸多学者以体育场馆、体育公园、体育节事、公共体育空间等体育旅游空间结构要素为研究对象，对大型体育赛事选择、城市基础设施布局、城市场馆设施布局、城市服务空间布局、城市公共体育空间布局、体育节事的组合等与城市旅游区位的关系进行研究，丰富和发展了体育旅游空间结构理论体系。徐征（2007）研究认为城市体育公园是对城市休闲空间和体育资源空间的优化和重组，目的是提高城市体育资源的整体利用效率，满足不同居民的体育需要，发挥城市体育资源的最大效益[3]。朱丽娜（2008）对山东省地级以上城市体育场馆布局进行了研究，为丰富体育场馆布局研究的知识体系，探寻山东省城市体育场馆布局发展路径，完善山东省体育场馆的布局体系提供参考[4]。林显鹏（2010）总结了城市更新的概念和技术路线，探讨了体育场馆建设在促进城市更新过程中的地位与作用[5]。

（2）发展融合：体育旅游空间结构相互关系研究

体育参与的生活化、旅游方式的大众化使体育与旅游日益融合，地理学、旅游学视角下的体育旅游研究得到迅速发展，体育与旅游的空间结构要素研究日益交叉和融合。

卞奇尼（Bianchini，1996）[6]、巴德（Baade，1996）、欧内斯特（Ernest，2002）、查普恩（Chapin，2004）从城市宏观发展战略规划、体育

---

[1] 肖锋，沈建华，刘静.举办大型体育赛事对城市旅游的影响[J].沈阳体育学院学报，2004，23（6）：769-771.

[2] 鲍明晓，林显鹏，刘欣葵.奥运举办城市体育场馆的建设、运营与管理[J].体育科研，2006，27（5）：1-10.

[3] 徐征.中国城市体育公园空间布局的研究[D].北京：北京体育大学，2007.

[4] 朱丽娜.山东省地级以上城市体育场馆布局研究[D].北京：北京体育大学，2008.

[5] 林显鹏.体育场馆建设在促进城市更新过程中的地位与作用研究[J].城市观察，2010（6）：5-23.

[6] Bianchini F, Schengel, H. Re-Imagining the City. J. Comer and S. Harvey (eds) Enterprise and Heritage: Crosscurrents of National Culture [M]. London: Routledge, 1996.

旅游流、城市空间结构变化等角度，对体育旅游空间结构进行了研究。普雷斯顿·怀特（Preston-Whyte，2001）从社会建构的视角对南非东部港市德班（Durban）的冲浪空间（surfing space）和滨海沙滩休闲空间（leisure space）进行了分析，发现是否拥有特殊技能、稀缺空间、物质资源的可进入性与德班滨海休闲空间的社会建构及文化认同息息相关[1]。

普雷斯顿·怀特（2002）对南非东部港市德班的冲浪者的冲浪空间进行研究，认为冲浪者建构了社会意义上与"他者"相区别的"我者"冲浪空间[2]。韦德和布尔（2004）分析了岛国马耳他旅游发展的动力，认为马耳他旅游产品品质的提升、滨海旅游结构的改善受益于岛国马耳他重视体育运动、加大体育旅游营销，并使体育旅游成为马耳他旅游支柱产业。巴勒（2003）、菲利普（Philip，2006）、贾米莱·塔瓦科尔米亚（Jamileh Tavakolmia，2016）从经济、区位、地理、气候、季节等角度对影响区域体育旅游产业的空间要素进行研究，认为体育旅游经济影响存在空间差异，体育旅游的空间结构应与区域环境、区域政策、区位条件、相关吸引物、体育旅游设施等协调发展。丹尼尔斯（Daniels，2007）运用地理中心理论对体育旅游经济影响的空间差异进行了分析，认为城市承办体育赛事并不一定能取得提高目的地财政收入并盈利的结果，反而部分地区承办体育赛事会对该地区的经济发展产生负面影响。丹尼尔斯（2007）以美国南卡罗来纳州举办的自行车比赛为例，对体育旅游所产生的经济、社会影响进行了评估[3]。

麦卡锡（McCarthy，2009）强调，邮轮旅游既可以促进沿海港口城市经济快速发展，也会破坏港口城市历史遗迹、影响港口城市文化。为减少、避免对港口历史遗迹设施、文化的影响，应对港口及其周边资源进行空间规划，获得利益优化[4]。

随着体育与旅游的发展融合，学者们以亚运会、奥运会、登山、F1、冰雪、马拉松、自行车赛等为例进行研究，认为大型体育赛事、体育节事、体育

---

[1] Preston-Whyte Robert. Constructed leisure space: The seaside at Durban [J]. Annals of Tourism Research, 2001, 28（3）: 581-596.
[2] Preston-Whyte Robert. Constructions of surfing space at Durban, South Africa [J]. Tourism Geographies, 2002, 4（3）: 307-328.
[3] Daniels M J. Central place theory and sport tourism impacts [J]. Annals of Tourism Research, 2007（2）: 332-347.
[4] Cruise Lines International Association. 2011 cruise market profile study [EB/OL]. http://cruising.org/regulatory/clia-statistical-reports, 2011-08-09.

休闲项目可以影响城市空间布局、优化城市设施功能、重塑生态环境和景观、改善体育旅游结构空间[1]。王芳（2007）依据内在互生理论探讨了2008年奥运会与环渤海体育旅游带的关系[2]。孙班军等（2007）提出构建"环京津体育旅游圈"的战略概念，通过战略实施，可以整合该区域的体育旅游资源，打造体育旅游圈[3]。黄伟钊等（2007）认为旅游节事之"布局"指旅游节事在时间、空间、主题及活动项目等方面的选择、设计和决策。时间布局上，广东举办大型旅游节事活动应与广交会、已有节日相结合；空间布局上，采用"一城主办、众星捧月"的形式；主题布局上，应注重主题功能侧重与新鲜；活动布局上，应注重节事活动的效益[4]。窦淑慧（2008）以长三角地区部分体育旅游资源为主要研究对象，分析长三角地区体育旅游发展现状，提出长三角体育旅游资源开发的途径及一体化的研究策略[5]。保继刚等（2009）对奥运期间桂林阳朔旅游进行研究，指出奥运会对非举办地区影响并不明显，应从长远角度考虑其影响[6]。张葳（2009）基于SWOT分析法明晰了京津冀滨海旅游通道建设的现状，并提出了滨海体育旅游通道的启动路径[7]。吕林（2009）对环渤海经济带构建体育旅游经济圈的可行性、发展前景等相关问题进行了论证和探索，为环渤海体育旅游经济圈的建设和发展提供构建设想和工作路线[8]。魏文山等（2010）对资源优势、区位条件、客源优势等体育旅游要素进行分析，提出应合理功能布局，发挥节点优势，构建"三山两湖"体育休闲旅游圈[9]。

---

[1] 袁园媛，施怡娜，黄海燕．阿尔伯克基国际热气球节与城市旅游空间发展及对我国的启示[G]．全国体育科学大会，2015．

[2] 王芳．环渤海体育旅游带的构建与2008年奥运会互动关系的研究[D]．曲阜：曲阜师范大学，2007．

[3] 孙班军，黄志强，郑浩．构建"环京津体育旅游圈"的战略构想[J]．武汉体育学院学报，2007，41（11）：31-35．

[4] 黄伟钊，许丹莉．关于广东举办大型旅游节事活动布局决策的思考[J]．旅游论坛，2007，18（4）：508-512．

[5] 窦淑慧．长三角体育旅游资源开发现状分析与一体化策略研究[D]．苏州：苏州大学，2008．

[6] 保继刚，项怡娴，吴永莹．北京奥运会对非举办地入境旅游的影响——以桂林阳朔为例[J]．人文地理，2009（2）：1-5．

[7] 张葳．基于SWOT分析的京津冀"滨海旅游通道"构建[J]．河北师范大学学报：自然科学版，2009，33（1）：107-110．

[8] 吕林．环渤海体育旅游经济圈发展战略研究[J]．山西财经大学学报，2009（s1）：100-101．

[9] 魏文山，杜兆斌．打造山东"三山两湖"体育休闲旅游圈的战略构想[J]．山东体育学院学报，2010，26（5）：31-34．

吴国清（2010）认为承办大型赛事是城市旅游发展的"调节器"，能够完善基础设施建设，打造标志性场馆和体育景观，并调动城市的各类资源，提升城市旅游的发展预期[1]。戴林琳（2011）通过空间分层设色等分析方法，总结出京郊区域体育赛事地域分布的特征[2]。曹焕男等（2012）结合京津冀三地的地理优势和自然资源，从体育旅游路线开发、体育旅游信息化、体育旅游规划的制订三个方面，阐述了京津冀体育旅游产业圈的构建与发展，以此带动三地的旅游业和经济迅速发展[3]。王恒（2012）运用网络分析方法，结合GIS技术，对大连市旅游景区空间结构进行测定，认为大连市旅游应加强旅游与其他产业融合、构建合理的旅游空间格局、完善旅游支撑体系[4]。蔡玉军等（2012）以上海市中心城区为典型调查区域，采用ArcGIS分析等方法探讨城市公共体育空间结构现状模式，分析公共体育空间布局存在的问题。他认为，上海市中心城区公共体育空间总体服务水平不高；各级城市公共体育空间呈现出"核心—边缘"的结构特征；未来城市公共体育空间建设的重心应由内圈层逐渐向中、外圈层偏移[5]。杨丽花等（2013）立足于吉林省冰雪旅游发展的自然条件，分析吉林省冰雪旅游业发展的优劣条件，采用标准差和离散系数分析吉林省冰雪旅游业发展的空间结构特征和发展状态[6]。陈毅清等（2013）运用探索性因子分析和结构方程模型，分析了影响黄山市体育旅游产业集群形成的生产要素[7]。邹广琦（2014）利用动力模型对体育旅游产业结构演化的影响因素做出判断，分析体育旅游产业结构升级的动力机制，为体育旅游空间结构优化提供了研究基础[8]。黄海燕等（2013）、张靖弦等（2015）以F1大奖

---

[1] 吴国清.大型节事对城市旅游空间发展的影响机理[J].人文地理，2010，115（5）：137-141.

[2] 戴林琳.节事旅游对乡村聚落影响的居民感知差异研究——以京郊江水河村和长哨营村为例[J].人文地理，2011（8）：9-10.

[3] 曹焕男，哈彤.京津冀体育产业旅游圈的构建与发展研究[J].经营管理者，2012（4）：43-43.

[4] 王恒.全域城市化背景下的大连市旅游景区空间结构优化研究[C]//中国区域科学协会区域旅游开发专业委员会，湖北省农业厅，湖北省旅游局.第十六届全国区域旅游开发学术研讨会论文集，2012：7.

[5] 蔡玉军，邵斌，魏磊，等.城市公共体育空间结构现状模式研究——以上海市中心城区为例[J].体育科学，2012，32（7）：9-17.

[6] 杨丽花，刘永，蒋清文.吉林省冰雪旅游发展的空间布局及路径研究[J].沈阳师范大学学报：自然科学版，2013，31（2）：222-227.

[7] 陈毅清，张璐.基于结构方程模型的黄山市体育旅游产业集群实证研究[J].吉林体育学院学报，2013，29（6）：18-23.

[8] 邹广琦.河北省体育与旅游产业融合对旅游产业结构演化影响研究[D].秦皇岛：燕山大学，2014.

赛中国站为例，分析了上海国际赛车场主题旅游空间发展现状、存在问题和空间影响，认为F1大奖赛增加新的城市旅游空间，改善旅游节点的基础设施条件，影响城市旅游空间布局，提升城市旅游空间影响力，催生大量体育旅游者[1-2]。张林等（2015）系统梳理了江苏、上海、浙江的体育产业发展概况，深入分析了体育竞赛表演、体育健身休闲等重点业态发展态势[3]。袁园媛等（2015）借鉴阿尔伯克基成熟的热气球节旅游空间发展经验，对我国新兴的热气球节与旅游空间的发展提出建议，利用办赛契机推动城市旅游空间形成与发展[4]。姜付高等（2016）以体育主题城市为例，分析打造"水上运动之都"对日照体育旅游空间结构影响机理，提出城市体育旅游空间优化措施[5]。

（3）规划实践：体育旅游空间结构优化研究

体育旅游功能日益凸显，吸引诸多学者对体育旅游空间结构要素与体育旅游现象的关系进行研究，探寻其演变规律。国外学者以滑雪、高尔夫、徒步、赛车、垂钓等单项体育旅游项目为研究对象，注重案例的实证研究，注重定量与定性研究相结合，从多个角度对体育旅游空间结构进行细化和多元化研究。拉桑塔（Lasanta T，2007）对西班牙比利牛斯山区滑雪旅游目的地进行研究，探讨滑雪对人口、产业、社会的影响[6]。福勒（Forer P C，2008）研究了新西兰背包旅游的空间模式[7]。西尔伯曼（Silberman J A，2010）基于GIS识别技术，以美国落基山脉滑雪小镇标准滑雪度假村为例，对气候、地形、景观环境、文化等因素进行系统的测量与评价，并通过三维仿真技术和虚拟现实技术，模拟人的地理空间认知方式，来确定高山滑雪场地对滑雪爱好者的吸

---

[1] 黄海燕，马洁，张靖弦.F1大奖赛中国站对上海旅游空间的影响[J].体育科研，2013，34（4）：1-6.

[2] 张靖弦，黄海燕.上海国际赛车场主题旅游空间的发展研究[J].上海体育学院学报，2015，39（2）：24-30.

[3] 张林，黄海燕，潘时华.长三角地区体育产业发展报告（2014—2015）[M].北京：社会科学文献出版社，2015.

[4] 袁园媛，施怡娜，黄海燕.阿尔伯克基国际热气球节与城市旅游空间发展及对我国的启示[C]//2015第十届全国体育科学大会论文集.杭州：中国体育科学学会，2015：4724-4726.

[5] 姜付高，曹莉.大型体育赛事对城市旅游空间结构影响及其优化研究——以日照打造"水上运动之都"为例[J].北京体育大学学报，2016，39（11）：38-44，111.

[6] Lasanta T, Laguna M, Sergio M. Do tourism-based ski resorts contribute to the homogeneous development of the mediterranean mountains[J]. Tourism Management, 2007（5）：1326-1339.

[7] Forer P C, Pearce D G. Spatial Patterns of Package Tourism in New Zealand[M]. New York：John Wiley & Sons Inc，2008.

引力。罗伯特·彼得森（Robert Pettersson，2011）运用GPS和问卷调查法，对事件中旅游者行为的时间和空间进行研究，通过分析游客的运动和经历，评估GPS装置在户外运动事件中的实用性[1]。敏（Min K K，2016）、莫赫塔里（MR Mokhtari，2016）等学者运用实地调研、数理统计等方法对滑雪运动、背包旅游的空间模式、邮轮旅游港口城市空间发展、滑雪小镇、F1对体育旅游产业结构影响、马拉松赛事、体育旅游设施布局等案例进行研究[2]。这些研究强调以旅游流、小事件、小样本、具体地域为研究对象，对体育旅游某些要素空间结构的变化进行研究，为体育旅游空间结构的深入研究提供了理论和实践借鉴。

国内学者针对我国休闲时代的大众旅游和以高铁、航空为代表的大尺度旅游常态化等特征，从体育旅游空间结构、体育旅游功能区划等角度对大尺度的全域体育旅游空间布局进行了系列研究。王茂生等（2001）提出发挥甘肃旅游资源优势和丝绸之路旅游线的区位优势，以兰州为中心发展甘肃体育旅游业，构建"一核、三区、两翼"的发展布局[3]。邢亮（2008）在理论层面探讨了体育旅游空间结构布局的相关概念和基本布局模式，提出将以梯度推进模式为总框架、以"点—轴"结构模式为基本过程、以网络结构模式为发展目标，应用于山东省体育旅游的规划布局中[4]。黄玲（2010）从旅游资源、旅游地客源市场、交通网络等方面对浙江舟山群岛海洋体育旅游地旅游空间结构进行分析，并从区内空间结构优化、区际空间结构优化和区域集群结构优化三个方面，提出舟山群岛海洋体育旅游地旅游空间结构优化措施[5]。杨丽花等（2013）构建了吉林省冰雪旅游发展的"一带、两区、多点"的网络化结构，提出跨区域合作，强化区域空间发展定位和联动发展的策略和路径[6]。姜付高等（2015）在充分考量山东半岛城市体育旅游带历史文脉、区位条件、资源禀赋、基础设施、客源市场和发展水平的前提下，依据地理学相关理论提出了

---

[1] Robert Pettersson, Malin Zillinger. Time and space in event behaviour: Tracking visitors by GPS [J]. Tourism Geographies, 2011, 13 (1): 1-20.

[2] Silberman J A, Rees P W. Reinventing mountain settlements: a GIS model for identifying possible ski towns in the U.S. Rocky Mountains [J]. Applied Geography, 2010, 30 (1): 36-49.

[3] 王茂生，裴益民.甘肃体育旅游业的开发布局和发展思路[J].体育科研，2001（4）：3-6.

[4] 邢亮.山东省体育旅游空间结构分析及布局模式研究[D].曲阜：曲阜师范大学，2008.

[5] 黄玲.海洋体育旅游地旅游空间结构的分析及其优化研究[J].广州体育学院学报，2010，30（3）：58-62.

[6] 杨丽花，刘永，蒋清文.吉林省冰雪旅游发展的空间布局及路径研究[J].沈阳师范大学学报：自然科学版，2013，31（2）：222-227.

山东半岛城市群的体育旅游带空间结构的优化路径[1]。李玏等（2015）选取北京市作为研究区域，采用空间密度分析、空间数据探查等研究方法，从空间分布形态、规模分布特征、时序格局特征三个方面对北京市高尔夫旅游资源的空间分布特征进行研究，认为区域地形特征、重要水系和交通区位是影响北京市高尔夫旅游资源空间分布的主要因素[2]。

随着体育旅游在我国国民经济中的地位提升，体育旅游产品的供给模式和需求模式趋于多样化和个性化，具有战略意义的区域体育旅游发展规划引起了政府关注。国务院（2014）、国家体育总局和旅游局、各省市和自治区（2016）先后颁布出台一系列文件，从发展战略高度，制订了山地户外、航空运动、水上运动、冰雪运动、健康养老、体育产业等规划文件，为体育旅游发展增进活力。溧阳市（2012）、长沙市（2013）、郴州市（2015）、山东省（2016）等省市，从发展规划角度，结合体育旅游资源分布现状，制订体育旅游专项发展规划，对区域体育旅游业发展空间进行布局和优化。

综上所述，体育旅游空间结构不是偶然的，也不是静止的，它将随着政治、经济、社会、文化、体育、旅游的发展而不断演化。从最初的单一空间结构描述，到运用定量与定性相结合的科学评价，再到理论与实践相结合的实证规划与发展。从国外相关研究来看，虽然有关体育旅游空间结构的研究数量相对较少，但是相关学者在研究对象上往往倾向于选取小事件、小案例，并结合采用数理模型和定量分析提出丰富地域性、单要素体育旅游空间布局的相关策略，从而弥补参考文献的不足，同时也能使研究更具科学性。但是在研究细化的同时，缺乏从整体视角，运用系统理论，对大尺度体育旅游空间结构演变和空间结构布局进行研究。我国体育旅游空间结构研究虽然学者众多、研究数量递增明显，呈现出学科多样化、角度复杂化、层次综合化等发展局面，但也存在研究系统性和整体性不足的缺陷，并且缺乏对体育旅游空间结构理论体系的系统研究，相关研究大多局限于体育旅游空间单一要素的研究，以及体育旅游空间结构的局部研究和静态研究。再加上体育旅游统计数据的缺失，使我国体育旅游空间结构的动态性研究尚处于探索阶段，缺少对体育旅游空间结构的布

---

[1] 姜付高，王铁.山东半岛城市体育旅游带空间结构优化与可持续发展研究[J].西安体育学院学报，2015，32（1）：51-59.

[2] 李玏，刘家明，王润，等.北京市高尔夫旅游资源空间分布特征及影响因素[J].地理研究，2013，32（10）：1937-1947.

局特点、布局规律、布局优化的有效探讨。如何运用定量与定性相结合的研究方法，科学探讨体育旅游空间结构优化，促进体育旅游可持续发展显得实际且紧迫。

2. 体育旅游资源研究

体育旅游资源是发展体育旅游业的基石，其研究起步较晚，始于体育旅游项目的开展。体育旅游资源研究从体育旅游资源理论研究、体育旅游资源开发研究及体育旅游资源评价研究等领域进行研究。

（1）体育旅游资源理论研究

体育旅游资源理论研究主要是从体育旅游资源概念、旅游资源在开发体育旅游项目中的应用和体育旅游开发对旅游资源的影响等方面，进行现象描述和理论探索。

国外在这一领域的研究起步较早，安田（1941）从积雪深度、地形等角度，对日本的285所滑雪场进行分析研究。野本（1962）从滑雪场开发与旅游者动向的角度探讨了日本滑雪场的类型，明确了山岳滑雪场的地位[1]。格利帕提斯（Glyptis，1982）以滑雪为例，分析欧洲滑雪与旅游的联系，将滑雪体育旅游者"需求类型"分为滑雪体育锻炼、"高端"滑雪度假、主题度假提供的滑雪活动、普通度假提供的滑雪活动和观看比赛五种[2]。哈德森（Hudson，2000）认为滑雪场的质量与周围自然环境影响的处理水平相关，并以阿尔卑斯山为例，认为滑雪运动对阿尔卑斯山的生态环境造成破坏。建造堤坝、酒店宾馆、滑雪设施等行为致使森林严重退化，导致土地恶化，环境非常脆弱，山体滑坡和雪崩风险加大[3]。贾尼斯基（Janiskee，1990）从资源供给角度，总结了美国休闲汽车旅游营地30多年的变化，认为这些宿营地具有以下特征：位于旅游景点；位于人口稠密的州；所处区域冬季气候温暖、阳光充足。由于休闲汽车旅游备受欢迎，旅游宿营地服务将越来越重要[4]。马克威克（Markwick，2000）以高尔夫球场为例，认为球场的建设是一种快速扩张

---

[1] 郭鑫. 日本滑雪旅游地域特征、发展趋势研究［D］. 上海：上海师范大学，2014.

[2] Glyptis S. Sport and tourism in Western Europe［J］. Sport & Tourism in Western Europe，1982.

[3] Hudson. Snow Business：A Study of the International Ski Industry［M］. London：Cassell，2000.

[4] Janiskee R L. Resort camping in America［J］. Annals of Tourism Research，1990，17（3）：385–407.

及粗放型的土地利用模式。以土地资源紧缺、水资源匮乏、人口密集的马耳他为研究对象，构建利益相关者兴趣吸引力矩阵[1]。杰夫（Geoff，2000）研究认为对于一日游游客来说，雪场覆盖率、支出以及出行距离都是关键因素。对于其他过夜游的游客来说，住宿条件成为决定因素[2]。学者巴德（1996）、欧内斯特（Ernet，2002）[3]、蒂莫西（Timothy，2004）等对美国的体育设施建设引发的现象进行了深入研究，认为大型场馆和配套设施的建设可以促进体育旅游，成为旅游资源，是城市更新和城市再开发的催化剂。里昂（Leon，2007）认为体育为墨尔本创造了良好的国际城市形象及世界知名度。大型体育赛事逐渐成为城市发展与管理目标最有效的工具[4]。丹尼尔斯（Daniels，2007）认为尽管体育旅游能够促进目的地的收入提高，但并不是所有的区域都能成功举办体育赛事[5]。温（Won，2009）调查研究得知雪的质量、电梯平均等待时间、出行时间、支出和滑雪道的数量成为韩国大学滑雪与滑板爱好者选择国内冬季运动目的地的主要因素[6]。

我国学者对于体育旅游资源基础理论的研究首先结合不同的体育旅游项目开展所需资源，从资源的空间分布角度进行相关的探讨研究。认为由于地域性特征迥异，体育旅游资源在空间分布上并不均衡，产生不同体育项目的旅游形式，导致体育旅游目的地体育、旅游产业布局和体育旅游客流产生空间分异，并呈现出一定的空间特征。靳建明（1986）从登山旅游角度，梳理并分析我国山岳的自然资源和人文资源的开发现状[7]。王家骏（1987）以滑雪、马术、保健、巡游为例，介绍了法国、罗马尼亚、日本、俄罗斯等国的旅游度

---

[1] Markwick M C.Golf tourism development, stakeholders, differing discourses and alternative agendas: the case of Malta [J]. Tourism Management, 2000, 21（5）: 515-524.

[2] Geoff Riddington, Colin Sinclair, Nicola Milne. Modelling choice and switching behaviour between Scottish ski centres [J]. Applied Economics, 2000, 32（8）: 1011-1018.

[3] Ernest Sternberg.What makes buildings catalytic? How cultural facilities can be designed to spur surrounding development. [J]. Journal of Architectural and Plannmg Research, 2002, 19（1）: 30-43.

[4] Leon van Schaik.Design City Melboume [J]. John Wiley & Sons, 2007（8）: 13.

[5] Daniels M J.Central place theory and sport tourism impacts [J]. Annals of Tourism Research, 2007, 34（2）: 332-347.

[6] Won D Y, Hwang S H. Factors influencing the college skiers and snowboarders' choice of a ski destination in Korea: a conjoint study [J]. Managing Leisure, 2009, 14（1）: 17-27.

[7] 靳建明.登山旅游的发展与接待 [J].旅游论坛, 1986（2）: 22-29.

假区开展情况[1]。韩杰等（1990）分析了吉林冬季冰雪旅游资源的现状，指出吉林冬季冰雪旅游项目开展不足[2]。刘杰（1991）从地理位置和气候角度分析了我国不同地区、不同季节拥有的体育旅游资源[3]。李海东等（1995）运用地理学知识回顾了漂流专项旅游的研究进展，就漂流旅游的特点、开发条件和开发管理，对乐昌漂流的开发条件、经营概况、发展趋势、发展特点、出现的问题进行了有意义的探讨和分析，认为乐昌漂流存在客源区域性强、季节性和"节假日效应"强等特点[4]。王天军（2000）认为民族体育内容丰富、形式多样，是良好的旅游资源，对开展民族体育旅游意义重大[5]。陈立基（2002）、周立华（2004）、韩忠培（2005）等学者认为体育是重要的旅游资源，能为旅游业所利用，应加强体育旅游资源空间结构和时间结构的研究，并提出体育旅游资源和市场开发的对策和建议[6-8]。邱爱英等（2006）对旅游资源、生态环境与体育旅游的关系进行了探讨，强调体育生态环境在自然体育旅游资源开发中的重要性[9]。

体育旅游资源的界定和分类是体育旅游研究的基础工作。目前，我国对体育旅游的分类标准没有形成统一的意见，对体育旅游的界定各有侧重，因此对体育旅游资源的分类也很难统一。王德刚（2000）认为体育旅游资源应当是可供开发体育旅游产品的旅游资源，包括一切具有旅游吸引潜力的体育事物（人物）和体育现象[10]。高怡将可供旅游业开发的、历史的、现在的及未来的资源都判定为旅游资源，并建立分类体系。王德刚（2000）、袁书琪等（2003）认为体育旅游资源是能开发体育旅游产品的旅游资源，是具有旅游吸引潜力的

---

[1] 王家骏.集休憩、游娱、体育于一身的度假村[J].社会科学家，1987（4）：77-79.
[2] 韩杰，张中飞.吉林市冬季冰雪旅游资源开发初探[J].东北师大学报：自然科学版，1990（2）：99-104.
[3] 刘杰.论体育旅游[J].哈尔滨体育学院学报，1991（1）：22-26.
[4] 李海东，保继刚.漂流专项旅游开发研究——以广东乐昌漂流为例[J].经济地理，1995（2）：108-112.
[5] 王天军.发展民族体育旅游业的前景与对策[J].广州体育学院学报，2000（2）：5-9，14.
[6] 陈立基.体育旅游资源开发与构筑[J].体育科技，2002（4）：1-4.
[7] 周立华.体育旅游资源的内涵及开发问题研究[J].广州体育学院学报，2004（6）：108-110.
[8] 韩忠培.中国体育旅游资源和体育旅游市场开发研究[J].体育与科学，2005（3）：39-42.
[9] 邱爱英，宋秀丽，周新.体育旅游资源开发与保护的均衡选择和制度创新[J].体育与科学，2006（5）：43-47.
[10] 王德刚.旅游资源开发与利用[M].济南：山东大学出版社，2000.

体育事物和体育现象[1-2]。袁书琪等（2003）从开发视角将体育旅游资源分为大类、主类、亚类和基本类型四个类型，通过完善体系结构、体现参与价值、调整类属体系、突出功能价值四个维度构建了体育旅游资源汇总体系[2]。孟峰年（2004）、施芳芳等（2007）将体育旅游资源分为体育旅游自然资源（如地貌类资源和水体类资源）和体育旅游人文资源（如民风、民俗风情和赛事、场馆建筑）[3-4]。周立华（2005）借助旅游经济学理论、旅游区位论理论和旅游承载量理论等旅游专业理论，提出了"旅游+体育"与"体育+旅游"的产业型开发模式，并将体育旅游资源开发划分为"专项型""组合型""附带型"三类开发模式[5]。姜付高（2005）从哲学角度对体育旅游概念进行界定[6]。于素梅等（2005）根据成因、主导因素、游憩价值、资源功能和人类动机等原则对体育资源进行分类。认为体育旅游资源包括为体育的产生、生存和发展提供适宜的自然空间与各种自然生物圈等自然环境，又包括有参与、观赏和健身价值的各种各样的体育文化、体育项目、体育游戏，同时还包括为旅游或体育旅游而兴建的服务设施[7]。邓凤莲等（2006）认为体育旅游资源是体育资源与旅游资源的互补互利，是把体育旅游活动作为吸引旅游者的自然因素和社会文化因素，激发旅游者的旅游动机，为旅游业的发展创造经济效益、社会效益、生态效益的自然与社会的实体物[8]。尹德涛等（2007）对体育旅游资源分类进行研究，认为可以根据体育旅游特性划分为大众和极限体育旅游资源两大类，按体育旅游活动场所分为陆地、水域、空中休闲与竞技运动旅游地[9]。于素梅（2007）从小康社会视角，探讨体育旅游资源开发与小康社会的关系，认为体

---

[1] 王德刚. 旅游资源开发与利用[M]. 济南：山东大学出版社，2000.

[2] 袁书琪，郑耀星. 体育旅游资源的特征、涵义和分类体系[J]. 体育学刊，2003，10（2）：33-36.

[3] 孟峰年. 西北地区体育旅游资源开发的前瞻性分析[J]. 体育科学，2004，24（10）：26-30.

[4] 施芳芳，常德胜. 长三角地区体育旅游资源开发的现状与存在问题分析[J]. 体育与科学，2007，28（6）：58-61.

[5] 周立华. 体育旅游资源"多类多元"开发模式构建[J]. 北京体育大学学报，2005，28（10）：1325-1327.

[6] 姜付高. 体育旅游概念的哲学思辨[J]. 首都体育学院学报，2005（4）：30-31.

[7] 于素梅，易春燕. 体育旅游资源的内涵及开发问题研究[J]. 成都体育学院学报，2005（1）：26-28.

[8] 邓凤莲，于素梅，武胜奇. 我国体育旅游资源开发的支持系统与影响因素[J]. 上海体育学院学报，2006，30（2）：35-40.

[9] 尹德涛，夏学英. 体育旅游与体育旅游资源分类研究[J]. 商业时代，2007（11）：93-94.

育旅游资源是自然界或人类社会中，经科学合理的开发，能对体育旅游者产生吸引力，并能进行体育旅游活动，为旅游业所利用且能产生社会、经济、生态效益的各种事物与因素的总和，是旅游资源和体育资源的有机的完美组合[1]。袁书琪等（2008）、任婵娟等（2008）依据旅游资源分类国家标准，分析天然体育旅游资源分类的重要性、分类特点、分类原则、分类模式，并构建天然体育旅游资源分类体系[2-3]。石晓峰（2011）、宛霞（2012）依据体育旅游资源不同属性，从体育旅游资源的功能、属性、特点、分布场所、色系、成因等不同角度对体育旅游资源进行分类[4-5]。刘晓燕（2013）在对体育旅游资源概念界定、分类、特征分析的基础上，以贵阳为例，对体育旅游资源开发内容进行探讨[6]。郑亮（2016）从系统角度，认为体育旅游资源是为人们开展体育旅游活动所提供的场所、项目和物质环境[7]。这些理论研究主要从体育旅游资源的概念、特征、分类等角度开展，为体育旅游资源的开发利用提供了理论基础和研究视角。

（2）体育旅游资源开发研究

伴随体育旅游的发展，体育旅游资源的科学利用日益得到重视，众多学者开始从地理学、旅游学、管理学、经济学等多学科角度探讨体育旅游资源的开发与利用。有关体育赛事资源开发、体育场馆设施利用、民族传统体育、高尔夫球场、滑雪场、滨海海域等体育旅游资源的开发与利用成为研究的焦点。

国外学者戴维森（Davison，1981）对苏格兰滑雪场的现状和规划进行了调查，对其中10个潜在的发展地点进行了汇总、比较、分析和建议，认为需要追加土地评估计划，改变现有机构对滑雪场建设的态度[8]。柯林斯（Collins，1991）、盖茨（Getz，2003）认为申办体育赛事可以吸引更多的游

---

[1] 于素梅.小康社会的体育旅游资源开发研究[J].体育科学，2007（5）：23-35.

[2] 袁书琪，任婵娟.天然体育旅游资源分类特点与分类体系构建[J].辽宁师范大学学报：自然科学版，2008，31（4）：507-509.

[3] 任婵娟，袁书琪.天然体育旅游资源开发评价体系的构建[J].重庆师范大学学报：自然科学版，2008（4）：96-100.

[4] 石晓峰.中国中部地区体育旅游资源开发研究[D].太原：山西大学，2011.

[5] 宛霞.体育旅游资源分类新论[J].体育文化导刊，2012（7）：90-93.

[6] 刘晓燕.贵阳市体育旅游资源开发研究[D].成都：成都体育学院，2013.

[7] 郑亮.济南都市圈体育旅游资源开发与提升研究[J].体育世界（学术版），2016（12）：20-21.

[8] Davison R W. Ski developments in Scotland—What lies ahead？[J]. Scottish Geographical Journal，1981，97（2）：110-123.

客前往体育旅游目的地，从而吸引媒体，提升城市形象；增加回头游客；提高现有设施的利用率及辅助城市重建[1]。

随着体育赛事影响力加大，越来越多的学者侧重于研究赛事体育旅游对城市功能的提升与空间结构的优化，发现赛事所建体育与休闲设施可以带动就业、带来环境收益、改善城市空间等。罗尔（Roehl，1993）等学者认为体育旅游资源开发应围绕旅游者决策和行为来进行，并以美国钓鱼业为例，对旅游者参与体育旅游决策的过程和垂钓爱好者参与钓鱼决策的过程中的信息进行研究分析[2]。卡西马蒂（Kasimati，2003）总结了举办奥运会城市的潜在长期收益，包括国际声誉的提升、城市的振兴、新建的场馆和基础设施、游客的增加、就业的增加、公共福利的改善及对内投资的增长等[3]。亨尼西（Hennessey，2008）以满意度、参与高尔夫运动产生的感知价值、出行距离、支出、旅行决策及动机为要素，建立信息框架来了解高尔夫旅游者选择目的地的影响因素[4]。加德里（Ghaderi，2014）以伊朗滑雪胜地迪津（Dizin）滑雪场为例，气候变化导致冰雪覆盖面积减少，进而导致人们对滑雪的需求减少，不仅对滑雪产业产生影响，而且对当地社会、经济及整体的可持续发展都产生影响，针对这一问题，应调整战略，侧重于营销和产品的多样化，开发其他自然旅游资源来替代滑雪产业[5]。舒特（Schut，2016）认为体育和旅游的联系与户外运动密切相关，法国旅游俱乐部通过为游客建设旅游景点、发展冬季运动装备的制造业、推广冬季运动三个关键方面为法国山地运动场所经营提高了竞争力[6]。

在国内，体育旅游发展起步较晚，资源开发研究主要分为理论研究、实践应用研究、专项开发研究。从理论角度看，吴永芳等（2001）认为城市体育

---

[1] Getz D. Sport event tourism: planning, development, and marketing.In S. Hudson (Ed.), Sport and adventure tourism [M]. New York: Haworth, 2003.

[2] Roehl W S, Ditton R B, Holland S M, et al. Developing new tourism products: Sport fishing in the South-East United States [J]. Tourism Management, 1993 (4): 279-288.

[3] Kasimati E. Economic aspects and the Summer Olympics: a review of related research [J]. International Journal of Tourism Research, 2003, 5 (6): 433-444.

[4] Hennessey S M, Macdonald R, Maceachern M. A framework for understanding golfing visitors to a destination [J]. Journal of Sport & Tourism, 2008, 13 (1): 5-35.

[5] Ghaderi Z, Khoshkam M, Henderson J C. From snow skiing to grass skiing: implications of climate change for the ski industry in Dizin, Iran [J]. Anatolia, 2014, 25 (1): 96-107.

[6] Schut P O. How the touring club de france influenced the development of winter tourism [J]. International Journal of the History of Sport, 2016: 1-19.

旅游资源开发应突出特色、遵循市场导向、注重效益、协调发展[1]。吴宝宏（2003）、韩忠培（2005）、邓凤莲等（2006）通过了解我国体育旅游开发现状，剖析中外体育旅游项目开发的差异性及其存在的原因，认为体育旅游资源的开发应注重开辟市场，既要立足现有市场，也要开辟潜在市场[2-4]。在建立规范化、专业化的体育旅游资源开发管理体系方面，政府既应颁布扶持政策，突出各地体育旅游资源特色，提高服务质量；也应通过多种渠道培养体育旅游人才，加大宣传促销力度，树立品牌形象等。邱爱英等（2006）、周琥（2007）分别对体育旅游资源开发与保护、体育旅游资源开发与支撑要素体系之间的关系进行研究，研究二者均衡发展的选择机制，以此为基础提出体育旅游资源的开发策划[5-6]。石晓峰（2011）、张文磊等（2013）分别运用区位理论、地理学理论、旅游地理论对体育旅游开发进行探讨，并将其作为指导体育旅游资源开发的基本理论，提出基于全域体验的全社会旅游开发模式[7-8]。赵金岭（2013）、刘宁（2014）认为体育旅游资源开发过程中要遵循高端、低碳、提质、绿色等原则[9-10]。朱佳斌（2016）提出体育旅游资源开发的三种模式：依托体育赛事资源、依托天然体育旅游资源和打造体育主题公园[11]。肖秀显等（2015）运用定量与定性相结合的方法研究体育旅游资源开发的影响因素，认为经济条件、场馆设施、信息来源是开发体育旅游资源的核心要素[12]。姜付高等（2016）采用定性与定量相结合的方法，以我国滨海地区体育旅游

---

[1] 吴永芳，杨铁黎.城市体育旅游资源开发的初探[J].首都体育学院学报，2001，13（3）：83-87.

[2] 吴宝宏.体育旅游资源的评价与开发[J].黑龙江农垦师专学报，2003（1）：72-73.

[3] 韩忠培.中国体育旅游资源和体育旅游市场开发研究[J].体育与科学，2005，26（3）：39-42.

[4] 邓凤莲，于素梅，武胜奇.我国体育旅游资源开发的支持系统与影响因素[J].上海体育学院学报，2006，30（2）：35-40.

[5] 邱爱英，宋秀丽，周新.体育旅游资源开发与保护的均衡选择和制度创新[J].体育与科学，2006，27（5）：110-111.

[6] 周琥.体育旅游资源开发策划探析[J].体育与科学，2007，28（2）：32-34.

[7] 石晓峰.中国中部地区体育旅游资源开发研究[D].太原：山西大学，2011.

[8] 张文磊，周忠发.全域体验开发模式：区域旅游开发的新途径[J].生态经济，2013（2）：29-32.

[9] 赵金岭.我国高端体育旅游的理论与实证研究[D].福州：福建师范大学，2013.

[10] 刘宁.低碳经济视角下体育旅游产业发展研究[D].青岛：中国海洋大学，2014.

[11] 朱佳斌.产业融合视域下的体育旅游资源开发研究[J].旅游纵览月刊，2016（3）.

[12] 肖秀显，陈华胜.体育旅游资源开发的要素分析——基于大众视角[J].沈阳体育学院学报，2015，34（4）：74-79，85.

资源为研究对象，对滨海地区体育旅游资源禀赋、体育旅游资源丰度、体育旅游资源绩效进行分析，客观评价滨海地区体育旅游资源开发、分布与利用情况[1]。这些关于体育旅游资源概念、分类的理论研究，为体育旅游资源的开发、评价与应用提供了理论依据。

从实践应用角度，许多学者以省域为研究范围，对体育旅游资源开发展开研究。王广贵等（2006）认为对体育旅游资源缺乏合理认识，生态环境脆弱，交通、通信可进入性差等因素制约着黑龙江省冰雪体育旅游产业的发展[2]。王俊奇（2006）从体育旅游文化资源视角，对江西东北部体育旅游资源开发的现状和存在的问题展开研究，提出重点培育、重视创新、挖掘内涵与可持续发展战略[3]。刘军等（2007）从再生性开发模式和初始性开发模式两方面对广东体育旅游资源的开发进行探讨[4]。周德书等（2007）、云学容（2008）分别以广东省、四川省为例，通过SWOT分析，寻找发展机遇与前景，制订体育旅游资源可持续发展的战略措施和发展对策[5-6]。石晓峰等（2009）在山西省体育旅游市场发展现状的基础上，结合体育旅游市场发展环境，强化区域合作，提出培育体育旅游精品，构建山西省体育旅游"三纵""三横""三圈"的中部地区体育旅游联动发展格局[7]。舒宗礼等（2010）认为湖北省体育旅游资源应发挥山岳景观、水域景观、民俗体育和体育节事的资源优势，因地制宜，在不同的体育旅游发展阶段，选择不同的资源开发模式和地域开发模式，注重资源普查与统筹规划相结合，政府与社会共同开发，突出特色与精品，加强合作扩大开发，提高开发质量和效益等[8]。魏火艳（2011）、朱文杰（2012）

---

[1] 姜付高, 曹莉, 孙晋海, 等. 我国滨海地区体育旅游资源禀赋、丰度与绩效评价研究[J]. 天津体育学院学报, 2016, 31 (4): 277-282.

[2] 王广贵, 严朝俊, 刘旸. 黑龙江省冰雪体育旅游产业发展的制约因素及开发对策[J]. 冰雪运动, 2006 (1): 84-86.

[3] 王俊奇. 江西东北部民俗体育旅游文化资源开发的对策研究[J]. 山东体育科技, 2006, 28 (2): 50-52.

[4] 刘军, 李杰, 周德书, 等. 广东体育旅游资源开发模式研究[J]. 体育学刊, 2007, 14 (5): 49-51.

[5] 周德书, 王淑群, 张丽红, 等. 广东体育旅游资源开发SWOT分析[J]. 广州体育学院学报, 2007, 27 (2): 84-87.

[6] 云学容. 四川体育旅游资源开发研究[J]. 体育文化导刊, 2008 (7): 86-87.

[7] 石晓峰, 李建英, 王飞. 山西省体育旅游资源分析及开发策略研究[J]. 中国体育科技, 2009, 45 (3): 126-131.

[8] 舒宗礼, 夏贵霞, 石岩. 湖北省体育旅游资源综合开发研究[J]. 体育文化导刊, 2010 (4): 74-77.

指出河南省应构建基于文化资源整合的区域体育旅游合作框架，发挥历史文化区域优势，以"禅武—佛教"文化为核心，以山水文化为载体，健全具有文化特征的体育旅游商品体系，发展河南体育旅游品牌[1-2]。李国锋（2013）认为甘肃省自然体育旅游资源和人文体育旅游资源丰富，可开发观光型、探险型、健身型、竞赛型、度假疗养型、极限型和拓展型体育旅游项目[3]。钟华（2007）、王宇等（2014）、江伟等（2016）、肖荣华等（2016）、陈海平等（2017）采用文献资料法、态势分析法、实地考察法和问卷调查法，以苏州、江苏、广东、湛江和武汉为例，从自然资源与人文资源角度，结合体育特点，分析体育旅游资源开发可行性，提出健全区域体育旅游协作机制；注重整体规划与开发；制定合理开放的投资开发政策；打造专题旅游线路；积极利用政策开发旅游资源；树立良好的品牌形象及加大旅游业方面的投资[4-8]。张强等（2016）以我国世界遗产地为例，从实现我国世界遗产地体育健身旅游资源开发的生态环境、经济效益和社会效益和谐统一的研究视角出发，对"生态文明"战略机遇期，我国体育健身旅游资源开发与环境保护创新进行了研究，并提出世界遗产地体育健身旅游资源开发与环境保护创新的发展策略[9]。

大尺度旅游的兴起，使区域体育旅游合作引起诸多学者的关注，并以都市圈、城市群、旅游带为研究范围展开研究。孟峰年（2004）、施芳芳等（2007，2009）结合旅游资源学理论，对我国西北地区、长江三角洲现有体育旅游资源及潜在体育旅游资源进行分析，发现这些地区资源丰富，但存在开发

---

[1] 魏火艳.河南省体育旅游资源开发研究[J].体育文化导刊，2011（3）：94-96.
[2] 朱文杰.河南省体育旅游开发研究[J].体育文化导刊，2012（1）：91-95.
[3] 李国锋.甘肃省体育旅游资源开发研究[J].体育文化导刊，2013（6）：81-84.
[4] 钟华.开发苏州太湖体育旅游资源优势与对策[J].体育与科学，2007，28（6）：62-64.
[5] 王宇，刘楷操.江苏水文化体育旅游资源开发的对策研究[J].南京体育学院学报：社会科学版，2014（1）：40-44.
[6] 江伟，曲进.一带一路背景下广东滨海体育旅游发展策略研究[J].广州体育学院学报，2016（6）：61-64.
[7] 肖荣华，袁峰.运用SWOT分析湛江体育旅游资源现状的研究[J].体育科技文献通报，2016，24（11）：41-42.
[8] 陈海平，王鹏.发挥旅游资源优势，促进武汉体育赛事发展[J].中国商论，2017（3）：129-130.
[9] 张强，邓忠伟，陈浩."生态文明"战略机遇期体育健身旅游资源开发与环境保护创新研究——以我国世界遗产地为例[J].北京体育大学学报，2016（12）：28-36.

结构不合理、产品特色不显著、市场管理不规范等问题[1-3]。石晓峰（2011）通过对我国中部地区体育旅游资源的构成及优势分析，结合体育旅游市场发展环境，培育体育旅游的"大旅游、大市场、大产业"，提出多中心、网络化、开敞性，打造中部六省"六圈七轴"体育旅游联动的开发格局，缔造内陆腹地高融聚态、大辐射面、深和谐度、强竞争力的区域体育旅游发展模式[4]。谭延敏等（2009）提出建立环京津都市圈"硬核"、健全区域旅游协作机制、树立统筹观念、确立合理开放的投资开发政策、建立环京津体育旅游产业带的环京津都市圈体育旅游资源规划与开发的竞争策略[5]。汤敬东（2014）、陈浩等（2015）系统分析环渤海体育旅游带和京杭运河地区体育旅游资源的基础和开发现状，结合体育旅游产业发展的特点，提出开发与促销策略[6-7]。郑亮（2016）在调研、分析济南都市圈体育旅游资源的开发情况的基础上，提出建立都市体育旅游圈，树立体育旅游新观念，多元融资、品牌战略、整体营销等发展策略[8]。这些研究倡导区域资源共享，注重整体规划与开发，健全区域体育旅游协作机制，为区域体育旅游资源开发提供了思路。

我国是一个多民族国家，地大物博，民族体育旅游资源极其丰富，因而民族体育旅游开发研究也是众多学者关注的重点。顾涛等（2002）认为正确地认识和评价广西少数民族传统体育旅游资源，有助于这一独特的旅游资源的开发利用，促进广西旅游业的发展[9]。邓凤莲（2008）发现河南节庆中、婚俗中、民间歌舞与游艺活动中的民俗体育活动内容，共同构成河南民俗体

---

[1] 孟峰年.西北地区体育旅游资源开发的前瞻性分析[J].体育科学，2004，24（10）：26-30.

[2] 施芳芳，常德胜.长三角地区体育旅游资源开发的现状与存在问题分析[J].体育与科学，2007，28（6）：58-61.

[3] 施芳芳，常德胜.长三角地区体育旅游资源的整合系统开发研究[J].西安体育学院学报，2009，26（4）：410-412.

[4] 石晓峰.我国中部地区体育旅游资源开发策略[J].武汉体育学院学报，2011（6）：10-16.

[5] 谭延敏，张铁明，刘志红，等.环京津都市圈体育旅游研究[J].体育文化导刊，2009（3）：78-81.

[6] 汤敬东.环渤海体育旅游带的开发研究[J].沈阳体育学院学报，2014（5）：64-67，89.

[7] 陈浩，任玉勇，王丽，等.京杭运河生态体育旅游可持续发展研究[J].北京体育大学学报，2015（4）：26-32.

[8] 郑亮.济南都市圈体育旅游资源开发与提升研究[J].体育世界：学术版，2016（12）：20-21.

[9] 顾涛，陆元兆，杨永亮，等.广西少数民族传统体育旅游资源评价[J].体育学刊，2002，9（3）：49-51.

育旅游资源的优势，成为满足体验经济时代游客需求的独特资源[1]。张守平等（2008）对新疆旅游者进行问卷调查，结果显示，少数民族体育旅游活动成为游客最感兴趣的项目，认为新疆旅游开发应重点突出少数民族旅游项目，不同少数民族发展民族体育旅游项目应有所侧重、突出特色等[2]。李延超等（2010）认为贵州应发挥喀斯特特色体育旅游资源优势，立足自我、培育精品、走市场化道路，坚持经济效益和生态效益、多样性与统筹性相结合的原则，重点开发体育探险、休闲度假、赛事观赏和体验民族风情项目[3]。孙翠琪等（2011）认为青藏高原的少数民族传统体育旅游资源丰富，建立相应的少数民族传统体育旅游区，将促进高原民族体育与旅游事业的发展[4]。另有学者对一些少数民族的体育旅游资源布局和开发现状进行了调查、比较、分析，总结出存在的问题和开发的优势及积极意义，提出开发少数民族体育旅游资源的步骤和原则，以期对民族体育旅游资源开发产生积极的推动作用。邓开民（2012）、高圆媛（2013）系统分析了云南少数民族体育旅游资源现状、分布特征、开发潜力和开发途径，认为应依托特色景点旅游资源，移植和就地开发传统体育项目旅游资源，大力开发少数民族传统节日旅游和传统体育赛事旅游[5-6]。邓杰等（2013）认为体育旅游是一种专业性、地域性和民族性的旅游，富有文化和精神内涵，并在讨论民族体育旅游资源的开发可行性及开发模式研究基础上，提出开发原则及策略[7]。韩政等（2014）调查并发现海南省黎族地区热带体育旅游资源丰富，提出了黎族地区热带体育旅游理念，对其资源进行分类、统计、定义、评价并提出对策，为集约开发黎族地区热带体育旅游资源，促进海

---

[1] 邓凤莲.河南省民俗体育旅游资源的优势与开发对策研究[J].体育研究与教育，2008，23（1）：59-61.

[2] 张守平，臧留鸿.新疆少数民族特色体育旅游项目开发研究[J].成都体育学院学报，2008，34（9）：54-56.

[3] 李延超，饶远.贵州喀斯特特色体育旅游资源开发思考[J].体育文化导刊，2010（1）：83-85.

[4] 孙翠琪，冯云.青藏高原少数民族传统体育旅游开发研究[J].体育文化导刊，2011（11）：114-117.

[5] 邓开民.云南少数民族传统体育旅游资源开发利用研究[D].北京：北京体育大学，2012.

[6] 高圆媛.云南省少数民族体育旅游资源分布特征与开发策略选择[J].沈阳体育学院学报，2013（4）：54-57.

[7] 邓杰，杜长亮.民族体育旅游资源开发原则及策略[J].体育与科学，2013（6）：107-110.

南国际旅游岛建设提供支持[1]。陈蕾等（2014）认为少数民族传统体育资源的文化价值内涵丰富、形式多样，其传承、保护与开发，既可打破中国体育文化偏重西方竞技体育文化的单一格局，也可为少数民族地区文化产业的发展提供有效的文化支撑，从而在推进少数民族地区经济增长方式转变的同时，推动民族地区社会主义文化的大发展和大繁荣[2]。张小林等（2015）认为湘西德夯等民族特色村寨生态环境和体育文化旅游资源得天独厚，但在开发过程中存在诸多问题。从文化创意角度，应采取开发特色体育旅游创意产品链；打造湘西区域体育文化旅游创意品牌；加强体育旅游与文化创意产业的融合等措施[3]。卢永雪（2016）认为民族传统体育旅游可以促进少数民族非物质文化遗产和传统体育文化的传播、传承与保护，并提出创新和发展少数民族传统体育旅游的相关建议及策略[4]。

冰雪旅游产业是体育旅游产业中的重要部分，伴随2022年北京冬奥会的成功举办，冰雪体育旅游产业迎来新的发展机遇。自2015年申冬奥成功后，关于冰雪体育旅游资源开发及相关的研究急剧增多。李光等（2015）认为要想实现中南地区冰雪体育旅游资源价值，应充分利用冰雪体育旅游认知过滤机制和循环机制[5]。刘文佳等（2016）从冰雪旅游资源的价值、特征入手，认为应深挖冰雪旅游资源的经济价值、生态价值、文化价值和社会价值，促进冰雪旅游进一步向纵深发展[6]。王海荣等（2016）对冰雪旅游与影视文化结合的产物——影视冰雪旅游展开研究，对其概念内涵及开发现状进行分析，在此基础上对黑龙江省影视冰雪旅游的开发提出一些建议[7]。苟俊豪等（2016）针对新疆冰雪资源集聚地在进行冰雪旅游深度开发时所面临的同质化竞争难题，建立了以重点冰雪资源集聚地为焦点的区域竞合博弈，并提出了"政府主导，区

---

[1] 韩政，夏敏慧，宋静敏，等.海南黎族地区热带体育旅游资源调查研究［J］.海南大学学报：人文社会科学版，2014（3）：126-130.

[2] 陈蕾，李鹏程.少数民族传统体育资源的文化价值及其开发［J］.贵州民族研究，2014（6）：178-181.

[3] 张小林，孙玮，刘兰.少数民族特色村寨体育文化旅游资源创意开发研究——基于湘西德夯苗寨的调查研究［J］.贵州民族研究，2015（1）：156-159.

[4] 卢永雪.少数民族传统体育旅游的开发模式研究［J］.贵州民族研究，2016（10）：182-185.

[5] 李光，李艳翎.中南地区冰雪体育旅游资源价值实现研究［J］.中国体育科技，2015（4）：117-124.

[6] 刘文佳，姜淼淼.冰雪旅游资源的价值及其体系构建［J］.冰雪运动，2016（2）：90-92，96.

[7] 王海荣，韩福丽.黑龙江省影视冰雪旅游开发研究［J］.冰雪运动，2016（2）：83-85.

域合作"的新疆冰雪旅游开发建议[1]。

随着体育旅游和旅游的深度融合发展,体育旅游资源研究出现专门化、具体化和细致化的研究趋势。为此诸多学者尝试运用数据统计、构建模型及GIS等相关方法,对体育旅游资源开发进行研究。查韦里(Chaverri)、威廉姆斯(Williams)、摩根(Morgan)等学者利用综合因子评价,通过定量与定性相结合的研究方法,对滨海旅游资源的安全性、气候适宜性和风景美学质量进行了评价。施(Shih,2006)通过网络分析的方法,研究我国台湾地区南投的16个自驾游目的地的网络结构特征。通过计算中心度、临近度、效率和限制等指标,得出每个节点的性质,并提出以各种旅游路线网络中的地位为基础的旅游设施结构特点[2]。美国、英国、日本、加拿大等国家运用GIS技术,对山地徒步、登山、探险、滑雪、沙滩、沙漠、森林旅游、汽车拉力赛、马拉松跑等体育旅游资源的地理信息表达进行了深入研究。康奈尔(Connell,2008)通过调研,利用GIS分析了自驾旅游者在国家公园中的4种不同的旅游线路模式及3种不同的目的地类型[3]。卡普兰尼多(Kaplanidou,2010)将参加体育活动的游客分为两种:非赛事(如高尔夫、滑雪)和赛事。在体育运动反复发生的背景下,对已经参与的体育旅游者展开调查,从事件参与的态度、体育赛事和目的地图像的满意度方面,预测再次参加体育赛事的意图来评估研究模型,结果表明运动满意度对态度形成和行为意图具有推动力[4]。凯伦斯(Kellens,2012)指出1999年555汽车拉力世界锦标赛中借助GIS技术运用地形图的特点,对赛道行车路线、驻车场、经纬度、出发点、终点及比赛相关节点位置等的地理信息进行直观再现[5]。顾杨洋(2014)从体育旅游发展的外部环境、体育旅游资源的分布态势、体育旅游空间拓扑结构方面对浙江海洋经济核心区体育旅游目的地系统空间特征展开深入研究,认为体育旅游产品空间布局呈现小范

---

[1] 苟俊豪,刘兵,张靖.新疆冰雪旅游开发的区域博弈分析[J].科技促进发展,2016(3):339-344.

[2] Shih H Y.Network characteristics of drive tourism destinations: An application of network analysis in tourism[J].Tourism Management,2006,27(5):1029-1039.

[3] Connell J, Page S J.Exploring the spatial patterns of car-based tourist travel in Loch Lomond and Trossachs National Park, Scotland[J].Tourism Management,2008,29(3):561-580.

[4] Kaplanidou K, Gibson H J. Predicting behavioral intentions of active event sport tourists: the case of a small-scale recurring sports event[J]. Journal of Sport & Tourism,2010,15(2):163-179.

[5] Kellens W, Neutens T, Deckers P, et al. Coastal flood risks and seasonal tourism: analysing the effects of tourism dynamics on casualty calculations[J].Natural Hazards,2012,60(3):1211-1229.

围内聚集、大空间内分散的特点，大多数产品组团特色不明显、体育旅游景区分布不尽合理，开发核心区体育旅游应采取"双核联动"模式、"一体化共生"组织模式，促进区域内部互动，利用各自优势促进核心区体育旅游整体繁荣[1]。荣思军等（2015）从共生单元的质参量、共生机制两方面对山东半岛滨海体育旅游资源联动开发进行了实证分析，并提出山东半岛滨海体育旅游资源联动开发一体化对称互惠共生模式的构建途径[2]。黄佺等（2016）运用田野调查法、GIS技术法等，以滇西北民族地区为例，利用GIS技术对体育旅游资源进行数据采集、分类、管理与表达，提出发展建议，研制和优化体育旅游项目及体育旅游线路[3]。吴黎等（2017）应用计量统计方法和GIS空间分析软件，对湖北省体育旅游资源的空间分布格局进行研究，从战略制定、开发模式、资源整合三方面对湖北体育旅游资源空间分布提出优化策略[4]。

（3）体育旅游资源评价研究

随着体育旅游资源开发日益深入，诸多学者从体育旅游资源质量、体育旅游资源规模、体育旅游资源空间结构、体育旅游资源绩效等方面对体育旅游资源进行评价。

梅（May，1995）指出，1992年冬季奥运会的环境规划只考虑环境的潜在影响，没有预测次要的和长期的环境影响，以及事件的举办对当地生态环境的恶化充当催化剂的作用。雷德利纳（Fredline，2006）通过量化研究法，从主体社会的角度对澳大利亚举办的大型体育赛事体育旅游进行重建，把内外部评价模式应用于体育旅游，结果认为大型体育赛事既反映了体育旅游对当地社会的实际影响和效果，也揭示了体育赛事旅游的有利因素和不利因素之间的复杂交融形态[5]。安娜·巴托洛梅（Ana Bartolome，2006）通过问卷对影响邮轮

---

[1] 顾杨洋. 浙江海洋经济核心区体育旅游目的地系统空间特征研究[D]. 宁波：宁波大学，2014.

[2] 荣思军，韩炜. 区域体育旅游资源联动开发共生模式的研究——以山东半岛滨海地区为例[J]. 山东体育学院学报，2015（1）：45–50.

[3] 黄佺，谭奇余. 体育旅游资源普查及地图表达研究[J]. 体育文化导刊，2016（7）：113–117.

[4] 吴黎，李细归，吴清，等. 湖北省体育旅游资源空间分布格局研究[J]. 资源开发与市场，2017（2）：223–227.

[5] Fredline E. Host and guest relations and sport tourism.ln; Gibson H. (eds.) Sport tourism;concept and theoncs[M]. London Routledge，2006.

航程安排的决定因素进行了探讨,认为实地观察、岸上观光、沟通、体验、停泊地点、港口便利性、收益、市场竞争性(是否适销对路)及多样性等因素对航线设计具有重要影响。吴宝宏(2003)通过描述体育旅游的特点与作用,阐述资源评价有以下要素:旅游容量、可进入性和设施条件配置合理性[1]。韩纪光(2004)通过描述分析我国体育旅游自然资源、体育旅游人文资源、独特的区位优势、大众体育的开展及申奥成功,阐明了我国体育旅游发展的可行性,认为我国体育旅游市场具有广阔的前景[2]。方哲红(2006)从侨缘角度,对丽水畲族传统体育旅游资源进行分类评价,拓展侨乡的体育产业,拓展侨缘社会资本可促进侨乡社会体育发展[3]。李天元等(2006)阐述了体育旅游的发展背景,以营销的角度对大型体育赛事的旅游功效评价展开研究,并将体育旅游进行了分类,论述不同类型对体育旅游发展战略的影响[5]。于素梅(2007)以建设小康社会与体育旅游资源开发互动的视角,根据不同的分类标准,结合实地考察情况将全国体育旅游资源进行了系统分类,并分析体育旅游资源开发的正负面效应[6]。通过调查问卷的方式,对不同群体的体育旅游方式、动机、认知、经历、消费、影响因素进行了调查与分析,提出体育旅游资源开发的总体方案。这些研究主要运用定性分析,对体育旅游资源进行评价,为体育旅游资源评价进一步研究提供了基础。

伴随体育旅游资源研究的深入,国内外诸多学者开始运用数理统计、模型构建等研究方法,对体育旅游资源进行定量评价。法鲁克(Farooquee,2008)等从当地人收入增加、就业机会增加、旅馆和营地等基础设施、交通供给等社会服务及负面的社会文化影响等方面对印度北安恰尔邦恒河漂流旅游的社会文化影响进行了评估。正面社会文化影响包括城市建设的不断推进与质量提升[7]。巴罗斯(Barros,2010)等运用Logit模型参数估计方法,对葡萄牙南部海岸的阿尔加维度假区的高尔夫旅游者的停留时间进行研究,指出高尔夫旅游地特征,包

---

[1] 吴宝宏.体育旅游资源的评价与开发[J].黑龙江农垦师专学报,2003(1):72-73.
[2] 韩纪光.我国发展体育旅游的前景分析[J].体育与科学,2004,25(1):35-37.
[3] 方哲红.畲族传统体育旅游资源分析[J].北京体育大学学报,2006,29(10):1325-1326.
[4] 李天元,陈家刚.体育旅游资源开发及营销[J].旅游科学,2006,20(6):41-45.
[5] 于素梅.小康社会的体育旅游资源开发研究[J].体育科学,2007,27(5):23-35.
[6] Farooquee N A, Budal T K, Maikhuri R K. Environmental and socio-cultural impacts of river rafting and camping on Ganga in Uttarakhand Himalaya[J]. Current Science, 2008, 94(5):587-594.

括气候、交通、消费等对旅游者停留时间有较为显著的影响[1]。李明峰（2008）运用特尔菲法和层次分析法，构建滨海体育旅游资源的评价指标体系，建立评价模型，并把滨海体育旅游资源依据赋分值分为六级。在对东山县滨海体育旅游资源调查的基础上，对东山县滨海体育旅游资源进行定性评价，并提出突出滨海体育旅游资源特色，打造品牌；跨区域旅游合作，实现资源共享等措施[2]。李松梅等（2010）采用综合评价法，构建了区域滑雪体育旅游可持续发展指标体系的总体框架，采用层次分析法，选取黑龙江省作为综合评价的样本，初步构建了衡量持续性发展状态的评价指标体系[3]。刘英等（2012）采用AHP-模糊数学综合评价方法，对河南省体育旅游资源进行评价[4]。俞峰（2013）等通过层次分析法、熵权理论确定评价指标的综合权重，结合指标权重与评判矩阵进行模糊运算得到的综合评价程度；通过实例证明该方法合理有效，可为决策者提供直观、可靠的依据。这对于推进学术界对于体育旅游资源开发战略规划的深入研究及为政府实施体育旅游资源可持续发展战略提供依据[5]。邓凤莲（2014）通过运用专家访谈法、问卷调查法构建了体育旅游人文资源评价指标体系模型树，用层次分析法获得了体育旅游人文资源各层次评价指标权重，在此基础上，研制了体育旅游人文资源评价量表，从而对体育旅游人文资源进行评价研究[6]。元旦旺久（2015）以西藏体育旅游资源为对象，运用层次分析法对西藏的体育旅游资源进行综合判定和评价，对评价结果进行全面分析，对西藏的体育旅游资源进行SWOT分析，提出适应于西藏体育旅游的开发策略[7]。姜付高等（2016）采用定性与定量相结合的方法，以滨海地区体育旅游资源为研究对象，对滨海地区体育旅游资源禀赋、体育旅游资源丰度、体育旅游资源绩效进行分析，客观评价我国滨海体育旅游资源开发、分布与利用

---

[1] Barros C P, Butler R, Correia A. The length of stay of golf tourism: a survival analysis [J]. Tourism Management, 2010, 31（1）: 13-21.

[2] 李明峰.福建东山县滨海体育旅游资源评价与开发对策研究[D].福州：福建师范大学，2008.

[3] 李松梅，朱志强，郭俊清，等.区域滑雪体育旅游可持续发展评价体系研究[J].沈阳体育学院学报，2010，29（3）：15-19.

[4] 刘英，刘晓静，梁宗正.基于AHP和模糊数学的河南省体育旅游资源评价研究[J].地域研究与开发，2012，31（3）：108-111.

[5] 俞峰，吴义，邵显明，等.基于TOWS分析和熵权模糊层次分析的体育旅游资源开发战略综合评价研究[J].体育科技，2013（3）：26-28，32.

[6] 邓凤莲.中国体育旅游人文资源评价指标体系与评价量表研制[J].北京体育大学学报，2014（1）：58-63.

[7] 元旦旺久.西藏体育旅游资源评价与开发研究[D].成都：西南交通大学，2015.

情况[1]。这些定量与定性相结合的研究方法，丰富了体育旅游理论体系，为体育旅游资源开发、评价与实践提供了基础。

综上所述，虽然我国体育旅游资源开发与评价研究发展起步较晚，与国外相关研究的精细化、标准化、规范化相比具有一定差距，但无论从评价手段、研究范围还是从实践应用等方面来看，我国体育旅游资源开发与评价研究都有了快速发展。值得反思的是目前我国体育旅游资源的评价与开发的理论与实践还不能有效链接，出现理论研究脱节于理论规划，资源开发应用脱节于规划实践等问题，再加上缺乏体育旅游资源分类、评价和统计标准，如何科学定位体育旅游特色，科学预测体育旅游资源开发市场，科学研判体育旅游发展规模，科学评价体育旅游资源绩效、科学布局体育旅游资源功能和空间就成为体育旅游资源相关研究和实践急需解决的问题。

3. 全域体育旅游研究

（1）全域旅游的理论来源

早在19世纪中期，马克思就提出城乡统筹论，认为城市和乡村彼此对应，又相互独立，有着不同质的规定性的有机体。城市和乡村互为补充、相互吸纳，最终达到错位发展、整体推进，实现城乡一体化[2]。为全域协调发展奠定了思想基础。瑟恩（Thünen，1826）提出农业区位理论，从级差地租出发，分析了市场距离对土地利用类型产生影响，距离远近不同，农业作物布局也不同。农业市场集约程度也影响其经营方式，应由集约到粗放变化，表明农作物布局存在最优区位，土地利用有着客观规律性和优势区位的相对性。韦伯（Weber，1909）的工业区位理论，通过分析和计算运输、劳力及集聚因素之间的关系，选择配置工业企业的理想区位，成为经济区位布局的重要理论之一。霍华德（Howard，1898）的田园城市理论认为"田园城市"是城乡合体、优点兼具的理想城市，建议用城乡一体来取代城乡分离，成为城乡统筹发展思想的延伸与实践[3]。克里斯塔勒（Christaller，1933）的中心地理论是区域经济学研究的重要理论基础，首次把演绎的思维方法引入地理学，分析了都市与

---

[1] 姜付高，曹莉，孙晋海，等.我国滨海地区体育旅游资源禀赋、丰度与绩效评价研究[J].天津体育学院学报，2016，31（4）：1-6

[2] 贝利.比较城市化——20世纪的不同道路[M].顾朝林，汪侠，俞金同，等，译.北京：商务印书馆，2010.

[3] 高佩义.城市化发展学导论[M].北京：中国财政经济出版社，2009.

农村的相互作用，探讨了城市内和城市间的社会和经济空间模型，揭示了城市区位、职能、规模的时空分布。对研究区域结构具有重要的意义。景观生态学起源于中欧。特罗尔（Troll，1939）创造了"景观生态学"。景观生态由基底、廊道和斑块三个要素结构构成，三者承担传递和聚散等功能，并有机结合形成生动的立体景观[1]。萨里宁（Saarinen，1943）提出有机疏散理论，认为城市作为一个有机整体，应该把无序的集中变为有秩的分散，城市内部秩序应该相一致，实现整体协调发展。洛斯奇（Losch，1945）的最大利润区位论认为市场既不是"点"状市场，也不是"线型"市场，而是蜂窝状的正六边形"面"状市场[2]。伊萨德（Isard，1956，1975）把研究重点由部门的区位决策转向区域综合分析，认为合理的区位选择和产业配置需要对区域经济和社会综合发展等多种因素进行综合分析，并在研究各要素对区域总体均衡的影响的基础上，建立区域的总体空间模型。这些研究为全域城市化提供了丰厚沃土，为全域旅游发展奠定了理论基础[3]。

法国、奥地利、英国等欧美国家通过颁布一系列规划、法案，对区域旅游景观进行控制。法国（1880）在巴黎实施有关建筑线和建筑外轮廓线的控制管理，这些措施承担起城市景观整治的职责[4]。奥地利（1923）将建筑物的外观"必须与地区的风景相协调"的相关规定写进了法案；英国（1938）对伦敦大火纪念碑、圣保罗大教堂及周边建筑物高度的控制；意大利（1939、1943）将风景规划立案列入《自然美保护法》，并首次为伊斯基亚岛制定风景规划。美国（1910）首次采用大都市区概念（Metropolitan District），将城市美化运动作为社会控制的一种有效手段[5]，认为美化城市环境，打造城市的公共空间，分享休闲公共活动，加强城乡联系，完善区域交通系统，应形成高效有序的土地利用布局。挪威（20世纪60年代）以"相同的生活条件"为核心目标，采取了城乡一体化战略，解决由于农村人口流失引起的区域经济失衡等问题，以实现城乡居民共享公共服务和公共产品，公平获得均等的发展机会[6]。克里斯塔特（1933）根据市场和聚落的区位，提出中心地理论；珀鲁斯（Perroux，1955）提出增长极理论，认为各个区域经济发展速度不均衡，有创新能力的行业和部

---

[1] 郑淑颖.景观生态学理论概述[J].中山大学研究生学刊（自然科学版），1999（20）：95.

[2] 艾小波.中国对外直接投资区位选择研究[D].上海：上海大学，2006.

[3] 马国霞，甘ında辉.区域经济发展空间研究进展[J].地理科学进展，2005，24（2）：90-99.

[4] 张松，蔡敦达.欧美城市的风景保护与风景规划[J].城市规划，2003，27（9）：63-66.

[5] Johnson R. Encyclopedia of Urban Studies [J]. Library Journal，2010.

[6] 俞琦.中国全域城市化理论实践研究[D].上海：华东师范大学，2013.

门会趋向于最佳区位聚集。希尔思（Hills，1977）强调边缘地区对核心地区的依赖，并建立旅游空间的核心—边缘理论模型。布尔德勒（Bultler，1980）提出了旅游目的地生命周期理论，将旅游地的演化过程分成6个阶段。陆大道（1984）提出点轴理论，认为"点"是各级中心地，具有带动和辐射作用，轴是连接不同级别中心地而形成的相对密集的人口和产业带。

区位理论描绘旅游经济活动的空间布局，城乡统筹发展的城市化为区域共建共享提供发展路径。这些理论研究与实践既为全域体育旅游的发展准备了理论源泉，也为全域体育旅游的实践准备了经验和发展思路。

（2）全域旅游的理论探索

"全域旅游"作为一个专有名词，在早期主要出现在各个地区的新闻报道和区域规划当中，尚未形成统一的概念体系。

"全域成都"（2003）理念是全域理论较早的系统应用，并始终贯穿在成都城市化建设中，其空间布局、功能分区、产业布局、交通网络、公共服务基础设施一体化建设等无不体现着城乡一体、区域协调的发展理念，初步形成基础设施一体化、基本公共服务一体化、产业发展与布局一体化、生态建设与环境保护一体化、区域政策一体化的新型城乡发展格局[1]。杨宇（2009）等提出将都江堰打造成现实与虚拟结合发展的全域旅游城市[2]。王政（2009）指出，巴中旅游资源丰富，应树立全域旅游观念，围绕旅游调结构、围绕旅游出产品、围绕旅游搞服务，实现巴中旅游业跨越发展。国家体育总局、国家旅游局（2009）联合发出的《促进中国体育旅游发展倡议书》提出："创新体育旅游融合发展体制机制""促进旅游、体育与文化、服务、电信、交通等产业的关联发展"。胡晓苒（2010）以大连为例，提出"大城小镇嵌景区"的滨海"全域旅游"发展模式[3]。樊文斌（2011）等认为全域一体、城乡统筹、区域协调是大连"全域旅游"规划编制的基础，全域旅游可推动落实大连市全域城市化战略[4]。王明儒（2011）等以大连为例，提出功能分区，全域布局，

---

[1] 唐鹏."全域成都"规划探讨[J].规划师，2009，25（8）：31-34.
[2] 杨宇，付敏，甘淼.都江生活将会如歌似水——专访都江堰市政协副主席、规划管理局局长屈军[J].西部广播电视，2009（4）：78-79.
[3] 胡晓苒.城市旅游：全域城市化背景下的大连全域旅游（上）[N].中国旅游报，2010-12-08（11）.
[4] 樊文斌，周海波.大连全域旅游规划探讨[C].2011城市发展与规划大会论文集.北京：中国城市规划学会，中国城市科学研究会，2011.

全域一体化的全域旅游发展思路[1]。徐侃（2011）指出营造建设大旅游、发展大产业的浓厚氛围，构建安庆全域大旅游格局[2]。毛溪浩（2012）以桐庐为例，提出以"造城、添景、兴镇、美村"为抓手，树立"城市即旅游，旅游即城市"理念，通过丰富特色旅游产品体系、建立立体旅游产业革命、提升全域旅游服务体系、夯实全域旅游工作保障来打造全域旅游[3]。凌云鹏（2012）认为蓬莱发展全域旅游既要重视空间区域布局，更要重视"吃、住、行、游、购、娱"各要素联动发展[4]。这些研究和报道为丰富和发展全域旅游理论体系，推动全域旅游的发展提供了参考。

伴随全域旅游理念的快速发展，全域旅游作为一个理论体系研究日益受到学者的重视。诸多学者对全域旅游的概念、内涵、特征、发展模式进行了一系列研究，为全域体育旅游理论的形成奠定了理论基础。厉新建（2013）等提出了全域旅游概念，提出全行业、全要素、全方位、全过程、全时空、全部门、全社会、全游客的全域旅游特征，并以北京为例，提出全域旅游发展建议，强调旅游的共建共享，要重视当地居民作为吸引力载体的作用[5]。吕俊芳（2013）提出加强旅游与体育、商贸等相关产业和行业的联动交融，将旅游要素变成旅游产品，促进域内城乡一体化发展，形成全域旅游"综合性"服务经济[6]。张文磊（2013）提出基于全域体验的全社会旅游开发模式，需要政府、企业、社区协会和个人的整体配合。尹罡（2014）等认为通过实施全域旅游，可有效推动缺乏世界级或国家级旅游资源非优区的发展[7]。马勇（2014）等认为丝绸之路是个跨国界跨文化的大区域，全域旅游是丝绸之路全球发展战略之一[8]。吕俊芳（2014）从城乡统筹视角，丰富和发展了"大城小镇嵌景区"全域全产业链的旅游发展模式，并明确其建设路径[9]。汤少忠

---

[1]王明儒,张景胜,李金,等.浪漫者大连：锁定全域旅游[J].城市住宅,2011（10）：46-47.

[2]徐侃.着力构建安庆全域大旅游格局[N].安庆日报,2011-04-08（1）.

[3]毛溪浩.以风景桐庐建设为统揽大力发展全域旅游[J].政策瞭望,2012（12）：36-38.

[4]凌云鹏.全域旅游托起"美丽仙境"[N].烟台日报,2012-12-04（1）.

[5]厉新建,张凌云,崔莉.全域旅游：建设世界一流旅游目的地的理念创新——以北京为例[J].人文地理,2013（3）：130-134.

[6]吕俊芳.辽宁沿海经济带"全域旅游"发展研究[J].经济研究参考,2013（29）：52-56,64.

[7]尹罡,张旻.旅游产业转型背景下资源非优区旅游开发研究——基于湖南省益阳市的案例分析[J].重庆理工大学学报：社会科学版,2014（3）：52-57.

[8]马勇,刘军.丝绸之路旅游文化经济带全球发展战略研究[J].世界地理研究,2014（2）：151-158.

[9]吕俊芳.城乡统筹视阈下中国全域旅游发展范式研究[J].河南科学,2014（1）：139-142.

（2014）提出"四全"模式，即"全景、全时、全业、全民"。"四全"模式是一个有机的系统，其中，全景是吸引游客，全时是留住游客，全业是提升产业，全民是构建和谐社会[1]。周家俊（2015）等认为全域旅游应在旅游资源相对富集的特定区域，采取旅游业统筹城乡社会发展和产业联动的发展模式[2]。张文磊（2013）等从全域旅游视角，从旅游规划内容、旅游保障规划、旅游城市VI设计三个方面对大连全域旅游规划进行解读[3]。汤少忠（2015）从创新体制观、产品观、产业观、服务观、营销观五个角度对全域旅游发展提出建议[4]。许成宽（2016）从景区化、产业化、精细高效化等九个方面来实现从景点旅游模式向全域旅游模式的转变[5]。李金早（2016）认为推进全域旅游，应至少体现五个全域优化：配置经济社会发展资源、全域按景区标准统筹规划建设、构建全域大旅游综合协调管理体制、全域发挥旅游+功能、全民共建共享全域旅游特征。王桂桂（2016）表示，旅游业发展进入全面融合时代，具有全时空、全要素、全业态、全窗口、全民化、全媒介的"六全特点"，要处处是旅游环境，人人是旅游形象，要安全卫生，整洁有序，管理规范[6]。石培华（2016）认为全域旅游具备景观全域优化、服务全域配套、治理全域覆盖、产业全域联动、成果全民共享五个特征[7]。李金早（2016）认为发展全域旅游应遵循法治原则、共建原则、统筹原则、创新原则、发展原则[8]。

伴随全域旅游研究的逐渐深入，诸多学者尝试对全域的概念进行系统阐述。李金早（2016）认为全域旅游是指以特定区域为完整旅游目的地，以旅游业为优势产业，通过对区域内旅游资源、相关产业、生态环境、公共服务、体制机制、政策法规、文明素质等经济社会资源进行全方位、系统化的优化提升，实施整体规划布局、综合统筹管理和一体化营销推广，促进旅游业全区域、全要素、全产业链发展，实现旅游业全域共建、全域共融、全域共享的发

---

[1] 汤少忠.全域旅游"驱动因素"与发展模式[N].中国旅游报，2014-06-04（14）.
[2] 周家俊，周晓鹏，黄莹.甘孜州全域旅游的内涵研究[J].旅游纵览（下半月），2015（10）：99.
[3] 张文磊，周忠发.全域体验开发模式：区域旅游开发的新途径[J].生态经济，2013（2）：29-32.
[4] 汤少忠."全域旅游"规划实践与思考[N].中国旅游报，2015-07-10（A2）.
[5] 许成宽."景点旅游"转向"全域旅游"[N].安徽经济报，2016-03-01（2）.
[6] 王桂桂.发展全域旅游山东在行动[N].中国旅游报，2016-05-13（C08）.
[7] 石培华.如何认识与理解全域旅游[N].中国旅游报，2016-02-03（4）.
[8] 李金早.务实科学发展全域旅游[N].中国旅游报，2016-06-03（1）.

展模式[1]。许成宽（2016）认为全域旅游是指各行业积极融入其中，各部门齐抓共管，全城居民共同参与，充分利用目的地全部的吸引物要素，为前来旅游的游客提供全过程、全时空的体验产品，从而满足游客的全方位体验需求[2]。张辉（2016）认为全域旅游是在旅游资源富集地区，以旅游产业为主导或引导，在空间和产业层面合理高效优化配置生产要素，以旅游产业来统筹引领区域经济发展，持续增强区域竞争能力的创新模式[3]。沈仲亮（2016）等将全域旅游发展模式概括为龙头景区带动型、城市全域辐射型、全域景区发展型、特色资源驱动型和产业深度融合型五种类型[4]。通过一系列理论研究和探讨，初步建立全域旅游理论体系，为全域体育旅游的发展提供了坚实的基础。

（3）全域旅游的实证研究

绍兴市（2009）以"全城旅游"为战略要求，编制绍兴市旅游目的地系统规划，对城市产业分工做出了战略安排。江苏《昆山市旅游发展总体规划修编》提出"全域旅游，全景昆山"。大连市（2010）在《大连市沿海经济圈旅游产业规划》中提出："全域旅游是全域城市化的重要推手"，是大连市旅游发展的总体战略，通过推进大连"十大旅游经济区（旅游度假区）"来全面落实全域旅游；杭州《杭州市"十二五"旅游休闲业发展规划》中提出：抓住旅游"大发展时代""大竞合时代"的契机，契合杭州"大空间时代"和"大产业时代"，实施旅游空间全区域、产业全领域、旅游受众全民化的全域旅游化战略[5]。山东沂水县（2012）确立"建设全景沂水，发展全域旅游"发展战略；蓬莱市（2012）将自然风光、民风民俗、传统村居等文化元素纳入城市发展规划，并将整个城市作为一个旅游综合体来打造，实施"全域旅游"发展战略。宁夏回族自治区（2013）明确提出要"发展全域旅游，创建全域旅游示范区（省），把全区作为一个旅游目的地打造"。成都大邑县（2012）打造全域旅游度假，实现大邑从观光旅游向度假旅游战略转型和品质提升；构建具有国际标准的度假产业模式，打造度假生活社区。浙江武义县（2013）《关于推进生态景区全域化发展的若干政策意见》提出强化旅游资源整合，推动产业融合发展，完善公共服务体系，推进生态景区全域化建设。绥芬河市颁

---

[1] 李金早.从景点旅游模式走向全域旅游模式[J].紫光阁，2016（3）：42.

[2] 许成宽."景点旅游"转向"全域旅游"[N].安徽经济报，2016-03-01（2）.

[3] 张辉.中国旅游发展笔谈——全域旅游（二）[J].旅游学刊，2016（12）：1.

[4] 沈仲亮，李志刚.五种全域旅游发展模式获肯定[N].中国旅游报，2016-09-12（2）.

[5] 蔡姬煌.休闲杭州：描绘旅游全域化蓝图[N].中国旅游报，2012-03-07（14）.

布的（2013）《黑龙江省绥芬河市旅游发展总体规划》提出了"全域旅游战略"："把整个绥芬河市作为一个旅游景区来打造，实现旅游发展的全景化和全覆盖"。秦皇岛市（2013）颁布《秦皇岛全域旅游战略规划》，对全域旅游的实践路径进行专项研究。威海市（2013）提出了"全域城市化、市域一体化"的发展战略，推进基础设施一体化建设和公共服务一体化建设[1]。重庆市渝中区（2013）颁布的《重庆渝中区全域旅游发展规划》中提出"全景、全时、全业、全民"的"四全"全域化发展思路。成都市温江区（2014）颁布的《成都市温江区全域旅游发展总体规划》中提出"产品全域化、服务全域化、环境全域化"的"三化"全域旅游发展思路。山东省（2014）颁布26个全域化旅游改革试点单位，建立旅游综合协调管理机制，推进旅游综合改革。郑州市（2014）发布《关于加快全域旅游发展的意见》。巅峰智业（2014、2015）先后为桂林市、福建省、南宁市编制《桂林市旅游发展总体规划》《福建省旅游业"十三五"发展规划》和《南宁市旅游业"十三五"发展规划》，将"全域旅游"中"全要素、全链条、全空间、全程化、全天候、全体验、全媒体"的体系性成果，在规划中以发展目标分解和行动计划来落实，以探索"全域旅游"的规划发展实践之路。来也股份（2010、2013、2014、2015、2016）"以旅游业引领区域产业发展，以旅游业来配置生产力发展"为目标，相继规划建设《浙江绍兴全域旅游目的地系统规划》《常山县旅游总体规划》《苏州市吴中区全域旅游总体规划》《山东省荣成市全域旅游规划》《浙江东阳全域旅游规划》《安州区全域旅游目的地体系规划》《四川青川县全域生态旅游目的地发展规划》等多个全域旅游度假专项规划。

（4）全域体育旅游空间与结构研究

我国对全域体育旅游的研究始于20世纪末，陈传康（1996）从"共享空间""共享环境"角度对全域旅游思想进行了阐释。陈传康先生认为，旅游区域包括城镇体系、乡村背景及山川农田风光组。城市规划应该考虑旅游开发，注重城市山水风光构景与"共享空间"的规划设计和共享空间的分级系统，保护和美化城市环境，以此吸引游客增加停留时间，并改善居民和游客的生活环境，为全域旅游研究开启了研究序幕[2]。明庆忠（1998）等以云南民族体育旅游资源开发为例，从"共建共享"角度对全域旅游思想进行了阐释，认为

---

[1] 杨殿慧. 威海市全域城市化实施路径研究[D]. 哈尔滨：哈尔滨工业大学，2016.
[2] 陈传康. 城市旅游开发规划研究进展评述[J]. 地球科学进展，1996（5）：508-512.

应重视民族体育旅游产业化，摸清资源本底、统一规划，注重尊重少数民族风俗，把扶贫与民族体育旅游开发结合起来[1]。白晋湘（1999）等从旅游发展的大体育旅游观角指出湘鄂渝黔边山寨民族体育文化极具旅游潜力，旅游部门、业务部门和企业应紧密联合，改善交通、旅游设施等条件。旅游资源的开发要注意与交通运输、服务饮食、城市建筑、邮电通讯等第三产业及农业、轻工业等行业积极配合，互相促进[2]，体现出全域体育旅游产业的融合观。王天军（2000）认为民族体育内容丰富，形式多样，是良好的旅游资源。开展民族体育旅游可以扩大国内需求、带动相关产业发展、优化产业结构、推动贫困地区脱贫致富。体育旅游城乡统筹发展思想已见雏形[3]。石培华（2000）以北京奥运会为契机，探讨构建一个内、中、外三重，半径大约为500千米的奥运旅游休憩圈层体系，同时向周边辐射，构筑一个北京奥运扩容空间。并借鉴加拿大、意大利、法国等国际经验实施滨海环带开发经验，提出组建多部门参加、有权威性的区域协调机构，从大区域发展角度考虑跨世纪的基础设施建设项目和配套项目，建立专门的发展基金，培育对环线旅游进行开发的龙头企业等发展措施。区域旅游发展的大体育旅游观初现。饶远（2001）提出"极化区"的非均衡发展模式，全域体育旅游共享思想开始出现。沈阳（2001）等从系统论角度，认为云南旅游业的发展应该走旅游、走内涵扩大再生产之路，通过发展民族体育旅游，丰富云南旅游业发展内涵，促进云南旅游业的"全方位、全天候、全过程"发展，从"旅游时空"角度丰富了全域体育旅游思想[4]。王子新（2001）等从产业化的角度，分析云南发展民族体育旅游经济、社会、文化和精神意义，尤其从城乡统筹发展角度指出加快民族体育旅游产业化是少数民族地区脱贫致富的重要途径，可以改善基础设施条件、促进就业，脱贫致富，走上小康之路[5]。吴永芳（2001）等提出体育旅游的发展路径为特色发展、市场导向、注重效益、协调发展。协调发展的提出标志着旅游六要素的完备[6]。

---

[1] 明庆忠,刘坚,王德义.云南民族体育旅游产业化研究[J].社会科学家,1998（6）：47-51.

[2] 白晋湘,钟海平,周友秀,等.湘鄂渝黔边山寨民族体育文化与旅游资源的开发研究[J].湘潭师范学院学报：社会科学版,1999（6）：136-138.

[3] 王天军.发展民族体育旅游业的前景与对策[J].广州体育学院学报,2000（2）：5-9,14.

[4] 沈阳,饶远.云南旅游大省建设中的新亮点——民族体育与旅游业互动式发展[J].学术探索,2001（1）：71-73.

[5] 王子新,明庆忠.云南民族体育旅游产业化浅议[J].北京第二外国语学院学报,2001（5）：44-48.

[6] 吴永芳,杨铁黎.城市体育旅游资源开发的初探[J].首都体育学院学报,2001（3）：83-87.

王茂生（2001）提出大市场、大开发、大管理的体育旅游发展思路丰富了区域旅游发展的大体育旅游观。魏小安（2001）等意识到奥运会将会对任何一个主办城市的旅游业产生难以估量的助推作用，可以展示北京，并且改变环境、提高硬件设施、提高服务水平。姜付高（2002）等、杨弢（2003）等认为发展体育旅游应树立系统观，注重生态效益、经济效益、文化效益、社会效益系统发展[1-2]。陆元兆（2006）提出运用系统理论，坚持统筹协调原则，协调与相关行业的配套发展，处理好民族体育旅游业与工业、农业、第三产业的关系，形成"一业带百业，百业促一业"的发展格局。坚持"大旅游观"和大协作的产业化原则，用广阔的视角去考察、安排和规划交通、城建、通讯、水电等基础设施；实施"旅游开发与扶贫"相结合的原则，关联带动群众脱贫致富[3]。姚洁（2006）提出体育旅游需要与其他旅游资源联姻，发挥整合资源优势[4]。姜付高（2007）等运用系统理论，认为体育旅游目的地系统、体育旅游媒介系统、体育旅游客源系统共同构成体育旅游开发支持评价系统[5]。周琥（2007）等运用"非均衡协调发展方式"，构建以郴州市区和资兴市为核心区，永兴县、汝城县和宜章县为重点区，其他地区为辐射区的体育旅游产业区域发展模式[6]。钟学思（2008）以桂林体育旅游开发模式为研究对象，认为体育旅游能实现旅游产品的多元延伸，提出构建体育旅游圈等统筹协调发展的模式[7]。武燕平（2008）针对体育旅游区域开发进行了区域理论的阐述，认为区域体育旅游应系统发展，注重整体性原则和平等互利原则等。邓凤莲（2008）等认为体育旅游资源开发是一个完善的支持系统，要有极强的综合性和协同性，需要有政府政策、旅游经济、旅游社会文化、体育旅游资源、体育旅游人才、体育旅游客源等要素系统支持[8]。方春妮（2009）等则从产业集群角度，认为发展体

---

[1] 姜付高.浅议体育旅游生态化建设[J].曲阜师范大学学报：自然科学版，2002（4）：114-116.

[2] 杨弢，姜付高.体育旅游可持续发展对策[J].山东体育学院学报，2003，19（2）：20-23.

[3] 陆元兆.广西民族体育旅游资源开发的综合研究[J].中国体育科技，2006，42（3）：65-71.

[4] 姚洁.中外体育旅游资源开发状况研究[J].中州学刊，2006（3）：76-78.

[5] 姜付高，商勇.体育旅游开发支持评价系统的构建[J].沈阳体育学院学报，2007，26（3）：27-29.

[6] 周琥，宋常玉.体育旅游产业区域发展模式构建的研究——以郴州市为例[J].北京体育大学学报，2007（4）：478-480.

[7] 钟学思.桂林体育旅游开发模式研究[D].桂林：广西师范大学，2008.

[8] 邓凤莲，于素梅，刘笑舫.中国体育旅游资源分类和开发支持系统及影响因素研究[J].北京体育大学学报，2008（8）：1048-1050.

育旅游应整合区域体育旅游资源,整合服务体系,共建旅游产业链[1]。王辉(2010)认为体育旅游产业上下游关联性极强,应加强公共服务体系建设,完善体育旅游产业要素体系和产品体系,推动体育旅游产业结构调整和发展方式转变[2]。孙中芹(2010)从整体开发和系统规划角度,对"孔子、孟子、墨子"体育旅游带进行资源整合与旅游开发,促进三地旅游业协调发展[3]。这些理论研究从城乡统筹、共建共享、产业协作的视角,从局部或者某个要素为全域体育旅游的形成打下了理论基础[4]。王隆华(2012)认为福建体育旅游应围绕建设海峡西岸经济区战略目标,突出"海峡旅游"主题,形成山海联动、优势互补的"两带、四群、五重点"的全省旅游发展总体布局,强化体育旅游项目的整体关联度,协调开发体育旅游资源,注重体育旅游功能的开发,加强区域合作,构建世界级体育旅游经济圈[5]。蒋龙(2015)运用ASEB栅格分析法,分析甘孜州体育旅游发展整体环境,开发设计山野甘孜、冰雪甘孜、水韵甘孜、康体甘孜、民俗甘孜五大特色板块[6]。张俊红(2015)等以皖南地区为例,科学制订发展政策和发展规划,注重财政、土地、税收、金融扶持,深度整合优化资源,注重社会经济效益,处理好文化资源与生态保护的关系[7]。姜付高(2015)等依据地理学理论,将半岛城市群的体育旅游带划分为水上运动、民俗体育、休闲体育、生态体育、传统体育五个特色体育旅游区。通过科学区域规划、优化资源配置、创新管理体制、强化运行机制、完善网络体系为山东半岛城市群体育旅游带可持续发展提供支持[8]。

综上所述,我国全域体育旅游研究相对国外起步较晚,尤其是全域旅游的空间结构的深入研究比较缺乏。作为一种大尺度、侧重于宏观的新型体育旅游

---

[1] 方春妮,张贵敏.我国体育旅游业集群化发展之策略[J].上海体育学院学报,2009,33(6):18-21.

[2] 王辉.体育旅游产业特征及发展策略探讨[J].体育与科学,2010(4):59-64.

[3] 孙中芹.山东省"孔、孟、墨"三子体育旅游带的规划研究[D].曲阜:曲阜师范大学,2010.

[4] 武燕平.体育旅游区域开发研究[D].青岛:中国海洋大学,2008.

[5] 王隆华.福建体育旅游产业跨越发展的战略选择[J].南京体育学院学报(社会科学版),2012(1):84-88.

[6] 蒋龙.甘孜州体育旅游资源分类及产品开发研究[D].成都:成都理工大学,2015.

[7] 张俊红,卢玉.皖南地区体育旅游开发现状与对策[J].上海体育学院学报,2015,39(6):56-60.

[8] 姜付高,王铁.山东半岛城市体育旅游带空间结构优化与可持续发展研究[J].西安体育学院学报,2015(1).

发展方式和发展理念，虽然全域体育旅游的理论体系还不完善，但是其统筹发展、系统发展、融合发展、共享发展等核心思想已经在体育旅游研究中不断出现，如何从全域角度提炼体育旅游本质、评测滨海体育旅游资源禀赋、剖析滨海全域体育旅游空间结构、完善全域体育旅游理论体系就成为一项紧迫而又有国家发展现实的研究命题。

第一章　全域体育旅游相关理论溯源

全域体育旅游是我国经济社会和旅游需求发展到一定阶段的必然产物，是从20世纪80年代的"小旅游"，到20世纪90年代的"中旅游"，再到21世纪"大旅游"改革创新、转型升级的必然要求，是我国新时期"创新、协调、绿色、开放、共享"五大发展理念在体育与旅游发展中的具体应用和实践。

第一节　全域体育旅游理论基础

全域旅游尤其是全域体育旅游作为一项新兴事物，目前学术界关于此方面的研究比较缺乏。提升区域内体育旅游质量，完善区域内体育旅游服务设施，促进区域内体育旅游统筹发展，实现区域体育旅游共建共享是全域体育旅游发展的主要内容。因此，诸多理论与实践为全域体育旅游理论体系的形成提供了基础：以区位理论、经济发展理论、城市化理论为基础的城市发展规划、城市风景规划、城市景观建设为全域旅游发展提供理论源泉；以点轴理论、中心地旅游理论、网状结构理论等旅游理论为基础的"景区化""旅游化"建设，丰富和完善了全域旅游理论体系；以大体育观、大旅游观、大产业观为基础的区域旅游发展规划、体育发展规划为全域旅游发展的应用提供了实践；而全域旅游理论体系的构建与完善，将为全域体育旅游发展提供理论基石。

一、可持续发展理论

可持续发展理论（Sustainable Development Theory）于20世纪80年代提出，要求在社会发展中遵循公平、持续、共同的原则，在满足人类需求、推动社会持续进步的同时兼顾保障后人利益和福泽。可持续发展理论在要求"代际平衡"发展的基础上，更突出资源、技术、社会、环境、经济等的综合与高效利用。可持续发展涉及面较广，需要在经济、社会、资源、环境等方面协调统一发展才可能实现[1]。从全域体育旅游角度强调，体育旅游的可持续发展应是体育旅游与自然、文化和人类生存环境的和谐共存，有机统一。

当前海滨体育旅游产品主要处于初级阶段，比如沙滩、海水浴、浅水岸等简单旅游资源开发，极易受到原始旅游环境的影响，如果没有防止过度开发、有效控制人数等措施的保护，会使该旅游区域内自然环境的负荷量与承载量过大，从而导致自然生态环境受到影响。此外，滨海旅游区域内原有的特色传统文化容易受到不同地区、不同个性、不同价值观游客的冲击与影响。所以，我们需要对现有海岸资源与人文环境同时进行保护，从而确保全面可持续发展。采取适度开发原则，在自然观光、体育研学、休闲度假、运动康养等基础上，注重生态环境、风俗文化、自然资源的保护，维持人、自然、社会和谐有序发展，促进滨海地区体育旅游可持续发展。

二、平衡发展理论

平衡发展理论（Balanced Development Theory）的早期原型是哈罗德—多马新古典经济增长模型，该模型的主要思想就是使区域内差距缩小、社会公平稳定、社会和谐发展。从系统的动态角度来看，该理论认为要想在各行业、地区间形成相互支持性投资格局，促进各部门、产业协调发展，优化供给状况，就要在各产业、地区内进行投资[2]，避免经济发展中"木桶理论"中的"短板效应"。

平衡发展理论对于促进区域均衡发展，实现产业协调，推动社会和谐发展具有重要意义。因此，从平衡发展角度出发，利用全域发展理论，发展滨海体育旅游要充分考虑地区差异，注重区域间的协同互补和差异化发展，注重体育旅游产业要素的系统配置，对体育旅游内外系统各要素实现最优化处理[3]，统筹体育与生态、健康、文化、医疗、教育、旅游等产业要素，既发挥体育旅游系统的内生动力，又注重区域经济、社会等要素系统的驱动机制，实现体育旅游与相关产业的协调发展，促进区域经济的均衡发展，最终实现共建共享的社会发展成果[4]。

---

[1] 郑积源.跨世纪科技与社会可持续发展［M］.北京：人民出版社，1999.

[2] 张家骧.马克思主义经济学说在中国的传播、运用与发展［M］.郑州：河南人民出版社，1994.

[3] 姜付高，王铁.山东半岛城市体育旅游带空间结构优化与可持续发展研究［J］.西安体育学院学报，2015（1）.

[4] 杨竹莘.区域经济差异理论的发展与演变评析［J］.工业技术经济，2009，8（19）：63-68.

三、区位理论

区位主要指某事物占有的场所,但也含有位置、布局、分布及位置关系等方面的意义[1],即区位能够反映地理事物的位置,同时也能表现该事物与其他事物的空间的相互关系。自然要素与经济要素共同影响着地理活动单元的形成和生产生活活动的发展规律。

区位理论是关于区位即人类活动所占有的场所的理论[1],内容与空间位置都是区位主体,理论探讨离不开空间地理特征。由于体育旅游发展要素的空间地理特征、经济促进效应、地区发展水平等综合因素的影响使体育旅游空间区位分布呈现复杂性、系统性特征。因此,空间区位选择与空间优化既需要融合农业区位论、工业区位论、中心地理论等各种理论作为基础理论,又需要符合客观的市场经济规律,即根据区位条件、不同的地理单元进行合理的区位选择,实现体育旅游资源、体育旅游交通、体育旅游服务设施、体育旅游营销、体育旅游客源等诸要素、资源合理配置,达到空间组织优化、经济效益提高、社会健康稳定的目的。

(一)农业区位论

德国农业经济学家约翰·冯·杜能(Johan Heinrich von Thünen)首次系统阐述农业区位论的思想,奠定了农业区位论体系的基础。农业区位论的核心思想是以城市为中心,由内而外呈同心圆状分布的农业地带,由于与中心城市的距离不同而产生的地租与收益差异造成了不同生产方式的空间分布各异。他构建了以城市为核心的同心圆状农业圈模式图(图1-1)。其中,Ⅰ为自由式农业圈,距离城市最近,主要种植易腐烂难运输的作物或产品;Ⅱ为林业圈,主要供给建筑用材、木炭等;Ⅲ为轮作圈,主要为谷麦类和饲料类;Ⅳ为谷草圈,以谷麦、牧草和耕休轮作带;Ⅴ为三圃式农业圈,是距城市最远、最粗放的谷物农业产区;Ⅵ为畜牧业圈,一般为无人利用荒地,以供应易存放畜牧产品为主。

---

[1]李小建,李国平,曾刚,等.经济地理学[M].北京:高等教育出版社,2006.

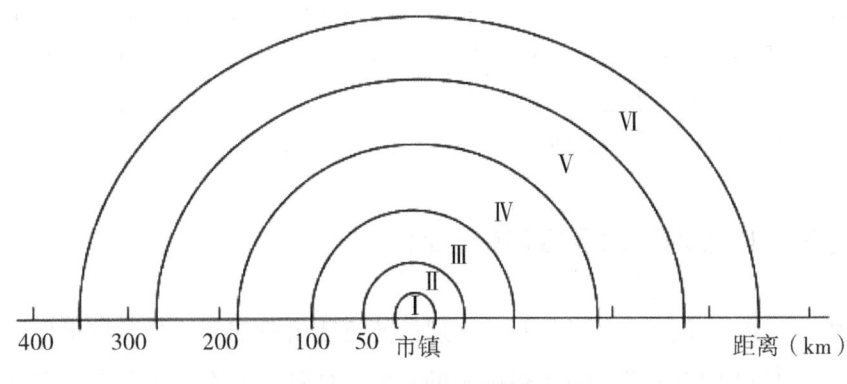

图1-1 农业区位论圈式图

滨海体育旅游是基于体育产业项目（体育节赛、体育商展、体育运动、体育康体等）不断发展起来的，农业区位论为滨海体育旅游空间发展提供一定的理论指导，强调体育旅游产业链需从客源（中心城市）角度出发，遵循一定的生产布局，因地制宜，实现体育产业要素配置，产业空间分工的合理性，生产合理的体育旅游产品，提升产品质量，改革现有体育旅游空间组织结构，以实现效益最优的目的。所以，农业区位论是我国滨海体育旅游空间要素分布合理化的重要基础理论。

（二）工业区位论

工业区位论是德国经济学家韦伯提出的，理论核心是以运输成本定向的工业空间区位布局、以劳动力定向的工业空间区位布局、以集聚与分散效应定向的工业空间区位布局。

以运输成本定向的工业空间区位布局认为空间区位选择应选取原料与成本最低的位置，收益的大小取决于运输距离和货物重量。在原料指数不同的情况下，原料、市场之间存在运费最小点，即理想区位。滨海体育旅游区位的选择需考虑旅游产品开发地与客源距离，同时兼顾旅游交通通达度等的影响。因此，工业区位论中的运输成本空间布局理念值得借鉴。以集聚效应定向的工业空间区位布局认为集聚因素可以是生产资料成本最小产生的聚集经济效应，也可以是运费与劳动力成本最低产生聚集效应。效应叠加形成工业区位空间布局。集聚效应的产生主要受生产或技术集聚，其次是社会集聚（企业外部因素引起的集聚效应）。韦伯认为在空间工业区位布局中，生产或技术集聚是开发者主要的关注对象，而外部影响因素是次要的。分散因素与集聚因素相反，可能工业受到地价、劳动力成本等的影响，需要扩散到影响力较小的区域，实现收益的最大化，形成空间的分散效应。滨海体育旅游开发过程中，借鉴工业区位理论，需从空间维度考虑交通通达性、开发成本、客源广度等，注重滨海旅游资源的组合优化，注重交通运输的舒适便捷，从而实现社会效益、经济效益的最大化。

（三）中心地理论及旅游中心地

中心地理论是商业和服务业区位理论的重要组成部分，是由德国地理学家克里斯·泰勒（Chris Taylor）提出来的。中心地理论基本思想是中心地分布于具有一定规模与范围的区域中，不同的服务区域服务于不同规模的中心地；各个不同规模的中心地具有等级序列之分；中心地的功能性质决定着中心地体系的空间排列性质；市场、交通及行政等共同制约中心地的空间分布形态。旅游中心地理论是对中心地理论的进一步细分，其等级性表现在高等级旅游中心地接受更多低等级旅游中心地的产品供应，高低中心地之间的相互联系共同维持着旅游产业链的稳定。同时，决定产业链横向和纵向丰富度的因子是经济距离。

山东滨海体育旅游资源开发基础理论需从中心地理论中提取空间区位影响因素（如资源特色、发展规划、政策、经济、交通等），对山东滨海体育旅游资源空间布局、空间分布范围、空间分布层次等进行分类与划分，建立不同等级的滨海体育旅游地结构。

四、经济发展理论

（一）增长极理论

增长极理论是法国经济学家弗朗索瓦·佩鲁（Francois Perroux）提出的一种反应区域经济差异性增长的理论体系。该理论认为区域经济发展是不均衡的，区域发展存在极化效应。理论反映各产业结构在空间地理环境中分布的动态规律，即某项产业在区域经济发展中优先快速发展，进而形成主导产业，随后带动其他产业发展。从空间上看，主导产业优先集中于交通、经济、社会文化发达的城市或城镇区域，待到形成一定规模后，向四周扩散，带动其他地区发展，最终实现区域的均衡发展。处于增长极区域的地区，其创新能力、人才集聚等均较其他地区更为发达，形成产业的增长极。同时，主导产业也因此能够得到快速发展，影响更大范围的产业聚集，随着配套产业的不断发展，新的增长极核出现良性循环，形成地区产业核心，影响更大范围。区域增长极具有三方面的含义：表现在空间上的主导产业聚集；空间上的推进型产业与相关配套产业的空间集聚；能够带动周边区域发展的增长核心。

山东滨海体育旅游开发过程中既需要发挥核心体育旅游区的极化效应与引领作用，又要注重极化效应的扩散效应。这就需考虑资源影响力、资源丰度等内容，这是产生聚集效应的重要动力，由空间上看，在资源影响力较大或资源丰度较大的区域容易首先形成增长核心，随着体育旅游资源不断开发与完善，扩散效应首先沿交通通达条件较好的区域向外围扩散，形成典型的线状空间分布；当体育产业与体育旅游部门进行更明确的产业细分时，产业链更加错综复杂与稳定，形成稳定的体育旅游面状空间。

（二）"点—轴"开发理论

"点—轴"开发理论是在经济发展过程中采取空间线性推进方式，具有空间和时间的动态连续特征。它是基于增长极理论聚点突破与梯度转移理论线性推进相结合的一种区域开发模式。依据中心地和发展轴理论，"点—轴"系统区域开发模式由国内学者陆大道提出，强调将区域经济发展重心从原先点转向轴线，较多的点轴不断发展交织形成网络。该模式是科学布局生产要素、明确发展时序、规划城市发展方向的重要结构模式，或多或少体现了社会经济空间结构的有效形式[1]。"点—轴"开发模式又被称为"涓滴效应"，表现为渐进扩散式开发模式，区域内发展依靠轴带重点、节点发展辐射带动。随着经济不断发展，重要节点的经济客体从此开始，沿着轴线不断扩散，带动低级别的节点和轴线发展，并在周围形成新聚集点，且轴线不断向周围延伸，形成经济集聚区，从而缩小区域之间差异。在体育旅游中，可以将"点—轴"开发理论理解为以具有聚集能力和扩散能力的重要旅游区域为核心，以旅游资源为基础，以成熟完善的旅游带为支撑，具备较强影响力且能够带动周边旅游带协调发展的块状旅游空间结构模式。对于山东滨海体育旅游产业系统而言，"点—轴"开发模式适用于滨海体育旅游开发初期的布局，在滨海体育旅游开发过程中，"点"就是滨海体育旅游中心城市、体育旅游核心吸引物、重点滨海体育旅游产品所在地，轴线就是连接它们的交通通道[2]，通过体育旅游核心节点

---

[1] 陆大道.我国区域开发的宏观战略[J].地理学报，1987（2）：5-8.
[2] 姜付高，王铁.山东半岛城市体育旅游带空间结构优化与可持续发展研究[J].西安体育学院学报，2015（1）.

的有效串联,形成核心体育旅游轴带,进而形成滨海体育旅游产业集聚区。

(三)"斑块—廊道—基质"理论

"斑块—廊道—基质"最早是戈德伦(Godron,1986)提出,属于景观生态学理论[1]。可以从以下三部分进行阐述,景观区域内最基本也是最主要的要素是基质,其代表了景观中连接性最好、面积最大的要素类型;斑块则代表了多样性的景观要素,是非线性地表区域且不同于周围环境;廊道则为不同于基质的狭长状地带,是景区内信息、物质、能量内外交流的通道走廊,具有各要素间联系功能。因此,通常认为基质为最基本最大的景观部分,基质包围的景观部分是斑块,廊道则是较狭长的景观斑块[2]。

社会经济、文化民俗、自然环境等各个方面均是影响山东滨海体育旅游产业发展的因素。静态方面,景观特征在山东滨海体育旅游产业发展的某一个时间节点上体现出来;动态方面,在各时间点一系列体育旅游景观构成的演变揭示了山东滨海体育旅游产业发展的趋势与脉络。因此斑块可以由区域内特色体育旅游资源构成,如登山、滑雪、温泉、高尔夫、漂流、滑翔等;重点打造体育旅游小镇、体育旅游乡村、精品路线等,促进旅游廊道设施服务完善,打造区域体育旅游景区化。

(四)网络结构模式

网络结构模式是由"点—轴"开发理论为基础发展而来的。所谓网络结构模式,即依托地理空间四要素(点、线、面、网),在经济发展不同时期形成不同的增长中心。在经济、文化储备较好的区域首先形成增长极(中心城镇),随着经济规模不断壮大,使得外部资源介入程度日渐增大,内部地租上涨等造成的推力和外部低成本资源等形成的外部拉力共同使得商品、资金、技术、信息、劳动力等要素沿交通网不断向外扩散,同时带动物流网络和信息网络的纵深发展,以至于形成典型的网络结构。

旅游网络结构系统是根据网络结构模型建立的,以旅游目的地和客源地为

---

[1] Forman, Godron. Landscape ecology. [M]. New York: Jhon Wiley & Sons, 1986: 619-620.
[2] 俞孔坚,李迪华. 城乡与区域规划的景观生态模式[J]. 国外城市规划,1997(3):27-31.

重要的节点，旅游通路即旅游交通作为连接两地的重要途径，随着旅游业的不断发展，旅游系统网络空间逐渐由点及线，由线及面不断丰富与发展。体育旅游作为旅游业重要的组成部分，不断发展繁荣过程必然也遵循旅游系统网络结构模型的基本特征，因此，旅游系统网络结构模式理论成为滨海全域体育旅游模式的重要理论支撑。

五、城市化理论

在发展过程中，城市空间结构以功能组团的分工和联系为主，并受到区域经济发展水平、资源禀赋水平、区域发展政策、区域交通条件和区域发展规划等要素影响。"城市化理论"强调城乡统筹，整体发展。在城市发展过程中，均衡、协调、可持续发展成为城市发展的终极目标，注重整体空间发展水平、注重城乡统筹发展、注重整体空间结构协调发展、注重生活要素的均衡发展、注重产业要素协调发展。从总体来看，城市空间结构演变呈现出疏点分散——先集聚后分散，再集聚再分散的发展模式。

（一）产业疏点分散阶段

在工业化早期，空间形态以分散为主，区域之间彼此孤立，商贸、娱乐、居住等空间资源要素较少流动，要素以自给自足、自我发展为主。虽存在若干不同等级的核心，但相互之间缺乏联系，对周边地区辐射能力较弱。

（二）城市化积聚阶段

在工业化时期，区域资源向城市集聚和整合，大量资源要素流入核心区，城市成为金融、贸易、教育、医疗等各项生产活动的主要集聚地。随着城市产业集聚和空间规模不断扩大，城市空间辐射能力、影响范围不断提升并呈现集聚特征，城市与周边城镇、农村单向联系紧密，辐射能力加大。但是核心城市与周边区域经济发展的差距也随之加大。

（三）分散阶段

在城市化时期，城市发展由注重规模向质量转变，开始向逆城市化、郊区化发展，城市出现功能分区、经济活动外溢、人口流动外溢等现象。城市部分高端职能开始外溢，区位佳、环境优、规模小、设施全，成为功能组团转移的主要区域。城市空间结构呈现组团分散、功能集聚的发展模式；城市边缘区开始出现次城市中心、城市核心区与周边区域差距缩小，城市群均衡和互动发展加速，区域空间结构出现网络城市、多中心城市、组团城市等新的发展模式。

（四）城市功能分化集中阶段

在全球化时期，整个区域内资源要素全方位流动，城市发展的视野开始拓展到全域，各个组团功能在发展过程中，逐渐分化，继续下移，城市通过功能分区，出现商贸集聚区、休闲集聚区、产业集聚区等特色功能布局，实现区域功能的积聚。区域周边地区的次中心快速发展，与中心区规模差距缩小或持平，区域发展日益均衡，初步形成网络式空间结构。

（五）城市功能城乡统筹阶段

伴随信息、科技、交通、教育、医疗等要素的快速发展，生产要素、交通网络、产业联系等日益融合，城市与周边发展节点联系紧密，实现城乡统筹、产业均衡、功能协调的无缝衔接，形成具有均质特点的地区城市规模。在全域逐步形成科学合理、资源共享、优势互补、功能完善、城乡对接与协调发展的城市—乡镇—村落网络体系，出现综合化、系统化、多样化和均衡化的区域空间结构。

第二节　全域体育旅游理论

一、全域旅游的提出

在经济发展进入新常态背景下，我国正快速步入"大旅游"时代，旅游业态不断丰富，游客需求日益复杂多样化，旅游消费由观光旅游时代进入休闲与度假时代。空间是旅游发展的基础，现有旅游空间很难满足消费者的需求，需要从空间形态角度重新定位、丰富和完善旅游发展业态。全域旅游正是顺应这一社会经济发展背景而提出的新旅游发展理念。

2015年中央经济工作会议提出，中国经济社会发展应贯彻落实创新、协调、绿色、开放、共享的发展理念，促进经济健康增长，要更加注重共享社会发展红利，加强供给侧结构性改革。2016年中央经济工作会议指出，激发市场活力，保持经济平稳运行，必须加强供给侧结构性改革，分析现实需求和潜在需求，满足需求和引导需求实现经济发展新平衡。随着旅游、体育、休闲等服务业在国民经济中的地位日益增强，发展服务性消费，提升消费品质，促进消费转型升级，成为拉动经济增长、提高人民健康与幸福指数的重要方式。2016年2月，李金早局长对全域旅游的概念进行丰富和完善，认为"全域旅游是指在一定区域内，以旅游业为优势产业，通过对区域内经济社会资源尤其是旅游资源、相关产业、生态环境、公共服务、体制机制、政策法规、文明素质等进行全方位、系统化的优化提升，实现区域资源有机整合、产业融合发展、社会共建共享，以旅游业带动和促进经济社会协调发展的一种新的区域协调发展理念和模式"。

全域旅游概念从空间上揭示旅游业态、旅游功能等，其概念强调打破原有"画地为牢"式的旅游业发展形态，突破原有旅游格局，不仅仅要形成一种"全要素""全市场""全产业""全时间""全人员""全过程""全地域"的旅游发展新模式；更要注重旅游业态发展过程中，在空间上实现空间域、产业域、要素域、管理域的完备性，实现由不同度假区、景区、旅游露营地、休闲风景道等为重要节点的空间架构体系；整合旅游与资本、技术、居民生活、城乡统筹发展、城市功能完善等产业发展理念；建立完善我国旅游行业管理规范，形成一套以旅游为核心的社会管理制度。全域旅游能够有效缓解由工业化带来的负面影响，如农业人口流失、农村空心化、经济二元结构失衡等矛盾。因此全域旅游概念不仅考虑到了旅游业态的可持续发展，更能统筹我国社会经济发展方式的转变，具有重要理论意义与实践价值。全域体育旅游发展是全域旅游发展的有效补充，是全域体育产业化的重要方式，对于推动体育与旅游产业转型升级，促进体育与旅游产品提质扩容，提升体育与旅游产品消费品质，推进休闲中国、健康中国、和谐中国建设具有重要意义。

二、全域体育旅游的演化

全域体育旅游是指在特定区域范围内，将体育旅游作为优势或特色产业，通过各种产业要素的有机统一，实现区域体育旅游的均质、协调、融合与共享发展。全域体育旅游是区域体育旅游发展的理想状态，从发展理念来看，全域体育旅游发展是"大旅游观""大体育观"与"全域城市化"的有机融合。从体育旅游空间结构演变来看，"全域"体育旅游理论是"增长极"理论、"点—轴"开发理论、"斑块—廊道—基质"理论、"网状结构"理论等理论的融合与升华，体育旅游空间形态上呈现出"点—线—面—域"的空间演化过程。

（一）"点"的极化阶段

"点"的极化阶段是区域体育旅游系统发展的萌芽阶段（图1-2），滨海体育旅游在较为发达的"点"开始集聚，发展形式以自发为主，空间形态以分散为主。体育旅游产业出现在旅游资源丰富、体育特点明显、经济水平较高、区位条件优越、内部交通便利的城市。依托品质较高旅游景区和旅游吸引物，区域内一般会萌生1~3个体育旅游城市，体育旅游的娱乐、休闲、购物、居住等空间要素以自给自足、自我发展为主，对周边地区辐射能力较弱。伴随城市空间规模不断扩大，城市空间不断扩展，城市体育旅游水平日益提升，城市体育旅游的辐射能力不断提升、影响范围不断扩大，区域体育旅游资源向城市集聚和整合，城市体育旅游空间不断扩大并呈现积聚特征，城市集聚程度不断加强，成为赛事、商展、会展、体育文化等各项旅游活动的主要集聚地。

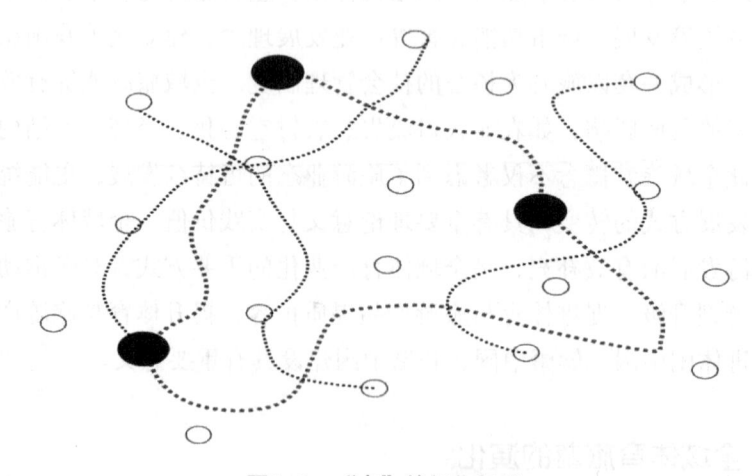

图1-2 "点"的极化极端

（二）"线"的扩散阶段

区位条件、产业政策、体育发展水平、旅游资源禀赋、经济发展水平、体育旅游消费意识的差异，使得原本散点分布的体育旅游城市开始呈现等级分化布局，出现区域体育旅游中心和次一级体育旅游中心。伴随区域体育旅游中心的规模壮大，重要体育旅游中心之间联系更为密切，极点之间的体育旅游轴线日益扩展。伴随体育旅游中心扩散效应逐步加强并逐渐与邻近区域连接，首先，体现出重点体育旅游区和次一级的体育旅游中心轴线之间联系方式逐渐多元化、旅游轴带加密渐宽，中心之间互相影响加速。其次，随着体育旅游中心的影响辐射力向其旅游腹地进行邻接扩散，出现以环城游憩带为标识的体育旅游扩散加速现象，中心城市周围地区的体育旅游业呈现发展状态。

由于体育旅游发展轴线的开放性和扩散性，使得滨海体育旅游物质流、滨海体育旅游客流、滨海体育旅游信息流、滨海体育旅游资金流等空间要素产生流动，推动体育旅游发达区域大大小小的经济中心（点）沿交通线路向不发达区域纵深地发展推移，城市与周边市镇、农村联系紧密，辐射能力较大（图1-3）。

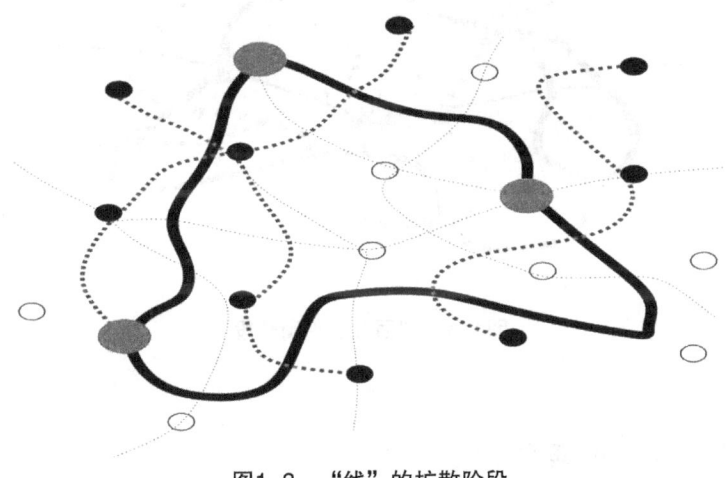

图1-3 "线"的扩散阶段

（三）"面"的平衡阶段

在城市化发展后期，由注重规模向质量转变，开始逆城市化、郊区化发展，经济、人口流动外溢。城市各个组团功能在发展过程中逐渐分化，继续下移，出现商贸集聚区、休闲集聚区、产业集聚区等特色功能布局。同样，此阶段城市等级体系基本稳固，不再出现新的中心城市。这时，中心城市的体育旅游活动开始外溢，城市体育旅游出现功能分区并实现区域体育旅游功能的积聚。部分高端城市的体育旅游功能开始向环境优、区位佳、规模小、设施全的功能组团转移，形成以大型品牌体育赛事为核心的赛事体育旅游中心，以大型体育游乐园为核心的体育游憩中心，以体育休闲度假为核心的体育旅游度假中心，以大型体育商贸为核心的体育旅游商展中心等功能分区，空间结构呈现组团化、分散的发展模式，一些节点成为区域体育旅游中心。区域体育旅游开始发挥体育旅游资源整合的整体优势，利用中心节点的扩散、辐射作用，带动偏远落后地区体育旅游发展，达到以点带线、以线带面，进而形成区域体育旅游网络，区域空间结构出现网络城市、多中心城市、组团城市等新的发展模式，形成网络式空间结构，城市群体育旅游互动式、开放式、渐进式、均衡式发展加速（图1-4）。

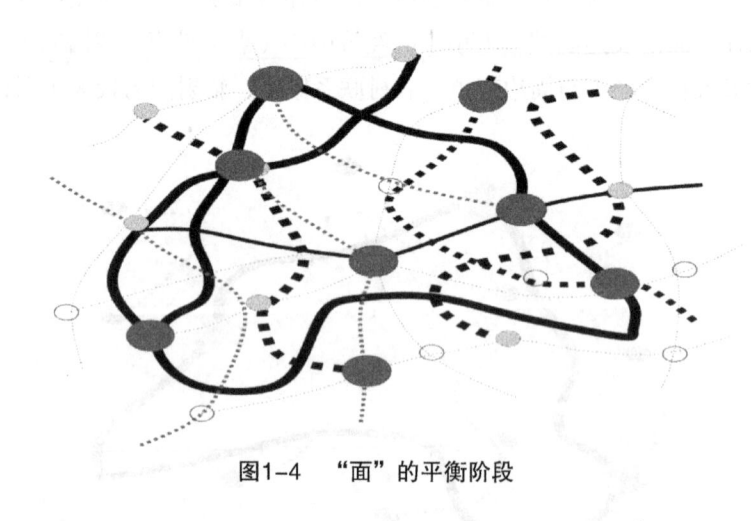

图1-4 "面"的平衡阶段

（四）"域"的融合阶段

网的平衡侧重于空间，侧重于产业链条的发展，域的融合发展则强调整个体育旅游产业群落，在网状互动中有机融合、提质增效。伴随信息、科技、交通、体育、教育、医疗等要素的快速发展，区域体育旅游不再是单独以中心城市或者核心体育旅游区域为主的空间格局，体育旅游中心极化作用减弱，而扩散作用增强，不断反哺农村及薄弱区域。通过生产要素、交通网络、产业联系、功能分工等作用，区域体育旅游经济逐渐趋于均衡，形成具有均质特点的多个体育旅游发展节点和功能分区，城市与周边体育旅游发展节点实现无缝衔接。由于体育旅游产业中心地位日益凸显，"体育生活化""生活旅游化"的区域体育旅游特征明显。体育旅游实现城乡统筹、产业均衡、功能协调，在全域逐步形成科学合理、资源共享、优势互补、功能完善、城乡交叉与协调发展的城市—乡镇—村点层层衔接的体育旅游网络体系，呈现出综合化、系统化、多样化和均衡化的区域体育旅游空间结构，全域发展体育旅游成为主要特征和动力，形成空间全域、时间全季、管理统筹、业态共融、全民共享的全域体育旅游模式（图1-5）。

图1-5 "域"的融合阶段

全面发展全域体育旅游，需要抓好"点—线—面—域"的创建工作。抓好"点"，挖掘体育内涵，保留体育特有基因，注重体育场馆设施、景区、村庄、公共服务场所等各个点的规划建设管理，建设精品体育旅游项目，塑造体育旅游品牌；抓好"线"，就是整合区域体育旅游资源，既注重快走慢游的交通建设，连点成线，打造区域精品体育旅游线路，又要注重交通沿线的景观、露营地、观景点、停靠点、风景道、骑行道、人行道等绿道系统建设，将景区连接线建设成为美丽的景观带，实现"风景在路上"；抓好"面"，科学规划区域体育旅游功能，注重体育旅游产业集群培育，打造特色明显、服务精细、协同发展的体育商务旅游集聚区、体育竞赛旅游集聚区、体育节庆旅游集聚区、体育休闲度假旅游集聚区、体育生态旅游集聚区、体育民俗表演集聚区等各类体育旅游集聚区，发挥各类体育旅游集聚区的中心节点作用，辐射带动偏远落后地区体育旅游发展,进而形成区域体育旅游网络,形成区域体育旅游全景化;抓好"域",统筹各类体育旅游资源,推进全域全产业融合,发展"泛体育旅游产业",使区域成为宜居、宜健、宜游、宜业的体育旅游城、体育旅游镇、体育旅游村、体育旅游点。

三、全域体育旅游的概念

全域体育旅游是社会经济发展水平达到一定程度、体育休闲健身理念达到一定深度、体育旅游市场发展到一定规模的情况下出现的新型体育旅游发展理念和发展模式。

(一)全域

"域"即空间性,具有层次化的体系结构,有一定的范围和界限,是一个空间概念,空间范围上是指整个行政市域。随着经济与社会条件的变化,"域"的范围也在不断变化和扩展。基于研究和发展需要,理念意义大于实际意义,规划的超前意义大于现实开发意义。

(二)全域体育旅游

全域体育旅游是指以特定区域为完整体育旅游目的地,以体育旅游为优势或特色产业,挖掘体育内涵,融入体育特性,通过体育旅游各产业要素的全区域、全融合、全时间、全要素、全产业链发展,实现产业要素体育化、方式旅游化、产品品质休闲化、消费环境生活化,打造体育旅游业全域共建、全域共管、全域共融、全域共享的发展模式。

(三)全域体育旅游的概念解释

全域体育旅游作为新型体育旅游景区化、生活化的具体表现形式,是区域体育旅游空间发展的必然趋势,是区域体育旅游要素关系再协调、区域体育旅游资源再优化、区域体育旅游红利再分配、区域体育旅游区位功能再定位、区域体育旅游服务要素等再分配的过程,是实现区域发展目标多元化、发展方式多维化、发展功能多重化的必然要求。

①全域体育旅游化是一个动态的市场化发展过程，是体育、旅游、经济、文化、交通等要素发展到一定程度的产物，有其发展的自身规律性，不能一哄而上，也不可以急功冒进。

②"全域"中的"全"不是指全部，不是全部区域都适合发展全域体育旅游。"全域"是指特定区域在特定时间所进行的全社会、多领域、综合性的统筹协调发展。全域体育旅游的"域"应因地制宜、合理布局、逐步推进，既可以是体育或旅游发达的县市区，也可以是具有代表意义的特色体育旅游小镇和区域体育旅游景区绵延带。

③"全域"的空间范围不仅涉及城市体育旅游区和核心体育旅游区，而且包含广大乡镇、村屯、客栈、乡舍、民居、露营地、旅游服务中心等乡村地域空间，以及湖泊、河流、山岳、海滨、海岛、树林等大量非建设区域。对于某个城市、县城或城镇来说，全域是指其行政范围内的全部区域，即市域、县域或镇域等。

④"全域"指一种相对广阔且整体而均质的空间，既可以是省域、市域，也可以是县域或镇域，范围的变化促使全域的多样性，强调的是城乡体育旅游整体协调、高度融合，城乡统筹、协调、健康、均质发展，城乡居民均等、共享体育旅游成果。

⑤全域体育旅游的内涵突出在"化"的过程，全域体育旅游化是体育旅游发展的终极目标。这种"化"就是指从体育旅游出发，区域产业发展方式体育化，区域体育旅游发展主导化，区域体育旅游景区建设景区化，区域体育旅游方式休闲化，区域体育旅游环境生活化，区域体育旅游体验情境化，最终实现体育旅游主导化的发展模式才属于全域体育旅游的范畴。

⑥全域体育旅游的外延突出在"化"的形态，全域体育旅游"域"不只是传统旅游要素的风景、体育设施、酒店空间的全域化；更是区域体育旅游特色差异化、区域体育功能平行化、体育旅游方式布局网络化、体育旅行服务均质化、体育智慧服务覆盖化、公交服务高效化的集约化发展模式。

⑦"全域"不仅仅强调体育旅游优势或者潜优势区域内空间的整体性，而且注重区域内体育旅游服务要素的完备，以及体育旅游产品要素及其相关要素的完整性。

⑧全域体育旅游化并不要求所有地区同质同步发展，而是注重全域中各地区、节点之间的体育旅游的差异化和特色化，鼓励各地区走差异化创新之路，探索各具特色的创新模式。

四、全域体育旅游的特点

（一）体育旅游适游空间全景化

从空间全域角度，全域体育旅游是指以核心体育旅游景区为主要架构，以体育旅游要素全域空间覆盖的体育旅游网状空间布局，充分挖掘水、陆、空资源，挖掘体育的健身益智、修心怡情、健康干预、特殊体验等特色功能，注重培育全域体育旅游的新产品、新业态，创新创意"商、养、学、闲、情、奇"等体育旅游项目，完善低、中、高端相结合的体育旅游产品体系，提升体育旅游产品品质，开展航空旅游、冰雪旅游、水上旅游、山地户外旅游、海岛探奇等立体化体育旅游项目。以特色体育旅游驿站、体育旅游营地、徒步骑行服务站、自驾车房车营地、运动船艇码头、航空飞行营地等为着力点；以旅游风景道、旅游廊道、健身步道、慢道等特色交通体系为串联，构建特色体育旅游客栈、营地、乡村、小镇、综合体、精品线路、景区、度假区等不同体育旅游层级和功能体系的目的地空间结构系统，以实现体育旅游目的地全域景区化。

全域体育旅游是过程性产品，注重旅游过程中的深度体验，因此需要通过建设健身环境，提升休闲环境；保护自然环境，注重生态环境；注重景观环境，协调市容环境；加强人文环境，完善好客环境；优化交通环境，改善经营环境[1]，打造易健、宜游、宜居、宜业、宜情、宜心的体育旅游环境，实现处处是生活，处处是风景，处处可健身，处处可旅游的全域体育旅游体验空间。改变体育旅游发展空间传统的"点式"模式，摆脱体育旅游发展空间传统呈现出的"飞地"困境，实现体育旅游由过境游向目的地游的全境域旅游转换[2]。

（二）体育旅游适游季节全时化

淡旺季（季节性）是体育旅游业最为突出的特征之一，也是体育旅游发展面临的一个主要问题。体育旅游主要受到地理环境和季节性影响，由于体育项

---

[1] 魏小安.全域旅游面面观——如何促进全域旅游发展［EB/OL］.（2016-03-04）［2020-10-07］.http://www.lwcj.com/w/145709560520194.html.

[2] 罗文斌.全域旅游的发展背景、本质特征和价值目标解读［N］.中国旅游报，2016-09-13（3）.

目的特殊性，体育旅游参与对气候、环境、水质等自然资源要求比较高，使得体育旅游呈现明显的季节性。实现全域体育旅游"时间全域"，就需要做到以下几点。

第一，注重业态融合，平衡淡旺季。提升旺季旅游产品品质，重点发展滨海休闲度假等传统体育旅游产品，大力开发海上邮轮游艇、帆船帆板、水上运动、海钓海猎、航空体验、冰雪体验、山岳滑翔等特色的新型体育旅游产品。创新创意发展淡季体育旅游产品，依托冰雪、温泉、高尔夫、文化、体育商展、民俗体育、体育医疗、体育赛事、体育节庆等资源为载体，重点开发体育赛事旅游、体育民俗文化旅游、体育颐养旅游、体育冰雪旅游、体育商展旅游、体育修学旅游、体育医疗旅游等体育旅游业态，强化不同产品的有机结合，提供多样化、常态化体育旅游产品供给，进一步丰富全天候、全季节、全年候的旅游产品项目，着力打造全季体育旅游项目。通过做足旺季、做旺淡季，缩小淡旺季差距，做到月月有精品、季季有亮点。

第二，创新项目，丰富体育旅游产品。春夏秋冬各有特色，白天夜间相得益彰，借助体育特有功能，挖掘体育内涵，依托资源禀赋特色，拓展体育旅游发展的新时空，实现区域全年的体育旅游项目多元化，拉动体育旅游消费的"全天候"。如在同一山坡区域，冬季开展滑雪旅游项目，春季开展观花踏青活动，夏季开展滑草旅游项目，秋季开展高尔夫休闲练习体验项目，真正实现区域一年四季不闲置，一年四季都有项目的发展目标。

第三，提升夜生活品质，破解留客难困境。注重开发夜间体育旅游产品，建设体育雕塑一条街、民俗体育展示一条街、体育休闲体验一条街、体育养生保健一条街、自行车夜间骑行线路、徒步夜游线路等主题型体育旅游街区、线路建设，开发多样化的夜间旅游活动空间；依托大型广场、体育场、剧院等举办民俗体育表演、武术表演、体育赛事等大众娱乐活动和赛事。

第四，树立新型休闲理念，改变传统旅游季节习惯。打破传统淡季消费思维，克服季节性对经济、环境和社会文化的消极影响，实现反季体育旅游常态化、生活化、周期化。例如，在体育旅游淡季，通过体育旅游消费观念转变、体育旅游消费品质提升、体育旅游消费方式优化、体育旅游促销方式多元、带薪假期形式多样等措施，提高淡季体育旅游服务水平。

体育旅游适游季节全时化开拓了体育旅游发展的新时空，有利于实现"旺季更旺，淡季不淡"，打造了体育旅游发展的新格局，实现了体育旅游发展的新动能，推动了体育旅游可持续发展。

（三）体育旅游成果共享全民化

让全体人民共享改革成果，既是共享经济的本质特征，也是公民社会共享价值的体现。"全民共享、惠及大众"是全域体育旅游发展的起点，也是全域体育旅游发展的终点。实现全域体育旅游共享，需要做好以下几点。

第一，发展全域体育旅游，就是要注重体育旅游业发展红利的共建共享，形成共建共享健康生活、共建共享生态环境、共建共享美好环境、共建共享基础设施、共建共享公共服务的体育旅游发展大格局[1]。

第二，开展全域体育旅游，要与新城镇建设、新农村建设紧密结合，注重城乡融合、体旅融合、城景融合、区旅融合。既要提高体育旅游产业绩效，提升体育旅游经营者的产业效益；又要发挥其辐射、共荣效应，通过体育旅游精准扶贫，构建生活化的服务系统，营造美好环境，提供完善服务，改善当地居民生活环境，助力当地体育旅游惠民富民，共享体育旅游效益[2]。

第三，发展全域体育旅游要与健康中国紧密相融，共享全民健康成果。体育特有的健身、健心、促进社会和谐功能，使得体育旅游成为提高健康指数和幸福指数的重要手段；成为实现体育旅游发展社会效益最大化，促进体育旅游产业效益共享性的深刻体现；成为增强国民健康水平，满足国民发展需要，推进美丽中国、幸福中国、健康中国建设的重要手段[3]。从供给角度，发展全域体育旅游可以加快体育旅游与健康产业的融合，普及健康理念、优化健康环境、倡导健康生活、提升健康服务、完善健康评价、健全健康保障，提升体育旅游过程中健康服务供给水平，让广大群众有保障、有机会能够多参与体育旅游活动，共享体育旅游健康成果，推动"健康中国2030"计划的实现。

（四）体育旅游产业融合全业化

"产业全域融合"是经济新常态下产业发展的必然要求，体育旅游发展到一定阶段的深度旅游方式，有资源消耗低、内生动力强、辐射范围广、产业链

---

[1] 徐晓平. 发展全域旅游 创建全域旅游示范区［EB/OL］.（2016-02-26）［2020-10-07］. http://www.lwcj.com/w/145731274720209.html.

[2] 姚昆遗. 全域旅游以观念改变引领产业发展［EB/OL］.（2016-03-04）［2020-10-07］. http://www.lwcj.com/w/145709568020195.html.

[3] 石培华. 如何认识与理解全域旅游［N］.中国旅游报，2016-02-03（4）.

条长等优势，是适应经济发展新常态、加快供给侧结构性改革、促进体育与旅游转型升级、推动消费"提质扩容"的重要方式。发挥体育旅游在相关要素和产业在空间上的集聚、融合、催化作用，通过进一步挖掘赛事、节事、山岳、湖泊、航空等产业资源，为旅游插上体育的翅膀，提升体育和旅游发展水平及综合价值，实现体育旅游发展全业化。

从产业域角度，树立"大产业观"，构建体育旅游与相关产业和领域发展平台，加速农业、林业、工商、商贸、金融、文化、医疗等行业深度融合、相融相盛，形成新的生产力和竞争力[1]。创新设计以体育运动为主线，将赛事、运动、酒店、美酒、美食、景区、演艺、商展、娱乐等相关活动有机融合，打造"体育旅游嘉年华"，推动体育旅游业与其他产业共生共荣，实现体育产业发展旅游化。构建以体育医疗旅游、体育赛事旅游、体育商展旅游、体育地产旅游、体育渔业旅游、体育修学旅游、体育康复旅游等复合型产业结构，推动体育旅游产业向"大产业""大体育""大旅游"转型，实现产业链条全域化，形成全域化体育旅游产品和业态。让"体育旅游+"成为产业的增长点，形成体育旅游与相关产业全域联动大格局，实现体育旅游业的包容性增长和可持续发展，促进区域社会经济的柔性发展[2]。

（五）体育旅游统筹管理综合化

从管理域角度，要想有效推进全域体育旅游，就需要建立健全全域统筹发展的体育旅游综合管理体制和协调机制，重视体育旅游产品的公共性与融合性，注重整合体育旅游的公共产品、公共环境与公共服务，理顺体育旅游部门与相关部门的关系，构建全局战略规划超前、综合服务能力提升、区域体育资源有效整合、全域体育旅游工作统筹、各部门联动的体育旅游发展机制。

第一，注重规划实施的"多规合一"。交通、水利、住建、医疗等各个部门在制定发展规划时，应注意土地、林地、海域、空域、水域等规划内容与体育旅游发展的无缝衔接，实现经济社会发展各类资源和公共服务在体育旅游发展过程中的有效再配置，为体育旅游业发展留足空间和通道，促进体育旅游功能的实现。比如，居民区建设既要考虑居民区的住宿功能，又要考虑与旅游景

---

[1] 石培华.如何认识与理解全域旅游[N].中国旅游报，2016-02-03（4）.
[2] 左文君，明庆忠，李圆圆.全域旅游特征、发展动力和实现路径研究[J].乐山师范学院学报，2016（11）：91-96，136.

观的契合，以及特色旅游民俗客栈等旅游需要；水利建设既要考虑水利设施的防洪、蓄水、排涝功能，又要考虑水利风景与体育旅游项目的规划与布局；交通建设既要考虑与景区外的衔接、协调、融合，又要考虑观景台、露营地、旅游标识、旅游休闲区等服务设施的建设与完备，让"风景在路上"并"体验路上的风景"。

第二，建立健全"政府统一领导、部门依法监管、企业主体负责"的旅游安全责任体系与工作机制。从规划规范、管理规范、标准规范、政策规范、服务规范等角度，建立健全体育旅游标准体系。优化体育旅游环境，完善体育旅游服务监督机制，推进体育执法、旅游执法、环保执法、旅游法庭、旅游警察、旅游工商、旅游城管等综合管理、综合执法的体制机制建设，促进区域公共服务设施、公共服务、市场监管、联合执法等的融合、衔接，增强体育旅游的吸引力和体育旅游品质的保障力[1]。

（六）体育旅游健身服务全域化

健身强体是体育最本质的功能，对促进生长发育、提高运动能力、提升适应能力、提高智力水平、获得精神愉悦、改善生活质量等方面，都具有十分重要的作用。因此从体育功能角度，发展体育旅游、提升健身服务水平具有重要意义。

第一，完善全域体育旅游健身服务体系。将体育的参与方法、健身方式、健身功能融入体育旅游要素，注意体育旅游参与过程中健身方法的传授，注意体育旅游环境体育健身方式、体育健身意识、体育健身理念的培育，达到寓健于旅、融康于游的目的。比如，滨海旅游者游览日照奥林匹克水上运动公园，参与中加国际健康管理中心的运动风险评估。健康管理中心将科学健身负荷、健身方式、健康评估、运动风险评估、饮食摄入等以运动处方的形式传授给体育旅游者，提升体育旅游者对健康教育、健康干预、健康管理的理解与参与度。

第二，营造全域体育旅游健身服务环境。在体育旅游参与过程中，注意健身场景、健身氛围的营造。例如，在登山健身步道的建设规范中，注意健康与健身指南标识、体育健身驿站、体育补给点的建设。将健身注意事项、健身消耗提示、项目难易程度、观景台、露营地、健身服务地点、救援点等标识与景区项目、景区环境、景区宣传等紧密结合，彰显登山健身步道设计的健身性、科学性和人本性。

---

[1] 胡念望.发展"全域旅游"需要具备七个"体系"[N].中国商报，2016-09-23（A03）.

第三，提升全域体育旅游健身服务品质。自主化、自助化、社会化、大众化的旅游发展趋势对全域体育旅游的服务规模、服务范围、服务品质、服务氛围等方面提出更高要求。实施全域体育旅游发展战略的旅游地，应科学布局体育休闲区域，加强体育运动基础设施建设，注重体育基础设施建设与旅游公共服务共享，提升公共体育服务品质，注重体育专业人才的培养，注重生态环境和社会文化环境整体优化，创新完善快行漫游的徒步、自驾、自助游服务体系，打造立体化"互联网+体育旅游"智慧体育旅游空间。提升全域旅游地的体育软实力，实现健身环境全域化、健身普及全域化、健身服务精细化，让体育旅游者和相关利益者获得全方位、全程的完美体育体验。

（七）体育旅游绩效评价系统化

树立科学的体育旅游发展观，贯彻落实五大发展理念，科学设计体育旅游评价体系，树立全面体育旅游绩效观，创新发展全域体育旅游。

第一，建立体育旅游资源评价体系。综合体育旅游自然资源、文化资源、体育资源等禀赋特色，通过定量与定性相结合的方法，建立系统的体育旅游资源评价体系，可以明确区域体育旅游资源特色，客观反映区域体育旅游资源开发与分布状况，明晰区域体育旅游资源开发密度和规模，为准确定位体育旅游资源发展方向，科学制定体育旅游资源发展规划及体育旅游资源开发战略提供参考。

第二，树立全面体育旅游绩效观。充分利用大数据，结合体育旅游发展的新趋势、新业态、新特点，设置评价指标，将经济效益、生态效益、文化效益、社会效益、健康效益融入评价体系中，既包括体育旅游经营企业评价、体育旅游者评价，也包括体育旅游目的地居民评价，建立系统体育旅游绩效评价；既包括城市体育旅游、核心体育旅游景区绩效评价，也包括小镇、乡村体育旅游绩效评价，建立城乡统筹的综合评价体系；既包括投入、产出、参与人数等显性评价指标，也包括健康指数、幸福指数等隐性评价指标，建立系统效益评价指标体系；对体育旅游绩效综合评价既包括体育旅游的直接贡献，也包括体育旅游的间接贡献和引致贡献。以此探索建立适应全域旅游特点的体育旅游绩效评价体系，推动区域体育旅游产业协调发展和可持续发展。

第二章　山东滨海发展全域体育旅游分析

第一节　山东滨海发展全域体育旅游的重要性

发展全域体育旅游是山东滨海体育与旅游发展创新、转型升级的必然要求，是提升环境质量，优化城镇发展，满足内需增长，发展优势产业，共建共享健康生活、共享公共服务、共享生态环境，推进建设海洋强省、旅游强省、体育强省、文化强省，全面建成和谐社会，共享全面小康的重要途径。

一、建设蓝色山东的需要

广阔的海洋为经济社会可持续发展提供了广阔的发展空间，海洋的经济战略和安全战略地位日趋提升。习近平总书记提出"十四五"期间要"协调推进海洋资源保护与开发、推进海洋强国建设"，不断完善顶层设计，加强总体规划，坚持生态优先，同时优化产业结构，推动相关产业转型升级，培育壮大海洋新兴产业，加快发展现代海洋服务业，挖掘滨海旅游资源，围绕海洋核心技术提升自主创新，培养海洋事业发展需要的多层次、多类型人才，做到陆海统筹，协调联动。海洋旅游的活动空间包括陆地、岛屿、海空、远海岛礁、深海峡谷等空间区域。通过开发旅游资源、发展海洋旅游，既可以提升经济效益、优化产业结构，还可以展示我国掌握海洋、主导海洋的权利，有效提高我国对海洋行使的管辖权。为此，国家旅游局将"中国海洋旅游年"定为2013年的旅游主题，2015年、2016年连续两年将旅游主题定为"丝绸之路旅游年"，2019年将"中国生态旅游年"定为旅游主题并首次公布全国旅游市场黑名单，2020年启动海洋科学战略研究项目，注重发展海洋旅游，打造海洋强国，维护国家核心利益。

山东省海岸线漫长曲折、海洋资源丰富，是海洋大省。当前，山东省的经济发展对海洋空间、海洋资源的依赖程度大幅提高，已发展成为高度依赖海洋的外向型经济。1990年，"海上山东"正式在山东官方文件中提出；1998年滨海旅游成为"海上山东"建设四大工程之一。近年来，党中央、国务院高度重视山东省的海洋事业发展，2011年《山东半岛蓝色经济区发展规划》《黄河三角洲高效生态经济区发展规划》《青岛西海岸新区纳入国家级新区》先后获国务院批复；青岛、烟台、日照成为国家"一带一路"倡仪重要支点和节点城市，对于加快推进山东海洋国土开发，提高海洋资源的开发利用水平，优化海洋经济结构，增强海洋资源利用能力，促进海洋生态文明建设起到巨大促进作用。2015年，山东海洋生产总值达到1.2万亿元，占全省地区生产总值的19.4%，占全国海洋生产总值的18.9%，居全国第二位，且对全省经济增长的贡献度不断提高。

体育是滨海旅游的重要方式，开展滨海体育旅游，成为海洋强国建设的助推器。山东省积极响应国家战略，积极开展滨海体育旅游。首先，充分利用帆船、邮轮等海上交通工具，大胆借助潜艇、航海、潜水、探险等体育旅游活动，冲出近海、走向远洋，让更多国人出现在蓝色国土之上，提升海洋旅游品质。其次，通过发展海洋体育旅游，开拓旅游功能产品，打通海洋战略空间，积极传达国家意志，拓宽民族生存空间，减少国际敏感领土争议，促进世界旅游交流。2007年1月6日至2009年8月16日，翟墨驾驶"日照号"无动力帆船从中国日照启航，经过十个季节的轮替，横跨南大西洋、印度洋、太平洋，沿黄海、东海、南海出境，过雅加达，经塞舌尔、南非好望角、巴拿马，穿越莫桑比克海峡、加勒比海等海域，航行二万八千三百海里，完成了中国首次无动力帆船环球航海，引起了国内外媒体和大众的广泛关注与热烈讨论，促进了民间交流。最后，发展海洋体育旅游，可以扩展国民蓝色视野，消除国民与海洋的距离感，强化人们的亲海意识，培养亲海、乐海的海洋文化，通过聚焦海洋文化，培育国民海洋思维，开启中华民族海洋精神，维护国家海洋权益，柔性建设中华海洋强国。

二、建设旅游山东的需要

目前，旅游是国民经济增长的重要支撑点，具有产业间关联度高、综合性强、开放度高、就业拉动力强等优势。体育旅游作为旅游产业和体育产业的有机融合，是旅游业的核心产业之一，也是体育产业的一个重要组成部分[1]。体育旅游作为深度旅游方式，不仅有简单的观赏性、参与性，更具有广泛的体验性、重复性，可以满足健心、健身、修身、塑体的需要，成为推动全民健身、提升生活品质、提高幸福指数的有效手段。相对普通的观光旅游，体育的特性使其更容易与旅游融合，对于创新创意体育旅游产品，丰富体育旅游产品体系，促进旅游业"提质扩容、转型升级"具有重要意义。

据初步统计，2019年山东省旅游总收入1.11万亿元，增长12%；山东省滨海旅游收入为5527.46亿元，占山东省旅游总收入的49.80%。青岛位居旅游总收入的首位，烟台、潍坊、威海的旅游总收入也名列前茅[2]。山东省滨海养老养生、温泉滑雪、文化、体育健身、邮轮游艇、研学旅行、休闲垂钓、房车营地、节会、低空飞行十大旅游新业态发展势头强劲。青岛成为中国邮轮旅游发展实验区，第九届中国露营旅游论坛暨山海天露营装备大会在日照市举行，研学旅行、低空飞行旅游走在全国前列。滨海旅游已成为海洋产业的支柱产业，成为山东建设旅游强省的重要支撑。对此，山东省还继续挖掘整理体育资源，打造以健身绿道、健步步道、露营廊道、自驾线路、航空空港、邮轮母港为廊道，具有鲜明山东地域特色的水上运动、户外运动、山地运动、极限运动、低空运动等精品体育休闲旅游项目。如青岛水上运动休闲与旅游工程项目、青岛游艇休闲旅游工程项目、威海户外登山体育旅游工程项目、威海游艇休闲旅游工程项目、威海滑雪旅游项目、日照山海天水上运动嘉年华项目、青岛大沽河休闲体育工程项目、青岛崂山—城阳山地户外运动工程项目、烟台海阳连理岛海上体育休闲工程、烟台蓬莱牟平马术休闲旅游体验工程、威海文登温泉休闲运动文化体验工程、威海山泰体育休闲旅游体验工程建设项目等；鼓励引导社会力量积极兴办体育旅游企业、鼓励支持各类企业转型开发体育旅游；注重体育旅游产品品牌建设，打造"帆船之都""钓鱼之都""风筝之都""海滨山岳行""仙境海岸"等知名体育旅游品牌。加强体育与旅游业结合，挖掘体育特性，既要在旅游精品线路上融入体育元素，又要注意体育产业的旅游化，打造体育与旅游高度融合的体育旅游线路；科学编制山东省滨海全域体育旅游发展规划，制定山东省滨海全域体育旅游发展纲要，制定全域体育旅游发展政策，有梯度、差异化地推进山东滨海全域体育旅游科学发展；整合区域体育旅游资源，优化体育旅游产业功能布局，科学规划体育旅游特色项

---

[1]曹彧.让体育旅游异彩绽放访国家体育总局副局长王钧[N].中国体育报，2007-7-5（1）.
[2]杜扬.山东旅游年鉴[M].北京：中国国际文化出版社，2014.

目，建设体育旅游驿站、体育旅游综合体、体育旅游村（营地、点）、体育旅游小镇（景区）、体育旅游精品线路、区域体育旅游集群等，打造"时时是体育旅游季节、处处是体育旅游项目"的全域体育旅游格局，促进山东建设旅游强省的目标。

三、建设体育山东的需要

缔造"金牌大国"一直是我国体育发展的主旋律，建设"体育强国"的任务还一直处于积极发展的状态。体育强国既是静止的、相对的，又是动态的、发展的概念，是我国体育综合实力的体现，也是社会文明的重要标志，体育强国是国家之间体育发展状况相互比较或某一个国家体育发展不同时期前、后比较而形成的概念[1]。目前国际上没有统一的、固定的衡量一个国家是否为体育强国的标准，随着世界经济和社会发展产生的变迁而体育强国判断标准也会发生改变。因此，体育强国及其评价体系是以政治、经济、社会、文化的总体发展水平为背景，系统、客观、全面展示体育发展水平为宗旨的一项复杂系统工程。原北京奥组委执行副主席蒋效愚先生曾表示，建设体育强国，必须要达到四个标准：竞技体育要辉煌、群众体育要发达、体育产业要兴旺、体育文化要繁荣。因而，山东省在建设体育强省的过程中依据我国建设体育强国的目标要求提出以下内容：竞技体育总体竞争力和国际竞争力处于全国前列，可持续发展能力进一步增强；体育产业构建以体育服务业为重点、门类齐全、结构合理、充满活力的体育产业体系；体育文化进一步发展，为建设经济文化强省做出体育特有的贡献；体育科技、体育教育、体育法制、体育人才队伍建设等均要达到全国先进水平；市级体育、县级体育、乡镇体育、农村体育、行业体育、学校体育等整体水平进步明显，在体育赛事承办、体育场馆设施建设、体育活动开展、体育人才培养和输送、参加运动会成绩等方面相应达到全国先进水平。

第一，竞技体育保持领先。山东体育作为我国体育的重要组成部分，在我国体育强国建设中具有重要地位，在竞技体育、群众体育、体育产业等领域中都显示出良好的发展态势。运动竞赛成绩的水平高低与体育发展水平具有密切相关性，同时带动地区的体育氛围。从山东省的竞技体育发展情况来看，各

---

[1] 刘一民，赵溢洋，刘翔. 关于体育强国战略若干问题的思考[J]. 中国体育科技，2010，46（1）：32-36.

类职业体育俱乐部在全国职业联赛屡创佳绩；体育赛事种类、数量繁多；体育人才辈出，近两届全运会均居金牌榜榜首，里约奥运会中，山东共有54名运动员参赛，参赛人数列全国各省（区、市）首位，占中国代表团运动员总数的1/8，其中共夺5枚金牌、4枚银牌、5枚铜牌，共14枚奖牌，奖牌总数列全国各省（区、市）第一。滨海地区的竞技体育发展是山东竞技体育整体发展的重要支撑，如青岛市，拥有青岛双星篮球俱乐部、青岛黄海足球俱乐部、青岛中能足球俱乐部、青岛仁洲羽毛球俱乐部等俱乐部参加全国各类职业联赛；滨海地区体育赛事较多，据统计，山东共有16项国际特色品牌赛事，滨海地区占6项；近五年在山东举办的国际赛事共有25项，滨海地区占19项；在体育人才输送中，滨海地区走在前列，里约奥运会中的54名山东籍运动员，有29人由山东滨海7地市输送。

第二，体育产业地位日益凸显。李克强总理在2014年的《政府工作报告》中从国家层面看待体育产业发展，将体育产业这个概念提升至与群众体育、竞技体育并列的高度。明确提出"发展全民健身、竞技体育和体育产业"。国发〔2014〕46号文件的出台，标志着我国体育发展方式迎来了重大变革，大力推进体育消费繁荣发展，促进体育产业蓄能，带动经济社会发展。山东省体育产业发展迅速，截至2021年底，全省体育从业人员共有45.1万人；体育产业总规模达到2466.55亿元；体育产业增加值为968.58亿元，占当年全省GDP比重的1.45%。2020年，山东省先后承办国际乒联世界杯、CBA复赛等17项重大赛事，山东运动员在东京奥运会勇夺7枚金牌、1枚银牌、3枚铜牌。在第十四届全运会勇夺58枚金牌、160枚奖牌，实现"四连冠"，体现山东竞技体育的强劲实力。2021年，举办山东省第十一届全民健身运动会，参与人数超过450万人次，并且在8个市试点举办800多场社区运动会，第二届云走齐鲁线上万人健步走比赛41万人参与，成为全国全民健身最为活跃的地区之一。2021年，新创建7个国家级、27个省级体育产业示范基地和10个省级体育服务综合体，新增国家级体育旅游示范基地和精品线路4处、省级体育旅游精品线路22条。《山东省"十四五"体育产业发展规划》中明确提出，到2025年全省体育产业总规模超过6000亿元，体育产业正成为山东稳增长、调结构、惠民生的重要力量[1]。滨海地区体育产业发达，已形成以青岛体育产业圈为核心，以日照经济技术开发区体育产业基地、青岛风河伟业体育健身休闲示范基地、青岛奥林匹克帆船

---

[1]《山东省人民政府关于贯彻国发〔2014〕46号文件加快发展体育产业促进体育消费的实施意见》[EB/OL]．http：//www.shandong.gov.cn/art/2015/8/28/art_285_7421.html

中心体育旅游示范基地、烟台养马岛马术运动示范基地、烟台蓬莱海上休闲运动示范基地、烟台山东省海钓基地、峡山国际网羽训练基地、青岛英派斯健康管理有限公司等国家级、省级体育（旅游）产业基地为依托的滨海体育产业带；打造完善的体育旅游、体育建筑、场馆运营、体育培训、体育中介、体育文化产业、体育传媒、体育地产等体育相关产业体系。

第三，群众体育发展迅速。山东省是群众体育大省，全民健身活动广泛开展，体育健身设施覆盖城乡，经常参加体育锻炼人数比例超过35%，社会体育指导员超过16万人[1]。"十二五"时期，山东在全国率先出台省、市、县三级《全民健身实施计划》，并纳入省政府开展的新型城镇化建设、乡村文明建设行动、幸福社区建设、国民休闲汇、健康山东、加快体育产业发展等各项重大民生专项活动。截至2015年，全省社会体育运动员队伍达到18.6万人，人均体育场地1.8平方米，全民健身活动中心覆盖全省17个地市；建有大、中、小型全民健身中心的县（市、区）比例为76%，达到104个；公共体育场覆盖比例为97%，达到132个县（市、区）；室内外健身设施覆盖率为83%，达到1182个乡镇街道。农民体育健身工程覆盖率为73%，达到49843个行政村。2016年，山东省政府颁布的《山东省全民健身实施计划（2016—2020年）》中明确指出，到2020年，人均体育场地面积达到2.0平方米以上，经常参加体育锻炼人数达到38%以上，全面建成覆盖城乡的全民健身设施体系、组织体系和健身指导体系，促进全民健康和全民健身深度融合[2]，健康山东成为山东发展的动力源泉。滨海地区无论是在体育场馆数量、健身人口比例、体育产业服务、智慧体育建构等方面都处于领先地位，是全民健身计划的重要引领和风向标。体育产业的迅速发展、全民健身的普及、休闲观念的深入都会促进滨海体育旅游进入迸发状态，而滨海体育旅游作为当前我国体育产业发展的重要组成部分，是海洋区域体育旅游发展的必然趋势，为提升人民幸福指数、促进体育产业发展、完善体育文化提供新动力，是全面建设体育强省的重要一环。

四、建设文化山东的需要

文化产业被誉为"绿色产业""朝阳产业"，是"转方式、调结构"，

---

[1] 山东省全力构建全民健身公共服务体系[EB/OL].（2012-05-13）[2020-10-02] http://paper.dzwww.com/dzrb/content/20120513/Articel07002MT.htm.

[2] 2016山东体育十大新闻[EB/OL].（2017-01-03）[2020-10-02]. http://sports.sohu.com/20170103/n477640777.shtml.

加强供给侧结构性改革，提升社会幸福和健康指数的重要手段。山东是文化大省，历史积淀丰厚，文化名人众多，文化产业发展迅速。2010年，山东省文化产业增加值达到1230亿元，占GDP比重为3.12%；2015年，山东省文化产业增加值达到2370亿元，占GDP比重为3.97%；"十二五期间"文化产业增加值年均增长17%。山东省文化产业已初步形成市场繁荣有序、产业布局合理、设施配套齐全、产业体系完善、产业内容丰富、产业结构逐步优化的发展格局。虽然山东省文化产业发展迅速，但还不是一个文化强省。据统计，2015年，江苏省文化产业增加值达到3167亿元，占GDP比重超过5%；广东省文化及相关产业增加值达到3648.8亿元，占GDP比重达到5.01%，总量继续位列全国第一。实现"由文化资源大省向文化强省跨越"的发展目标，成为山东省经济文化建设的重中之重。

旅游是承载文化、展示文化、传播文化的窗口，是提升旅游产业核心竞争力的重要举措。讲好山东故事、传播好齐鲁声音、阐释好山东特色、提升山东体育形象是山东滨海体育旅游的重要使命。山东滨海地区文化资源丰富、资源特色显著，已初步形成布局合理、功能完善、门类齐全的文化产业体系。从空间布局上看，已初步形成以青岛为龙头，以日照、威海、烟台、潍坊、滨州、东营等为支撑，辐射山东滨海地区乃至整个山东省的体育文化产业发展格局。以蓝色体育经济为资源特色，以海洋体育文化为内涵元素，集体育节事赛事、体育文化旅游、体育文化演艺、体育文化创意、体育会议会展、体育休闲度假等功能于一体的半岛蓝色经济区文化产业带正在形成。已初步形成以威海铁人三项赛、东营国际马拉松赛、青岛国际帆船周、中国水上运动会等为代表的体育品牌赛事；以《日出先照》《梦幻水·沙秀》《华夏传奇》《蔚蓝青岛》《蓝色畅想》《梦海情韵》等为代表体育文化演艺品牌；以青岛奥帆赛基地、海阳国家级沙滩体育健身基地、日照奥林匹克水上运动基地、烟台帆船帆板训练基地、青岛世园会、山东省凤河伟业体育健身休闲示范基地，以及分布于各个区域的国家级海洋牧场示范区、国家级休闲渔业示范基地为代表的体育休闲产业集聚区。形成以海洋体育商展、海洋体育文化创意、海洋体育文化动漫、海洋体育文化游戏为主的新兴文化业态集聚区；以滨海体育休闲度假、体育历史遗迹探寻、海岛观光、邮轮与游艇旅游、水上运动体验等体育文化旅游产业集聚，山东半岛"蓝色文化旅游"品牌，形成半岛文化产业集聚区；以潍坊国际风筝节、田横岛祭海仪式、胶州秧歌会、孙子国际文化节、烟台长岛渔家乐民俗旅游节、潍坊羊口开海节、威海荣成国际渔民节、滨州胡集书会、东营黄河口文化旅游节等为代表的民俗体育文化产业集聚区。突出山东滨海地区体育文化的引领作用，挖掘体育文化内涵，凝练体育文化特色，整合体育文化资源，塑造体育文化品牌，展示体育文化魅力。加速体育文化与旅游、科技、养生、教育、信息等产业深度融合，进一步优化体育文化产业结构，提高文化产品的服务供给能力，更好地丰富文化生活需求，提升山东文化产业地位，加速实现由文化资源大省向文化强省转变。

五、建设和谐山东的需要

和谐是中华传统文化的精髓，随着我国经济的多元化发展，和谐社会建设达到与经济建设、政治建设、文化建设、生态建设、社会建设同等重要的位置。目前我国更加注重地区协调发展、城乡协调发展、人与自然协调发展；更加重视提高人民的物质生活、文化生活、健康水平和幸福指数。滨海体育旅游是种较为复杂的社会现象，既具备体育独有的身体参与和健身康体的特征，又拥有旅游休闲性和愉悦性的特征。随着社会的进步、人类需求层次的提高及科学技术的快速发展，我国已初步形成完整的现代体育旅游体系，其功能日益生活化、社会化、科学化和多元化。处理好体育旅游与人、与社会、与自然的关系，让体育旅游的茁壮发展成为丰富文化生活、提升生活质量、提高幸福指数、促进社会和谐、提升国家软实力的重要路径。

从本质上看，滨海体育旅游是一种可以让人获得心理愉悦和强身健体的审美过程和康体娱乐过程，是人类社会发展到一定阶段必然产生的活动之一。体育与滨海旅游同属社会极其重要的文化活动，为了满足人们日益增长的物质、精神、文化需求而出现的产物，是从生存需要到享受需要，再到发展需要的体现。

第一，促进身心和谐。体育旅游具有完善自我、增强体质、实现自我身心健康的功能。①运动参与。发挥体育的健身功能，在体育旅游参与过程中达到健身于旅的目的。②运动处方。在体育旅游过程中，把体育健身理念、健身方法、健身方式以运动处方的形式传授给体育旅游者，达到寓教于游的目的。③身心愉悦。发挥体育旅游的审美、游憩、愉悦功能，在参与的过程中，让滨海体育旅游者身心合一，充分达到锻炼身体、调节情绪、放松自我的效果。

第二，促进人与自然的和谐。海洋是孕育生命的摇篮，人类对海洋既敬畏又向往，同时产生由内而外的热爱情节。滨海体育旅游的出现成为提高生活质量、亲近海洋的重要方式，让人们拥有更多领略海洋自然魅力的娱乐途径，充分利用人们探索海洋的好奇心，洞察滨海体育旅游发展机会，打造依靠海洋自然资源的优秀滨海体育旅游项目。经济的无序发展导致生态系统功能的严重破坏，给全球生态系统敲响警钟：全球变暖、草原退化、森林覆盖面积缩小、水土流失、沙漠扩大、水源枯竭、环境质量恶化。打造原生活、原生态、原生命的体育旅游产品体系，建设环保型、节约型、友好型人与自然关系。海洋体育旅游天然的体验性、参与性、友好性成为人类回归自然、贴近自然、融入自然的重要媒介，有利于人类重新认识自然、尊重自然和保护自然，达到人与自然和谐相处的美好局面。

第三，促进社会和谐。滨海体育旅游具有健美、娱乐、休闲、保健、医疗、康复、社交等诸多功能，可以提高人们健康水平，丰富日常娱乐生活，完善休闲服务体系，改善生活环境质量，提高居民生活水平，提高幸福指数、促进区域间文化交流，成为促进经济与社会协调发展、城乡协调发展、地区协调发展的重要途径，也是实现社会和谐的重要手段。

第二节 山东滨海发展全域体育旅游的可行性

一、自然地理环境特殊

山东滨海地区位于中国东部沿海，地处黄河下游，三面环海，海岸线漫长曲折，全长3024公里，占全国海岸线的1/6，长度位居全国第二位。近海海域17万平方公里，占渤海和黄海总面积的37%，沿海滩涂面积约3000平方公里，占全国的15%。沿海岸线有天然港湾20余处；近陆岛屿299个，岸线总长688.6公里，其中庙岛群岛由18个岛屿组成，面积52.5平方公里，为山东沿海最大的岛屿群。

特殊的中纬度地理区位，曲折漫长的滨海岸带，多样化的自然地貌，独具一格的滨海自然环境，温和的气候特征为滨海体育旅游发展提供了丰富的自然景观和旅游资源。广阔的海陆空间、复杂的海洋生态系统适合发展海洋牧场、海钓海猎、海上养殖等各种海洋产业。丘陵与高山相间，森林与平原相伴，河海与湖滨相邻，海岛与海洋共生，拥有沙滩、海水、海岛、礁石、山岳、阳光、雾雪、湿地、滩涂、花草、森林、河流、瀑布、湖泊、温泉等丰富多样、相互交融的滨海自然旅游资源，形成众多国家海洋牧场、国家自然保护区、国家海洋生物保护区、国家湿地公园、国家森林公园、国家地质公园、国家自然遗产、国家风景区、国家水利风景区、国家旅游度假区等各类高等级旅游资源，呈现出鲜明的地域差异性特征。

二、海洋生态环境良好

为保护海洋生态环境，山东省建立海洋生态红线制度，在重要、敏感、脆弱的海洋生态区域，划定海洋生态红线区151个，将近5万平方公里涉海面积纳入海洋生态红线区管控范围，并实施严格管控和强制保护，为滨海旅游的可持续发展提供了重要的发展环境。

以山东滨海海水浴场综合环境为例。2015年，全省3个滨海旅游度假区和15个主要海水浴场，在旅游时段和游泳季节每日环境状况监测结果显示：15个海水浴场水质状况为优和良的天数约占80%，23个海水浴场健康指数为优的天数约占73%，未出现过健康指数为差的情况，均达到了优良水平，较适宜旅游与游泳（表2-1）。2022年，省环境监测中心对部分海水浴场进行水质监测，其浴场水温介于23.4~27.4摄氏度区间，游泳适宜度为适宜，水质状况优。

表2-1 2015年山东省海水浴场综合环境状况

浴场名称	水质等级天数比例（%）优	良	差	健康指数	适宜、较适宜游泳天数比例（%）	不适宜游泳的主要因素
长岛月牙湾海水浴场	81	18	1	87	85	天气不佳/水质一般
蓬莱海水浴场	41	35	24	80	69	天气不佳/水质一般
烟台金沙滩海水浴场	97	1	2	92	88	天气不佳
烟台第一海水浴场	87	13	0	91	94	天气不佳
烟台烟大海水浴场	88	12	0	93	95	天气不佳/水质一般
威海国际海水浴场	96	0	4	95	85	天气不佳
威海小石岛湾海水浴场	97	3	0	93	94	天气不佳
威海半月湾海水浴场	97	3	0	93	95	天气不佳
荣成海水浴场	97	3	0	94	92	天气不佳/风浪较大
乳山银滩海水浴场	64	22	14	93	81	漂浮浒苔/天气不佳
海阳万米海滩场	87	13	0	89	76	漂浮浒苔
青岛市老人海水浴场	47	26	27	73	63	水质一般/漂浮浒苔
青岛第一海水浴场	48	30	22	76	61	水质一般/漂浮浒苔
日照第三海水浴场	78	22	0	99	82	天气不佳
日照海水浴场	78	22	0	99	82	天气不佳

数据来源：山东海洋统计公报（2016）。

注：健康指数不低于80时，指数等级为优，海水浴场环境对人体健康产生的潜在危害低；健康指数低于80且不低于60时，指数等级为良，海水浴场环境对人体健康有一定的潜在危害；健康指数低于60时，指数等级为差，海水浴场环境对人体健康产生的潜在危害高。

由图2-1可知，2011—2015年来，三个滨海旅游度假区总体状况稳定，均适宜开展休闲（观光）活动；其中烟台金沙滩滨海旅游度假区和蓬莱阁滨海旅游度假区年平均休闲（观光）活动指数等级为优良；受漂浮浒苔的影响，青岛石老人滨海旅游度假区年主要平均休闲（观光）活动指数等级为良好。2015年，山东省滨海旅游度假区整体环境持续好转。对部分度假区水质、游泳适宜度、海面状况、海钓、海滨观光、海上休闲、沙滩娱乐等指标进行评价，发现：烟台金沙滩滨海旅游度假区和蓬莱阁滨海旅游度假区年平均休闲（观光）指数均为优良，天气不佳是影响休闲娱乐的主要因素，适宜开展海钓、海滨观光、海上观光、沙滩娱乐等休闲娱乐活动。青岛石老人滨海旅游度假区年平均休闲（观光）活动指数等级为良好，漂浮浒苔是影响娱乐活动的主要因素，适宜开展海钓、观光、沙滩娱乐等休闲娱乐活动。

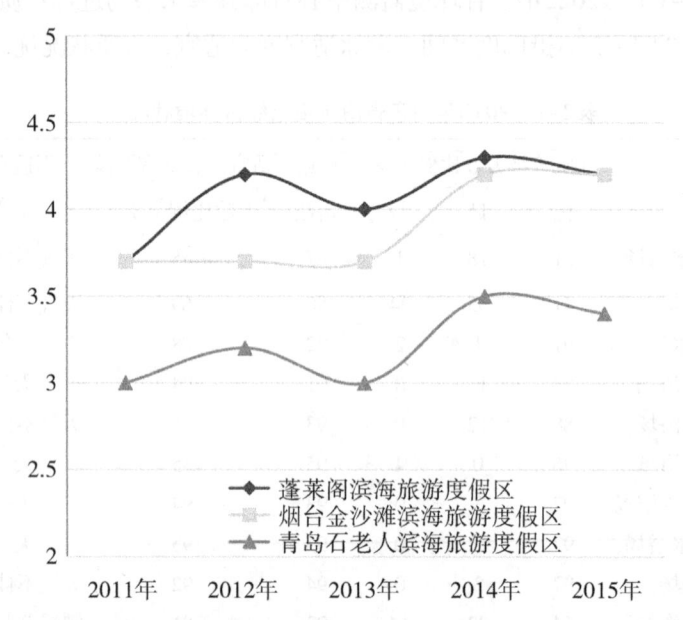

图2-1　2011—2015年滨海旅游度假区年平均休闲（观光）活动指数变化趋势
数据来源：山东海洋统计公报（2012—2016）。
注：环境状况指数（包括水质指数和海面状况指数）和各类休闲（观光）指数的赋分分级说明（满分为5.0）如下。5.0～4.5代表极佳，非常适宜开展休闲（观光）活动；4.4～3.5代表优良，很适宜开展休闲（观光）活动；3.4～2.5代表良好，适宜开展休闲（观光）活动；2.4～1.5代表一般，适宜开展休闲（观光）活动；1.4～1.0代表较差，不适宜开展休闲（观光）活动。

三、区位发展条件优越

首先,山东省区位优势明显,青岛、烟台、日照成为国家"一带一路"战略重要支点和节点城市,是链接京津冀、长三角、"一带一路"和中原经济区的枢纽,呈现区域合作联动的战略发展格局。区域战略叠加、优惠政策融合、区域交通便利、区域经济发展良好,使山东地区体育旅游业发展处在战略高地,它成为继长三角、珠三角之后,北方地区开放程度最高,发展活力最强,最具核心竞争力的增长极之一。其次,山东滨海体育旅游带位于中纬度地区,地处高纬度和低纬度之间,滨海体育旅游资源、体育旅游产品和市场具有明显的过渡链接特征。最后,山东滨海地区基础设施完善,交通工具多样,客运体系健全,已初步形成青岛、烟台、潍坊三大国家综合交通枢纽系统。已初步形成以青岛、烟台为主,以日照、威海、潍坊、东营为辅的邮轮母港、游艇码头链状体系;以青岛、烟台为主,以潍坊、威海、日照、滨州、东营为辅的航空体系;以贯通山东省沿海地市南北的长深、沈海、潍坊—日照、青岛—烟台、滨州—东营—潍坊—烟台等高速公路为纵轴,以青银、沈海、青兰、威青、潍荣等高速公路为横轴的网络体系;规划建设和建成以青岛—济南、青岛—日照—连云港、滨州—东营—潍坊—烟台—威海、烟台—青岛、日照—菏泽为三横两纵的高铁客运体。以高速铁路、高速公路为主干线,以港口、航空为节点,以城际铁路为放射系,构建海、陆、空统筹发展的立体交通网络体系。以山东滨海地区为扇形中心,辐射西部省域,发挥核心交通节点的旅游集散和运输功能,形成血管效应,延展内陆腹地,构建海陆一体化体育旅游客源共享,并为合理布局、优化组合山东滨海体育旅游线路提供便捷廊道。

四、区域产业经济发达

人均GDP是衡量区域经济发展水平和旅游市场容量的重要综合指标。研究表明,人均GDP与旅游形态直接关联:人均GDP在2000美元时,大众观光游览兴起;达到3000美元时,度假游成为主要旅游形态;上升为5000美元时,呈现出多元化与个性化的旅游需求趋势,人们对休闲娱乐项目的要求提高,相对应的消费能力也有所增强。从体育旅游市场供给层面看,区域经济总量越大,发展程度越高,区域体育旅游业发展的规划、开发和投资能力就越强,体育场馆设施水平越先进,人才储备越完善,体育旅游基础设施越便利,公共服务体系越健全，体育旅游项目越丰富，体育旅游品质越高，区域体育旅游发展水平就会得到进一步提升。从体育旅游市场需求角度看，人均GDP越高，区域体育旅游消费需求就越多样，体育旅游品质需求就越高，体育旅游消费规模就越大。

山东滨海地区在经济发展总量、经济发展水平、人均GDP和经济发展速度等方面都名列前茅，成为山东省区域经济发展的核心动力源，促进和拉动了全省的经济增长。由表2-2可知，2015年山东省有青岛、烟台、潍坊3个地市超过5000亿，10个地市GDP总量超3000亿。山东沿海7个地市中，有5个超过3000亿。其中，青岛市和烟台市位居前2，并且领先后面地市优势明显，青岛市GDP达到9300.7亿，烟台市GDP达到6446.08亿[1]。2015年人均GDP，东营市、威海市和青岛市的人均GDP位列全省前三，东营市人均GDP为164356.15元，威海市人均GDP为106847.86元，青岛市人均GDP为102806.37元，烟台、滨州、日照、潍坊分列第5、7、8、10位。发达的区域经济，使山东省旅游需求稳定增长、体育消费日趋旺盛、健康需求日益提高、国民休闲度假成为趋势。建设海上山东、打造体育与旅游强省、发展体育与旅游产业已成为我省重点发展方向，对保障和改善民生、促进人的全面发展、促进社会和谐的功能作用日益凸显，为平衡发展滨海体育旅游提供了有力的经济保障。

表2-2　山东省2015年各地市GDP及人均GDP情况

地级市	2015年GDP（亿元）	2015年GDP排名	人均GDP（元）	人均GDP排名
东营	3450	8	164356.15	1
威海	3001.57	10	106847.86	2
青岛	9300.07	1	102806.37	3
淄博	4130.2	5	89495.12	4
烟台	6446.08	2	92056.61	5
济南	6100.2	3	86320.73	6
滨州	2355.33	13	61343.11	7
日照	1670.8	16	58205.89	8
泰安	3240	9	58050.99	9
潍坊	5100	4	55151.83	10
枣庄	2031	15	53014.88	11
莱芜	755	17	56121.31	12

[1] 蓝之馨，林小昭. 广东GDP超万亿美元比肩全球第十五位国家[N]. 第一财经日报，2014-01-03.

（续表）

地级市	2015年GDP（亿元）	2015年GDP排名	人均GDP（元）	人均GDP排名
济宁	4013.12	6	48702.91	13
德州	2750.94	11	48218.96	14
聊城	2663.62	12	44874.57	15
临沂	3763.2	7	36818.32	16
菏泽	2400.96	14	28454.47	17

数据来源：2016年山东统计年鉴。

五、海洋产业结构良好

山东省滨海地区以"提质增效、转型升级"为主线，围绕海洋强国建设，实施创新驱动发展战略。转变海洋经济发展方式，加快供给侧结构性改革，提高海陆资源要素配置效益，培育战略性海洋新兴产业，加速发展海洋现代服务业，提升海洋经济质量和效益，推动海洋产业结构优化升级，促进产业发展向链条的高端延伸，赋能海洋经济的健康、协调、稳步增长。

2015年，青岛、烟台、威海3市成为国家首批海洋高技术产业试点城市，数量居全国之首；2016年，青岛、烟台获批国家海洋经济创新发展示范城市，潍坊海洋战略性新兴产业示范基地获批国家科技兴海产业示范基地，有力地推动了战略性新兴产业集群发展，优化了产业结构。2020年，全省海洋生产总值13187亿元，海洋三产结构的进一步优化，一、二、三产业比重为5.3∶36.8∶57.9[1]，第三产业比重逐步提升，战略性新兴产业发展迅速，占中国海洋生产总值的16.48%，为滨海体育旅游平衡发展提供了重要保障。

六、区域旅游资源丰富

山东省地处中国东部滨海、黄河下游，位于中国首都北京和中国最大的商业城市上海之间，是渤海湾旅游带的"黄金节点"，发展海洋旅游具有得天独厚的优势。山东滨海地区拥有全国较为优质的滨海体育旅游资源，不仅有着

---

[1] 山东省人民政府.2020年山东海洋生产总值占全国的16.48%，海洋生物医药产业增加值连续3年全国居首［EB/OL］．（2020-10-02）［2021-11-03］．http://www.shandong.gov.cn/art/2021/11/3/art_97560_510724.html.

丰富的自然风景旅游资源，如阳光海滩、水光山色、流泉飞瀑、江河湖海、草原森林、丘陵山岳、冰雪云雾等，而且滨海地区经济发达、历史悠久、文化多元，包含了齐鲁文化、东夷文化、海岱文化、龙山文化、道教文化、黄河文化、海洋文化、太阳文化、移民文化等。众多历史古迹、传统庆典、商展会议、民俗体育、传统体育、节庆赛事、民族体育、体育建筑文化景观，体育主题公园等富有山东滨海特色的人文景观旅游资源[1]。

据不完全统计，在山东省35个"中国优秀旅游城市"中，山东滨海地区就占了35个（截至2019年），形成了全国最大的优秀旅游城市群；拥有10个国家级历史文化名城（截至2021年），7处5A级旅游景区（截至2022年，见表2-3），4个国家旅游度假区（截至2021年），5个国家级风景名胜区（截至2022年），4个国家级海洋自然保护区（截至2019年），40个各级海洋特别保护区（截至2020年），49个国家湿地公园（截至2020年），7个国家级自然保护区（截至2019年），47个国家级森林公园（截至2020年）等众多体育旅游资源。以烟台海阳亚沙会、潍坊国际风筝冲浪基地、青岛奥帆基地、西霞口休闲海钓基地、威海汤泊温泉垂钓基地、日照水上运动基地等运动休闲基地为依托，形成了海洋运动休闲聚集地。以日照的阳光海岸、青岛的天堂海岸、烟台的葡萄酒海岸、威海的幸福海岸、潍坊的风筝海岸、东营的生态海岸、滨州的贝壳海岸为依托，形成了特色鲜明的滨海旅游体育休闲度假产业聚集优势。山东滨海体育旅游资源具有独特性、多样性、差异性和互补性，为全域体育旅游稳步发展提供了基础和保障。

表2-3 山东滨海地区5A景区分布

景区名称	批准时间
烟台蓬莱阁旅游区（三仙山—八仙过海）	2007
烟台龙口南山景区	2011
青岛崂山景区	2011
威海刘公岛景区	2011
沂蒙山景区（含潍坊沂山景区）	2013
青州市青州古城景区	2017
威海市威海华夏城景区	2017

数据来源：国家旅游局官网；统计时间截至2022年。

---

[1] 姜付高，王铁. 山东半岛城市体育旅游带空间结构优化与可持续发展研究[J]. 西安体育学院学报，2015（1）：51-59.

七、体育产业发展迅速

伴随体育产业与旅游、文化、教育、商展、养老、医疗等领域的产业融合日益加深，体育服务业比重稳步增长，体育产业的第三产业属性地位日益重要，关联带动效应日益凸现。据统计，2020年全国体育及相关产业总产出27372亿元，增加值为10735亿元，与2019年相比，总产出下降7.2%[1]。体育产业已迈入高速生长的"黄金期"，国民经济新增长点作用日益显现，山东体育产业发展迅速。据初步统计，2018年体育产业总规模约占全国的15.6%，达到2466.55亿元。近年来，山东体育旅游业发展迅速，表现出产业地位更高、产业要素更广、带动效应更强的特点。2014年有47个体育产业项目获得3000万省级发展引导资金。目前，山东省可利用的体育场馆及场地已经超过15万个，已培育2个国家级体育产业示范基地、16个省级体育产业基地、14个省级体育产业示范单位（截至2019年）、18家国家级休闲渔业示范基地（截至2016年）和10条国家精品体育旅游线路（截至2014年）。

山东滨海地区体育产业发展迅速，拥有73处标准高尔夫球场（含3处待审）、1个国家级体育产业基地、8个省级体育产业基地（含国家级示范基地1处）、6个省级体育产业示范单位（含国家级示范单位1处）（表2-4、表2-5）、13处国家级休闲渔业示范基地（截至2013年）、5条国家级精品体育旅游路线（截至2019年）。2012年以来，山东滨海城市年均举办高水平国际国内体育赛事68场，占山东举办高水平国际国内体育赛事的58.6%。举办的各种赛事超过5000场，是全国体育赛事旅游最为活跃的地区之一。2008年奥运会海上运动项目（青岛）、2013年激光雷迪尔级世界帆船锦标赛（日照）、2013年亚洲沙滩运动会（烟台）及威海铁人三项赛、东营黄河口国际马拉松、青岛"沃尔沃"大帆赛等常态化、周期化大型体育赛事的成功举办，以及在世界休闲体育大会、国家体育产业基地等相关利好的推动下，山东省的滨海体育旅游获得前所未有的发展机遇。目前，已初步形成以东营国际马拉松、威海铁人三项赛、青岛国际帆船周、职业联赛、体育节庆等重大体育赛事项目为核心的体育竞赛产业；形成以青岛奥帆赛基地、日照奥林匹克水上运动公园、东营黄河口湿地生态园、潍坊风筝广场等地标式体育景观旅游；形成以帆船帆板、游艇邮轮、

---

[1] 2020年全国体育产业总规模与增加值数据公告［EB/OL］.（2021-12-30）［2022-10-02］. http://www.gov.cn/shuju/2021-12/30/content_5665345.htm.

高尔夫、温泉康体、休闲垂钓为代表的体育休闲产业；形成以体育赛事旅游、民族民俗体育旅游、体育休闲度假旅游、体育康体养生旅游、体育拓展培训旅游、山岳运动旅游、水上运动旅游、航空运动旅游、海洋牧场旅游、体育商展会展旅游、高尔夫滑雪旅游为代表，多种业态融合的体育旅游发展趋势；形成依托体育、信息、传媒、文化、科技等众多元素，注重体育品牌的自主产权，带动体育符号价值；创新创意体育音像视频、体育影视动漫、体育传媒广告、体育网络游戏、体育电子竞技、体育报纸书刊为代表的体育文化创意产业；弘扬"工匠精神"、注重科技创新、主推"山东智造"，形成以英派斯、中大体育为代表的拥有自主知识产权的体育研发与体育设计为主的体育科技产业；提升服务型体育消费的供给力度，形成以体育健身服务、体育传媒信息、体育医疗康复、体育课外教育培训、体育经纪策划、体育保险、体育彩票为主的多业态相融合的体育服务产业。体育产业的高速发展为体育旅游产业的融合发展提供了保障。

表2-4 山东滨海地区体育产业基地

体育产业基地名称	所属地市	获批年份	级别
青岛即墨体育产业基地	青岛	2012	国家级
日照经济技术开发区体育产业基地	日照	2014/2017	省级/国家级（示范）
青岛风河伟业体育健身休闲示范基地	青岛	2014	省级
青岛奥林匹克帆船中心体育旅游示范基地	青岛	2014	省级
烟台养马岛马术运动示范基地	烟台	2014	省级
烟台蓬莱海上休闲运动示范基地	烟台	2014	省级
山东省海钓基地	烟台	2015	省级
威海市体育产业基地	威海	2016	省级
惠民李庄体育产业基地	滨州	2016	省级

数据来源：山东体育局官网；统计时间截至2017年2月。

表2-5 山东滨海地区体育产业示范单位

体育产业示范单位名称	所属地市	获批年份	级别
青岛英派斯健康管理有限公司	青岛	2015/2017	省级/国家级（示范）
潍坊峡山国际网球培训基地	潍坊	2015	省级
烟台阳光健身有限公司	烟台	2016	省级
山东省莱州中华武校	烟台	2016	省级

（续表）

体育产业示范单位名称	所属地市	获批年份	级别
威海宝飞龙钓具有限公司	威海	2016	省级
山东大青山旅游开发有限公司	日照	2016	省级

数据来源：山东体育局官网；统计时间截至2017年2月。

八、区域战略规划优先

区域规划主要以市场配置资源为基础，打造有序、科学、协调的区域发展模式。高层级的区域发展战略规划是制定相关发展政策的有力依据，也是优化区域功能布局的主要工具，并且具有引领区域全域体育旅游规范发展的重要功能。

改革开放以来，一系列国家战略规划的制定及政府的有力支持，让山东滨海地区走在国家改革和发展的前列，促使山东省滨海体育旅游迅猛发展。1984年，国务院批准的14个全国首批沿海对外开放城市中有青岛、烟台两座山东滨海城市。2011年，《山东半岛蓝色经济区发展规划》获得国务院批复，山东半岛蓝色经济区建设上升为国家战略。山东滨海体育旅游是山东体育、旅游经济发展的重要节点，为此山东先后编制了《山东海滨度假旅游规划》（2005）、《山东省自驾车旅游总体规划》（2010）、《山东半岛蓝色经济区发展规划》（2010）、《山东省旅游业发展"十二五"规划》（2011）、《山东省乡村旅游业振兴规划（2011—2015年）》《山东半岛蓝色经济区旅游业规划》（2011）、《山东省主体功能区规划》（2013）、《山东省西部经济隆起带旅游发展规划》（2014）、《山东海滨旅游发展规划》（2015）、《山东省省会城市群经济圈旅游发展规划》（2015）、《山东省体育产业发展"十三五"规划》（2017）等一系列高水平相关产业规划，为滨海区域经济发展构建宏伟蓝图，也为科学制定山东滨海体育旅游发展规划和发展战略，优化滨海地区体育旅游资源配置，凸显山东滨海体育旅游产业的集聚与辐射作用，促进山东滨海体育与旅游经济健康发展奠定了基础。

九、区域产业政策支持

国家通过政策这只"有形的手"，为旅游发展指引方向。为此，国务院、国家体育总局、国家旅游局先后颁布了《关于推进文化创意和设计服务与相关产业融合发展的若干意见》（2014）、《关于进一步促进旅游投资和消费的若干意见》（2015）、《关于加强旅游市场综合监管的通知》（2016）、《全域旅游示范区创建工作导则》（2016）、《国家全域旅游示范区认定标准（征求意见稿）》（2016）、《关于加快发展健身休闲产业的指导意见》（2016）、《"十四五"时期全民健身设施补短板工程实施方案》（2021）、《全民健身计划（2021—2025年）》（2021）、《关于构建更高水平的全民健身公共服务体系的意见》（2022）等一系列产业政策，把旅游业、体育产业定位为社会、经济、文化和生态综合效益好的战略性支柱产业，并作为战略性、综合性和带动性强的支柱产业加以培育。

伴随国家海洋战略、"一带一路"倡仪的全面展开，山东滨海体育旅游带作为战略的重要节点，在经济社会发展全局中的战略地位更加凸显。近年来，山东省政府把旅游业培育作为国民经济重要的主导产业，山东省政府颁布《关于大力推进旅游业又好又快发展的若干意见》（2006）、《关于进一步促进旅游业又好又快发展的意见》（2009）、《山东省旅游条例》（2005、2010、2016）、《关于促进旅游业改革发展的若干意见》（2014）、《山东省加快发展体育产业实施意见》（2015）、《山东省人民政府关于加快发展体育产业的实施意见》（2012）等相关利好政策，为山东滨海体育与旅游产业"转型升级、提质扩容"提供了重要支持，创造新的发展机遇。

第三节 山东滨海发展全域体育旅游的不足

山东滨海城市在空间布局上呈"项链式"排列，在资源特色、客源市场、发展定位、产品品质、营销策略、产业结构等方面具有很大的同质化现象。存在体育旅游淡旺季、体育旅游产品空间、体育旅游消费结构、区域发展、产业系统、体育旅游流等空间布局的不平衡性。

一、体育旅游淡季、旺季的不平衡性

体育旅游市场发展的成熟程度既与体育旅游收入、规模等相关，也与体育旅游收益变化幅度大小有直接关系。成熟的体育旅游市场从客源、收益都保持着相对稳定的状态。山东滨海体育旅游还处在初级阶段，体育旅游者的休闲动机和旅游类型仍以大众观光浏览为主。从空间维度看，消费方式是踩沙滩、观

海景，洗海澡、吹海风，吃海鲜、喝啤酒。从时间维度上看，山东滨海体育旅游产品主要以海水资源为依托，依赖于滨海的气候因素和水温影响；再加上我国缺失弹性带薪休假制度，使山东滨海体育旅游供求呈现出明显的季节性。

以青岛为例，由表2-6可知，第二、三季度是青岛国内旅游市场的黄金季节，尤其是第三季度，国内旅游人数、收入分别达到1618.88万人和2008439.84万元，分别是淡季第一季度旅游人数、收入的2.45和2.5倍，造成第二、三季度酒店餐饮、交通运输、休闲娱乐设施、人力服务等资源紧张，第一、四季度则游客稀少，需求不旺，导致各种资源闲置。改变旺季供不应求，影响旅游效果，以及淡季冷冷清清，影响经济效益的弊端，使"淡季不淡，旺季更旺"就成为滨海体育旅游发展方向[1]。

表2-6　2016年青岛国内游人数及收入统计

季度	人数（万人）	收入（万元）
第一季度	661.66	806260.71
第二季度	1234.70	1392552.21
第三季度	1618.88	2008439.84
第四季度	881.41	1193488.01

数据来源：青岛统计年鉴。

二、体育旅游产品空间的不平衡性

从体育旅游资源利用的空间布局上看，山东滨海体育旅游资源开发主要集中在海滩、海水浴、岛礁和近海水域，空间利用还处在原始阶段；滨海体育旅游产品处在初级阶段，主要集中在近海岸带和近岸水面[1]。

由表2-7可知，日照的水上运动旅游产品主要以海水沙滩浴为主，参与比例达到74.77%；虽然赶海捕鱼等渔家体验项目发展较快，但也仅仅是在滨海岸滩和礁石的简单体验和浅海出行的初级海上休闲产品体验；沙丁车和水上自行车、快艇等简单滨海休闲体育项目所占比例也较低。在空间布局上，旅游产品还主要集中在岸滩、海上和简单的船上活动，缺乏高品质体育专项旅游项目；

---

[1]姜付高，曹莉.大型体育赛事对城市旅游空间结构影响及其优化研究——以日照打造"水上运动之都"为例[J].北京体育大学学报，2016，39（11）：38-44，111.

缺乏滨海岸带、水上、水下、空中、海岛的立体化体育旅游产品体系，尚未形成集健身、休闲、娱乐、教育为一体的旅游产品，以水上运动修学、水上运动体验、水上运动分享、水上运动文化展示为内涵的立体化旅游产品体系。造成海水浴场人满为患、海岸交通拥堵不畅、离岸海岛寂寥、海岸腹地冷清的旅游景象。

表2-7 日照市滨海旅游项目偏好[1]

滨海旅游项目名称	参与比例（%）
海水沙滩浴	74.77
赶海、出海捕鱼	47.48
游艇、快艇、帆船类	26.15
海滨游乐场	19.49
海边篝火晚会	11.24
其他	5.96

三、体育旅游消费结构的不平衡性

山东滨海体育旅游产品基本处于"3S"阶段，缺乏集参与性、刺激性、体验性、健身性、娱乐性为一体的深度体育旅游项目，是一种共性大、差异小、同质重、个性小、可替代性强的普遍性体育旅游资源，使滨海优质体育资源遭遇"快餐游"。烟台市是首批中国优秀旅游城市，自然资源、人文旅游、体育资源、综合服务资源十分丰富，是仙境海岸的核心区域。据统计，2014年烟台国外游客所占比例仅占旅游者总数1%，国外游客平均停留时间仅为3.02天。而西班牙的马略卡岛，作为地中海地区主要的旅游目的地之一，到访的国外游客比例高达82.1%（2005—2008年），平均逗留时间保持在10天左右，休闲度假特征明显[2]。通过两者对比，明显可以看出马略卡岛的体育旅游产品结构丰富，延长了旅游时间，使消费品质和绩效远远高于烟台。另外，山东滨海体育旅游产业处于初级阶段，旅游消费结构也不合理。以青岛市入境旅游消费为例（表2-8），2013—2014年青岛市入境旅游消费结构总体变化不大，由于入境旅游的距离较长，交通费用分别以35.4%和31.85%名列首位，成为旅游消费的

---

[1] 吴佩.日照海滨旅游地国内游客消费行为研究［D］.曲阜：曲阜师范大学，2014
[2] 江海旭.地中海地区海岛海岛开发经验及启示［D］.大连：辽宁师范大学，2011.

主要贡献项目。购物、住宿和餐饮三项共占各年份总支出的39.64%和42.77%，用于娱乐和景区旅游的花销共占12.78%和15.4%。从各项消费占入境旅游消费总量的比重来看，购物、住宿和餐饮费用依旧为主要支出，说明青岛体育旅游产品消费结构不合理。为此，青岛市应整合优势资源，提高体育旅游产品质量，提升体育旅游参与度，提升体育旅游消费品质，增加体育旅游过夜人数，增加体育旅游娱乐消费，提高青岛体育旅游产业收入。

表2-8　青岛2013—2014年入境旅游消费结构比例分析

项目	2013年（%）	2014年（%）
交通费	35.40	31.85
住宿	11.46	12.35
餐饮	9.78	8.74
景区旅游	6.50	8.77
娱乐	6.28	6.63
购物	18.40	21.68
邮电通信	4.49	3.85
其他	7.69	6.13

数据来源：青岛旅游局网站。

四、区域体育旅游发展的不平衡性

山东滨海体育旅游业主要集中在青岛、烟台等少数热点城市和热点区域，其他滨海地区体育旅游业起步晚、规模小、品牌弱，缺乏竞争力，还没有形成有影响力的产业规模和产业集聚，存在体育旅游资源过度开发与尚未充分利用并存的问题。部分热点城市和热点区域由于发展不平衡，出现日照"水饺浴"、青岛"踏沉栈桥"等旅游过度问题。而一些远离城市中心和核心景区的滨海旅游资源虽然品质较高，但由于资金投入少、开发程度不高、服务体系不完善等原因，导致游客进入性差、交通餐饮不便，区域体育旅游发展遭遇寒冬。

由表2-9可以看出，2017—2018年山东滨海各地市接待旅游人数都有不同程度的增加。其中，青岛市分别以接待入境游客144.4万人次和153.6万人次稳居首位；烟台、威海两市紧随其后，2018年分别接待入境游客63.8万人次和50.7万人次；滨州和东营两市2018年分别接待入境游客5.6万人次和6.4万人次，排名末两位，与其他地市的差距很大。其中青岛市2018年的入境游客是东营市的24倍，即使是面积相当且地理位置相邻的烟台也不及青岛的1/2，同为海岸线较短的城市潍坊和滨州。2018年，潍坊是滨州的6倍多，区域旅游发展极不平衡。对热点体育旅游区域进行科学规划，创新升级，提升体育旅游产品品质，提出专业化的热点与卖点，打造高端滨海体育旅游区；对冷点体育旅游区，采取挖掘体育旅游资源特色，丰富体育旅游产品，完善体育旅游服务，打造热点滨海体育旅游区；通过科学规划、差异发展、整体营销，形成多极点、多元化，具有山东特色的体育旅游"黄金海岸"。

表2-9　2017—2018年山东滨海7地市接待入境旅游人数

地区	2017年（单位：万人次）	2018年（单位：万人次）
青岛	144.4	153.6
东营	6.2	6.4
烟台	63.8	63.8
潍坊	34.8	36.7
威海	49.2	50.7
日照	27.6	28.2
滨州	5.1	5.6

数据来源：《2018山东旅游统计年鉴》《2019山东旅游统计年鉴》。

五、体育旅游效益发展的不平衡性

滨海体育旅游作为一种新兴消费方式，在其发展初级阶段，只重视经济效益，忽视生态效益、文化效益和社会效益发展，正经历着从粗放型到集约型的转变历程。

山东滨海地区是人口稠密、消费旺盛、经济活跃的地区。山东沿海7地市的GDP约占全省17地市的一半，进出口占全省的70%以上。凭借"阳光、沙滩、海水、空气"等滨海天然资源，山东滨海地区旅游历来都是山东旅游的热点，并且以高达20%~30%的速度迅速增长。第一，滨海旅游迅速发展的同时，导致大量游客蜂拥而至，超出了生态容量与环境负荷，对海滨海岸带生态系统造成了重大影响。第二，作为异地旅游，部分体育旅游者道德弱化、行为失范，出现破坏旅游资源、损坏旅游设施、违背道德习俗等不端不雅行为。第三，体育旅游目的地为了迎合市场，肆意破坏原始的生活环境和生活方式，将民俗体育文化舞台化、庸俗化，使传统文化和社会习俗失去原生态的生存空间。体育旅游从业者过分趋利,导致"天价大虾""天价拉面"等乱象横生,忽视安全责任,缺乏道德约束,出现体育旅游市场秩序混乱、体育旅游消费不和谐现象。第四,体育产业本身的不稳定性也导致滨海体育旅游发展失衡。体育旅游自然资源(如冰雪体育、潜水)和体育旅游人文资源(如国际风筝节、世界杯、奥运会、铁人三项赛等重大的体育节事)都具有很强的季节性和时效性,短时间的大规模人流、物流、信息流都会对承办地产生影响,淡旺季处理不好、比赛期和赛后处理不好都会影响经济效益。第五,从生态效益角度看,体育旅游过程中赛车的空气污染、摩托艇的水污染、高空跳伞的声污染、滑雪场修建的植被破坏、高尔夫场地的水污染等会给滨海生态环境带来巨大破坏。

以高尔夫球场建设为例,自2004年,国家和政府相关部门先后下达了近10个针对高尔夫球场建设的禁令。截至2015年末,山东省有43家注册高尔夫球俱乐部,69个18洞标准球场,多数高尔夫球场占地规模在1200亩以上。其中,许多高尔夫球场是以体育公园、度假广场、郊野公园、休闲绿地等名目立项建设的,主要通过酒店、别墅等房地产业进行获利。青岛石林国际乡村俱乐部总体面积达到15000亩,包含7000多亩耕地,高尔夫球场占地面积达到10300亩[1]。盲目建设和扩建高尔夫球场,会造成土地资源、水资源、生态资源的巨大浪费。如何在建设"美丽中国"的"大生态观"引领下,有序规划、合理选址、保护生态、净化环境、传承文化,实现经济效益、生态效益、文化效益、政治效益和社会效益的平衡发展就显得紧迫而有实际意义。

六、体育旅游服务系统的不平衡性

作为一项深度旅游产品,滨海体育旅游既需要完备的吃、住、行、游、购、娱等基础服务体系,也需要完善融"商、养、学、闲、情、奇"于一体的现代体育旅游服务体系;既需要完善传统旅游信息服务体系,也需要加强智慧旅游信息系统平台建设;既需要完备的体育场馆、健身路径、体育绿道、体育露营地等体育场地设施建设,也需要完备"精旅游、懂健身、精保健、善救助"的专门型体育旅游服务人才。目前,山东省的滨海体育旅游产业服务粗放、不精细、不完善,体育旅游产业链存在交通不畅、信息不畅、餐饮不火、住宿难留、购物不旺、健身不易、安全隐患等问题,成为山东滨海体育旅游发展的短板。

---

[1]沈克印,刘梅英.高尔夫产业可持续发展的环境伦理思考[J].成都体育学院学报,2012,38(11):26-30.

随着大众旅游时代的到来，以房车为代表的自驾旅游越发为人们所认知和喜爱。在发达国家，欧美私家房车保有量已经占机动车总量的3%~5%，房车旅游已经相当成熟发达。在美国，房车数量超过1000万辆，平均每十个家庭就有一辆私家房车，与此相适应，美国的房车营地星罗棋布、遍布全国，达到2万多个；通观我国，房车营地仅有200个左右，房车数量也只有2.1万辆左右。山东的近邻韩国，面积只有山东省2/3，2011年，其房车营地就已达8000多个。虽然山东也正积极落实房车营地建设，制定自驾车和房车营地规划，加快海滨休闲型、温泉度假型、田野乡村型、森林观光型、漂流体验型、山地运动型等主题类型自驾车与房车营地建设，打造自驾车与房车营地大省。但是受各种因素制约，山东省的房车露营地建设尚处在初级阶段。据初步统计，山东省已建、在建房车自驾露营营地仅有200处[1]。房车露营发展还存在布局规划不合理、大众普及度不高、缺乏房产营地建设标准、数量少等缺憾。使房车只能在路上临时停靠，不能"进站"停靠补给，休闲、生活垃圾也不能及时处理。缺乏完善的服务体系和多元体育休闲参与空间，成为制约山东省乃至我国的房车露营旅游发展的关键所在。

七、体育旅游客源结构的不平衡性

体育旅游客源结构主要包括客源地、年龄、性别、职业等方面。由于目前尚未建立完善的体育旅游统计体系，缺乏体育旅游者相关信息，只能借鉴旅游统计年鉴中的客源结构，从宏观上探讨体育旅游的客源结构。由表2-10可知，2017—2018年山东省入境旅游者虽逐年增长，但是由于地缘关系、政策影响、国家关系、国家人口、经济水平、文化差异、旅游反差等因素影响，我国入境游客客源结构极不平衡。亚洲旅游者占据优势地位、欧洲旅游者次之、非洲旅游者占比最小，数量仅占亚洲的1/4。在亚洲入境游客中，以日本和韩国为主，其他国籍以美国和俄罗斯游客为主，2018年分别达到了21.94万人和13.19万人，约为法国、西班牙、瑞士等国家的10~20倍（表2-11）。体育旅游流的高集中度，使我国滨海体育旅游市场波动性加大，不利于滨海体育旅游市场的健康发展。

---

[1] 山东省2020年建设200处房车自驾露营地［EB/OL］．（2016-09-03）［2020-10-02］．http://www.rzpats.com/lyshow.asp?sty=dt&id=14349.

表2-10　2017—2018年入境旅游者客源地（按地区）统计（万人次）

洲际	2017年	2018年
亚洲	248.17	255.75
大洋洲	10.42	11.24
美洲	31.44	32.39
欧洲	51.62	53.53
非洲	4.93	5.61
其他	7.01	7.10

表2-11　2017—2018年入境旅游者客源地（按地区）统计（万人次）

国家	2017年	2018年
韩国	160.67	164.31
日本	39.12	40.91
美国	22.17	21.94
俄罗斯	12.11	13.19
新加坡	10.29	10.88
德国	8.84	9.37
英国	8.96	9.29
法国	7.25	7.56
马来西亚	6.86	7.00
澳大利亚	6.65	6.96
加拿大	5.61	6.06
菲律宾	3.74	4.15
印度尼西亚	3.14	3.70
泰国	2.79	3.25
新西兰	2.14	2.52
西班牙	1.24	1.19
瑞士	1.27	1.31

数据来源：2018年、2019年《中国文化和旅游年鉴》。

八、体育赛事品牌形象的不平衡性

品牌赛事具有资源稀缺性、价值高效性、辐射范围大、生命周期长、收入稳定性强的特点,对提升区域形象、拓展旅游空间、塑造区域品牌具有重要意义。有专家认为"中国没有打造出自己的品牌赛事,缺乏拥有知识产权的品牌赛事",山东省亦是如此。相对于体育旅游发达的国家和地区,山东滨海地区体育运动赛事大多呈现非规律性和非持续性特征。大部分水上运动赛事都是固定赛期的少,一次性的多;有影响力的赛事少,群众普及性差的赛事多;市场运作好的赛事少,经济效益差的赛事多。缺乏以赛事为核心的体育旅游品牌,尤其缺乏具有自主知识产权的经典品牌体育赛事,导致体育旅游产业竞争力弱、影响力差,与成熟体育旅游产业品牌还存在巨大差距。

据统计,目前山东省举办的赛事大多是赛事承办,基本没有自主品牌赛事。如帆船世锦赛、世界休闲体育大会、亚洲沙滩运动会等国际赛事,以及全国运动会、全国水上运动会、全国智力运动会、中超联赛、中职篮联赛、排球联赛等国内赛事。这些赛事虽然具有一定影响力,但是缺少常态化、持久性和特色性,难以打造成百年、经久的品牌体育旅游赛事。虽然,山东省也着力培养自己的品牌赛事,如东营市的黄河口国际马拉松,连续九年举办,已经成为中国田协"金牌赛事"和国际田联"金标赛事",成为提升东营城市形象,展示城市风貌的靓丽名片;青岛市的国际极限帆船系列赛、青岛国际帆船周·海洋节、克利伯环球帆船赛和世界杯帆船赛等高端国际帆船赛事,加快推进了青岛"帆船之都"的建设步伐;威海"铁人三项赛"是目前国内公认赛道难度最高的铁人三项赛,具有一定的国际影响力,是威海打造"铁三之都"的品牌赛事;"潍坊杯"国际青年足球邀请赛是亚洲地区唯一常年举办、连续性最强的国际青年传统赛事。这些赛事在一定程度上展示了城市的形象,丰富了城市文化内涵,提升了城市品位,为举办城市带来积极的经济效益。但是与诞生于1861年的墨尔本赛马节、诞生于1870年"美洲杯"帆船赛、诞生于1877年温布尔登公开赛、诞生于1897年波士顿马拉松赛、诞生于1913年环法自行车赛相比,山东滨海地区的体育赛事在赛事规模、赛事品牌价值、赛事效益和赛事影响力等方面还有很大差距。挖掘体育赛事内涵,提升旅游品牌的核心价值,融入山东文化元素,培育特色浓郁、IP强大的体育赛事品牌就成为促进滨海体育旅游业的重要途径。

第三章　山东滨海全域体育旅游行为分析

科学分析体育旅游市场发展规模、发展结构、发展现状，是制定体育旅游发展对策的重要依据，对于滨海体育旅游资源开发的发展定位、规划制定、规模预测、开发时序、营销目标及路径选择起着重要的参考作用。滨海体育旅游行为空间是滨海体育旅游者参与滨海体育旅游活动、消费体育旅游产品的主要体现，是滨海体育旅游者在旅游目的地区域空间的集中反映。对滨海体育旅游消费进行调研研究，了解滨海体育旅游者个人特征和消费特征。明晰其在滨海体育旅游行为空间轨迹，能够了解滨海体育旅游消费发展趋向，丰富滨海体育旅游产品体系，优化体育旅游产品空间布局，探求体育旅游业供需平衡的发展规律，促进我国滨海体育旅游带科学发展。

第一节　山东滨海体育旅游发展概况

由于体育旅游产业相关统计数据缺失，只能依据国际惯例，按照旅游业发展情况，对体育旅游进行预测和概算。根据山东省旅游局统计显示，1996—2015年山东省旅游消费总额相当于GDP及第三产业增加值比重并且呈逐年上升态势（图3-1）。其中，2015年滨海7地市旅游业总收入达到3575.6亿元，占全省旅游总收入的50.6%，尤以青岛、烟台旅游收入总量占比较重，且地市平均增长率（16.8%）超全省旅游消费总额增长率（14.1%）2.7个百分点。2019年，山东省国内旅游消费7853.1亿元，入境游客消费43.6亿美元。

由图3-2和图3-3可知，2015年，山东滨海7地市中，除东营和滨州两市旅游总收入占各市GDP总量较低（分别为3.6%和4.9%）外，其余沿海5地市旅游业占各市GDP总量和服务业增加值比重都超过全省平均值，其中日照市旅游业总收入相当于服务业增加值的比重达到38.5%，成为全省比重第二的城市。在滨海7市中旅游总收入排名第一的是青岛市（9300.1亿元），其次是烟台

（6446.1亿元）和潍坊（5170.5亿元）两市，滨海城市中的东营和滨州两市的旅游总收入在全省各地市的排名中相对靠后（图3-2）。

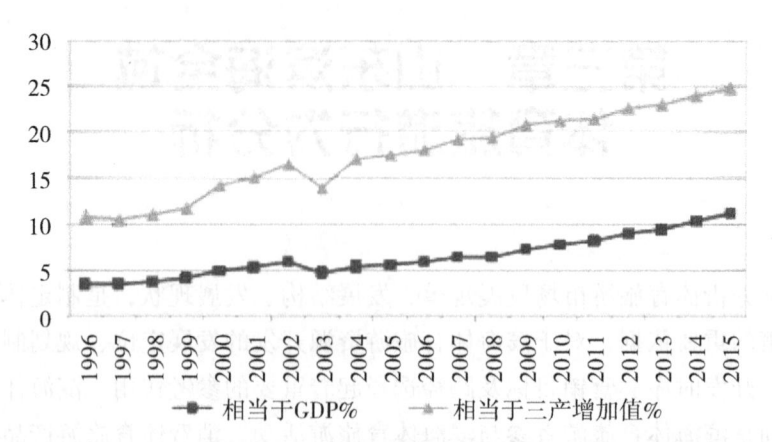

图3-1　1996-2015年山东旅游消费总额相当于GDP和服务业增加值比重

图3-2　2015年山东各市GDP总量、第三产业总量和旅游总收入

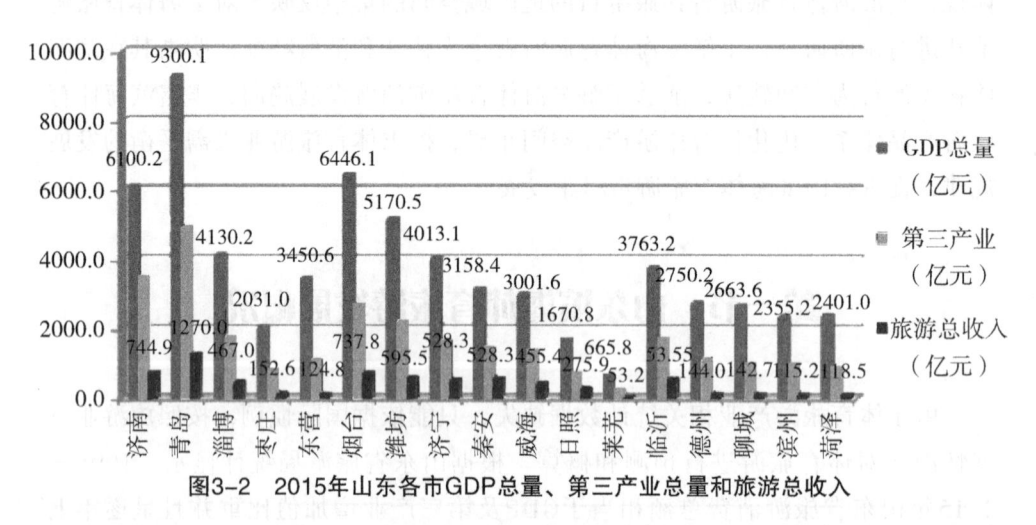

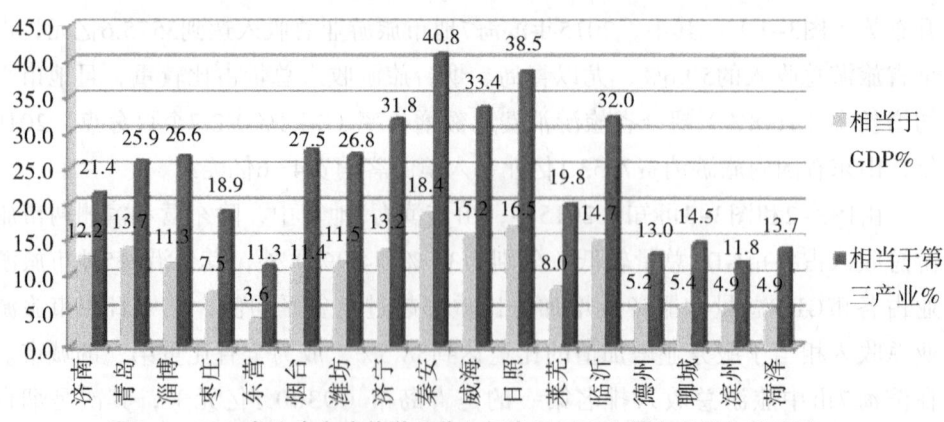

图3-3　2015年山东各市旅游总收入相当于GDP和服务业增加值比重

进一步分析可知，2015年滨海城市中日照和威海旅游总收入相当于服务业增加值分别是38.5%和33.4%，相当于服务业的1/3。表明日照、威海两市的旅游产业地位明显，发展迅速，旅游产业结构日趋成熟，这与本研究后期统计研究的资源丰度类型：威海市为特富型和日照市绩效评价日照市属于成熟型相一致。也与日照市打造"水上运动之都"和实施"旅游富市"政策及威海市着力扶持发展铁人三项体育赛事，全力打造"铁三文化"，致力打造国家级"垂钓基地"，发展全域旅游有着重要关系。

一、山东滨海国内体育旅游现状

由图3-4统计分析可知，2015年沿海7地市接待国内游客量占全省总量的35.8%，平均增长9.47%，高于全省平均值（9.18%）0.29个百分点，沿海各市国内旅游收入占全省总量的49.98%，国内旅游收入平均增长率为14.06%，高于全省平均值（13.9%）0.16个百分点。山东沿海7地市国内游客接待数量呈现出以青岛市为引领龙头，烟台、潍坊、威海、日照四个城市为稳步跟进中坚，东营、滨州为初始发展的三级梯度态势。

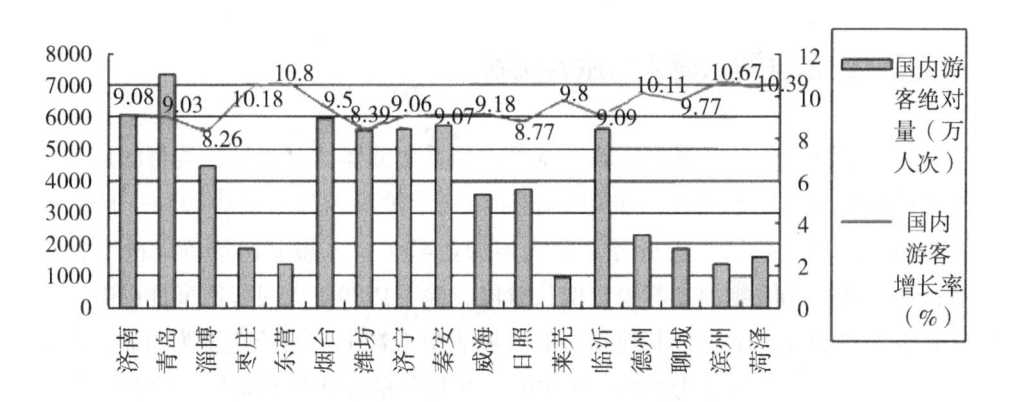

图3-4 2015年山东各市国内游客绝对量和增长率

据山东省旅游局统计数据显示（图3-5），2015年山东省国内游客旅游花费构成中，"体育娱乐"已经单列一栏，占总花费构成的2.10%，相比2014年略有增长。同时，由图3-5可知，旅游产业所带来的其他消费附加值也十分可观，其中尤以购物、餐饮、住宿和长途交通最为明显。相较于2014年而言，国内游客旅游花费构成比例相对稳定一致，个别项目略有差别，其中购物、景点旅游、自驾费用和体育娱乐所占比例略有增加，长途交通和餐饮消费所占比例下降的特点，呈现出以体育游、自驾游等新兴旅游方式逐年增长的趋势。

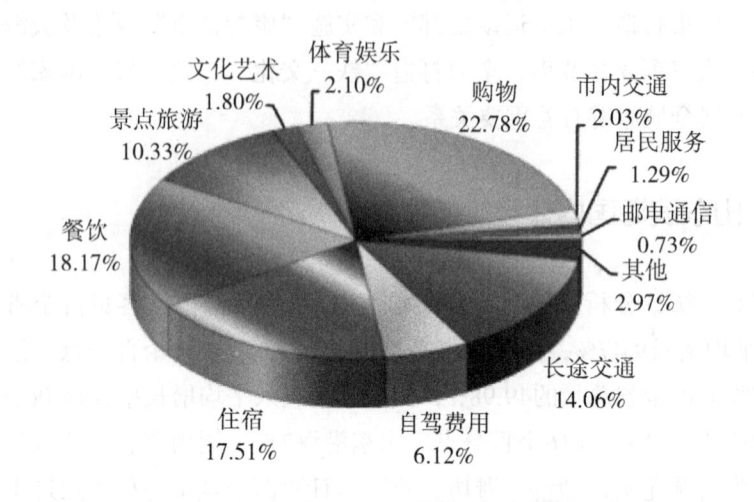

图3-5　2015年山东省国内游客花费构成

二、山东滨海入境体育旅游现状

入境旅游是衡量区域国际旅游竞争力的重要载体，是衡量旅游目的地发展的基础性指标。山东省的入境旅游业经历三个阶段，分别是从1978—1988年的起步快速增长阶段，旅游外汇收入增加近47倍，入境旅游接待人次增加14倍；从1989—2002年的复苏稳定增长阶段，除了1989年，因特殊事件影响，入境旅游人数和收入下降，其他年份的入境旅游人数平均增长速度为21%，入境旅游收入平均增长速度为25%；从2003—2012年的加快增长阶段，除2003年，因"非典"影响出现下降外，其余各年都有所增长。山东省入境游客总数自2006—2012年逐年稳步增长，其中2010—2019年10年入境旅游人数（图3-6）显示，至2012年达到峰值，之后入境游客接待数量和收入逐年趋于稳定，说明山东省入境旅游客源逐年稳定，入境旅游市场逐渐固定。

图3-6 中柱状数据：

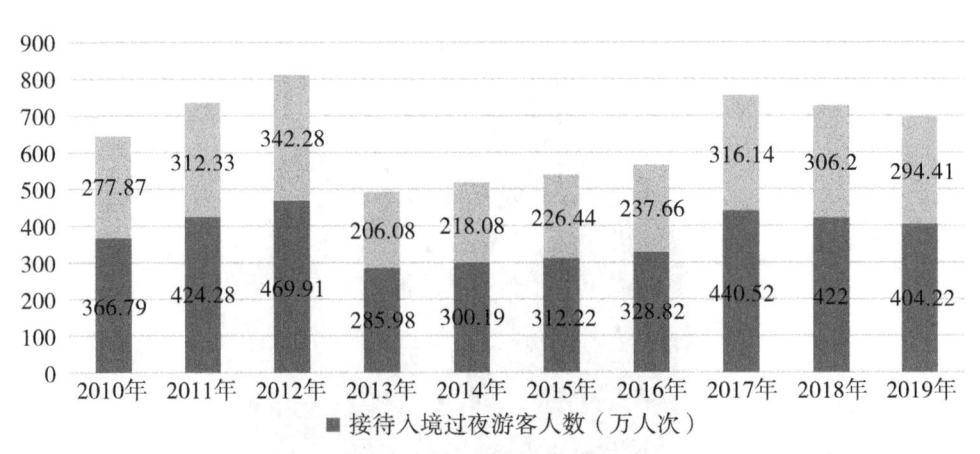

年份	接待入境过夜游客人数（万人次）	上部数值
2010年	366.79	277.87
2011年	424.28	312.33
2012年	469.91	342.28
2013年	285.98	206.08
2014年	300.19	218.08
2015年	312.22	226.44
2016年	328.82	237.66
2017年	440.52	316.14
2018年	422	306.2
2019年	404.22	294.41

图3-6 2010—2019年山东省接待入境过夜游客人数情况（资料来源：华经情报网）

山东滨海入境游客数量在全省入境旅游数量中占主体地位。2019年山东省入境客源总人数为521.3万人次，其中滨海7个地市为326.1万人次，占62.56%。入境旅游外汇总收入341314万美元，其中滨海7个地市265121万美元，占77.68%（表3-1）。

表3-1 2019年山东滨海7地市入境游客人数及外汇收入一览

入境人数及外汇收入	青岛市	东营市	烟台市	潍坊市	威海市	日照市	滨州市	全省总计
入境人数（单位：万人次）	170.3	6.5	52.3	17.4	48.0	26.7	4.9	521.3
外汇收入（单位：万美元）	156772	4559	49217	8570	30762	13070	2171	341314

（资料来源：2019山东旅游统计便览）

从2019年山东入境外汇收入构成来看（图3-7），长途交通花费所占比例仍位居第一，占29.40%，其中民航占23.70%，说明国外游客来华旅游的主要交通方式是飞机；其次为购物，占24.40%，位列第二，其他依次为住宿、游览、餐饮和娱乐等。这一方面说明山东入境客源市场消费结构不均衡，吃、住、行等基本生活要素仍占据主要旅游消费；另一方面也提示山东旅游产品结构不完善，旅游产品品质较低，缺乏国际吸引力。若有针对性地进行入境市场产品开发升级，尚有更大的提升空间，例如，应针对体育商务群体，打造以体育商展、高尔夫、滑雪等为主的休闲体育旅游产品，以满足体育商务这一特殊群体需要等。

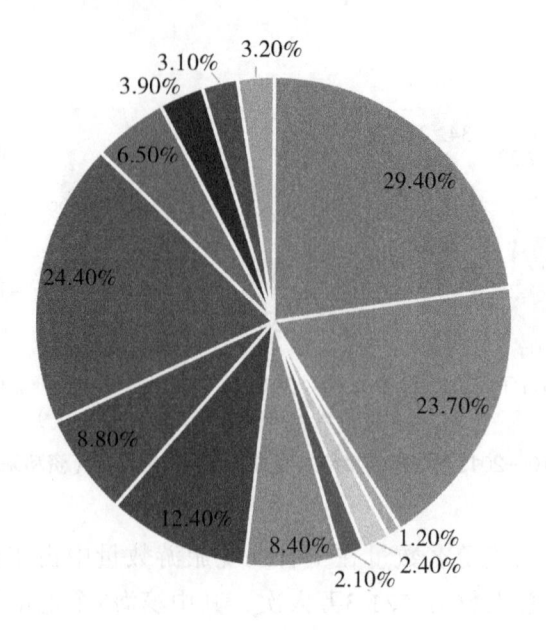

图3-7　2019年山东入境游客花费构成

第二节　山东滨海旅游者体育旅游行为

滨海体育旅游者的行为空间是滨海体育旅游者在体育旅游目的地区域空间的集中反映，是其体育旅游活动空间和体育旅游消费品质的主要体现。山东滨海体育旅游者行为从需求角度，反映了山东滨海地区体育旅游资源布局、体育旅游服务系统、体育旅游产品结构等全域体育旅游要素的发展状况，可为山东滨海全域体育旅游的创新发展提供依据。

一、山东滨海旅游者基本信息

（一）山东省滨海旅游构成

从全国范围来看，山东滨海旅游客源市场涉及24个省、自治区和直辖市，吸引范围较广。从空间来看，客源主要集中在省内，人数为488人，占64.9%；

其次是河南省，人数为41人，占5.5%；江苏省居于第三位，人数为31人，占4.1%；前三位累积百分比达到74.5%，人数达到560人。河北、安徽因为临近区位优势名列第五和第六位，陕西、北京也因为火车客运直达的便利，名列第四和第七位。表明山东滨海旅游流分布较为集中，客源市场却分布较广；说明山东滨海体育旅游流空间结构较为集中，山东人游山东依旧是山东的主要市场，区位条件紧邻、交通便捷的河南和江苏是山东的主要省外客源地。一方面，说明山东滨海体育旅游市场现状不容乐观，省外客源份额较低；另一方面，各省客源的分布较广，说明山东滨海体育旅游市场辐射范围较为广阔，市场潜力巨大（表3-2）。

表3-2 山东滨海地区国内旅游流客源分布

地区	旅游流（%）	人数	地区	旅游流（%）	人数
山东	64.9	488	内蒙古	0.8	6
天津	0.9	7	吉林	0.9	7
江苏	4.1	31	陕西	2.9	22
安徽	2.7	20	湖南	0.8	6
上海	0.7	5	黑龙江	1.6	12
北京	2.3	17	台湾	0.3	2
河北	2.7	20	广东	0.4	3
河南	5.5	41	四川	0.4	3
浙江	1.3	10	青海	0.3	2
辽宁	1.1	8	贵州	1.1	8
山西	1.9	14	海南	0.7	6
湖北	0.8	6	新疆	1.1	8
			合计		752

从省内来看（表3-3），山东滨海地区旅游客源主要来自青岛、潍坊、烟台、济南和临沂，这5个地市累积百分比达到50.8%，总人数达到248人。而青岛、潍坊、烟台3地市游客比例达到34.6%，人数为169人，其他地市分布较为平均。说明山东客源地市"近水乐水，近山乐山"的旅游习惯较浓厚，周末休闲的小尺度滨海旅游依然是山东人民的首要选择。山东滨海7地市中尚有4个城市滨海旅游参与度较低，故应增强旅游消费意识，鼓励旅游健康消费行为；内陆游客比例较低，应加大滨海旅游市场培育力度。

表3-3　山东滨海地区省内旅游流客源分布

地市	旅游流百分比（%）	人数	地市	旅游流百分比（%）	人数
青岛	13.3	65	临沂	6.8	33
潍坊	11.3	55	淄博	3.5	17
烟台	10	49	枣庄	2.7	13
威海	5.7	28	莱芜	4.7	23
日照	5.7	28	济宁	5.1	25
滨州	5.4	26	德州	4.9	24
东营	2.9	14	聊城	1	5
泰安	3.1	15	菏泽	4.3	21
济南	9.4	46	合计		488

（二）山东滨海旅游者性别

山东滨海旅游者男性占436人，女性为316人，男女比例为1.38∶1（图3-8）。滨海体育体验性、刺激性较强，尤其是垂钓、帆船帆板、风筝冲浪、摩托艇等运动项目的参加者都以男性居多。由于我国传统文化熏陶，参加外事活动与外出旅行者以男性居多，且女性较少有单独出行的习惯，使得滨海旅游男女比例差距较大。

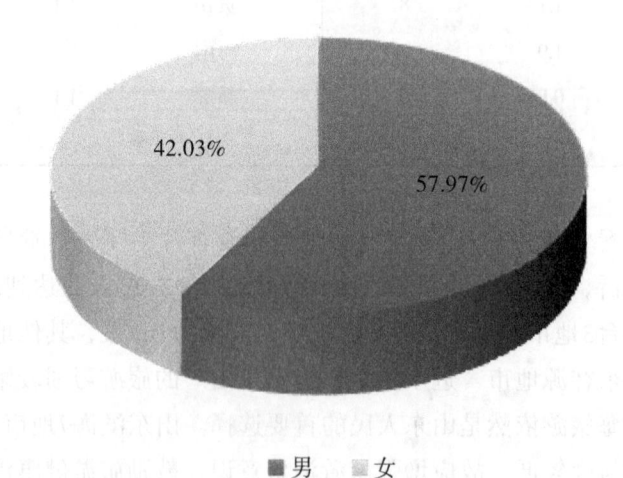

图3-8　山东滨海游客性别构成

（三）山东滨海旅游者年龄

从年龄构成来看（表3-4），山东滨海旅游者中15~24岁的游客达到223人，比例最高为29.6%，其次为25~34岁的游客212人，占28.2%，35~44岁的游客145人，占19.3%，居于第三位。这三类游客的累积百分比达到77.1%，共580人。其中15~34岁的滨海旅游者达到435人，所占比重为57.8%，年轻化成为山东滨海旅游者的主要年龄特征。说明滨海旅游的体育特性对参与者的年龄和身体状况有着特殊要求。这一方面说明调查期间学生群体的节假日与假期旅游对数据有所影响，另一方面也说明山东滨海旅游受众市场潜力巨大，25~44岁的受众有较好精力和较多空闲时间，针对于此，可以相应开发惊险刺激类、极限挑战类体育旅游产品。而相对成熟的客源市场基本存在于45~59岁的受众之间，对此可以拓宽休闲娱乐类、康体度假类体育旅游产品市场。

表3-4 山东滨海地区旅游者年龄构成

年龄	比例（%）	人数
15岁以下	2.8	21
15~24岁	29.6	223
25~34岁	28.2	212
35~44岁	19.3	145
45~59岁	16.5	124
60岁以上	3.6	27
合计	100	752

（四）山东滨海旅游者职业

从职业构成来看（图3-9），比例由高到低依次为学生187人（24.90%）、公司职员147人（19.50%）、自由职业者134人（17.80%）、私营业主90人（12.00%）、机关事业单位69人（9.20%）、农民54人（7.20%）、离退休人员50人（6.60%）、下岗待业人员13人（1.70%）和其他8人（1.10%）。从图3-9中可以看出，山东滨海旅游者学生和公司职员比例较高，这部分游客虽消费时间有限，但其追求自身提升的欲望强烈，可开发体育拓展培训类、水上运动体验类产品；针对其他各种不同职业的滨海旅游者，可结合滨海体育旅游资源开发适宜体育旅游产品，以提升体育旅游效益和拓展市场空间。

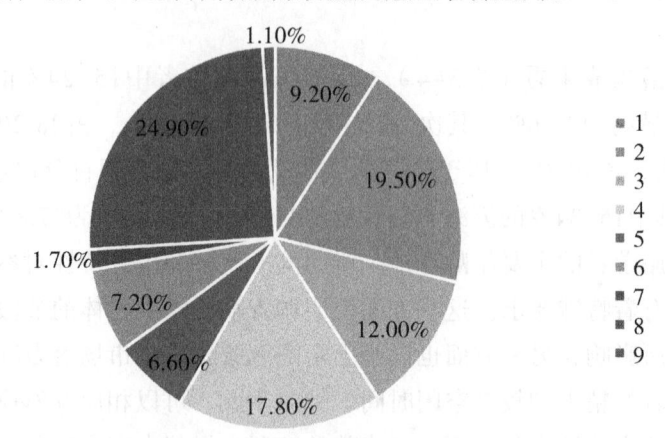

图3-9　山东滨海游客职业构成

注：1. 机关事业单位包括教师、医生、军警等；2. 公司职员；3. 私营业主；4. 自由职业者；5. 离退休人员；6. 农民；7. 下岗待业人员；8. 学生；9. 其他。

（五）山东滨海旅游者学历

从学历结构来看（图3-10），山东滨海游客中比例最高的是受过（或正在接受）大学本科教育的参与者有281人（37.3%），其次是高中、中专和技校教育程度为162人（21.6%），初中教育程度为153人（20.3%）。总体来看，受过高等教育的游客（4、5、6项）占游客总量的一半以上（55.7%），总人数达到419人。高素质游客占较高比重，为山东省滨海体育旅游的发展打下了良好的基础。所以，山东滨海城市应把握滨海体育旅游者需求，提升体育旅游产品品质，开发以齐鲁体育文化为核心，具有地域文化内涵，融合体育特性的滨海体育文化旅游产品。

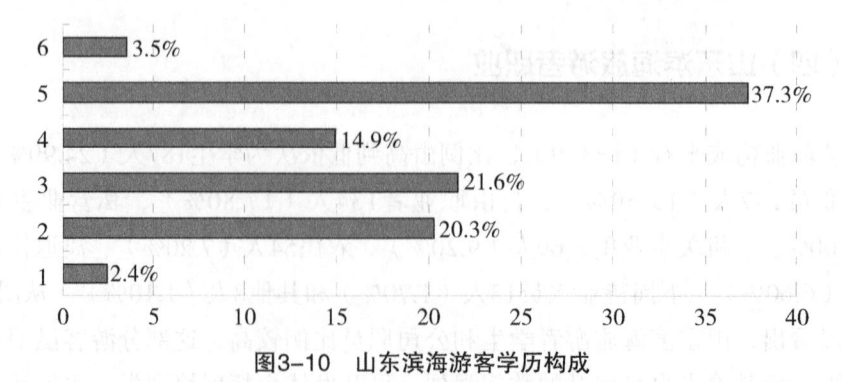

图3-10　山东滨海游客学历构成

注：1. 小学及以下；2. 初中；3. 高中、中专和技校；4. 大学专科；5. 大学本科；6. 硕士及以上。

二、山东滨海体育旅游行为

（一）山东滨海旅游者主要旅游目的

旅游目的是反映滨海体育旅游者出游动机的关键指标。在所有的选项中（图3-11），山东滨海体育旅游者"休闲度假"的选择概率最高，达到478人（63.6%），其次是"亲近自然"253人（33.7%），最后是"探亲访友"197人（26.2%）。"宗教朝拜"（1.8%）人数为14人，"其他动机"（1.8%）人数为14人，"修学旅游"（0.7%）人数为5人，是滨海旅游者选择概率最小的三个动机。在所有的出游目的中，选择"了解或参与滨海体育活动"的98人，居第六位，占13.0%。说明，狭义的滨海体育旅游者占比较小。以休闲度假和亲近自然为主的休闲放松成为滨海体育旅游者的主要动机，说明山东滨海旅游者市场潜力巨大，这就为山东发展滨海体育旅游的休闲度假、促进旅游转型升级提供了极大的可能。因此，山东滨海地区应借助丰厚的滨海自然资源，利用漫长海岸线、多样海岸景观，充分挖掘山东滨海特色体育项目，如沙滩排球、沙滩足球、帆船帆板、游轮游艇、风筝冲浪、海钓、海猎等，建设高端旅游度假区，在自然基础上开发休闲度假类为主题的体育旅游产品。

山东滨海旅游主要需求分布百分比（%）

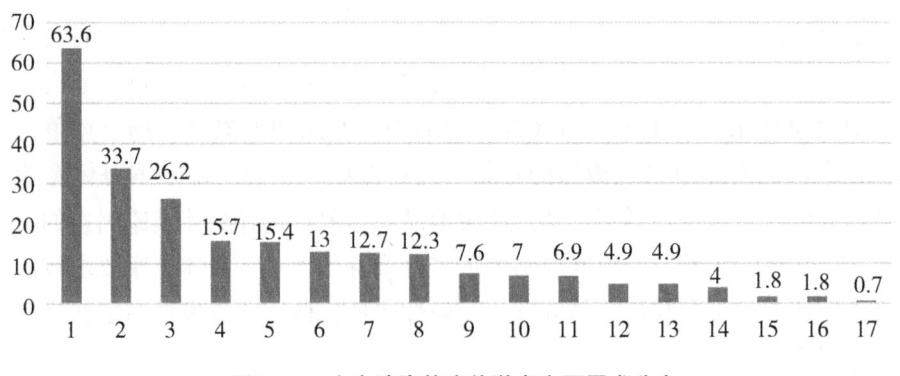

图3-11 山东滨海体育旅游者主要需求分布

注：1. 休闲度假；2. 亲近自然；3. 探亲访友；4. 与家人共度；5. 了解异地风情、增长知识；6. 了解或参与滨海体育活动；7. 海鲜美食；8. 观光购物；9. 体验当地生活；10. 结识新友；11. 寻求刺激；12. 保健疗养；13. 增加阅历获得尊重；14. 商务会议创作采风；15. 宗教朝拜；16. 其他；17. 修学旅游。

（二）山东滨海旅游者参与影响因素

从影响滨海旅游者来山东滨海体育旅游的主要因素来看（表3-5），选择时间（60.6%）的人数为456人，选择经济（43.3%）的人数为326人，选择交通（21.9%）的人数为165人，以上是最重要的三个影响因素，尤其是时间和经济因素的选择占比大大高于其他因素，这也印证了"有闲"和"有钱"是旅游的前提。然而，一般认为经济因素是游客出游的首要影响因素，但在影响山东滨海旅游者的因素中，时间因素却占第一位，这一方面反映了影响我国滨海旅游者出游核心因素的改变，以及我国带薪休假的不足，尚待更多数据和案例验证；另一方面也说明以时间为代表的核心影响因素，决定了山东滨海体育旅游需求正经历从最初的观光旅游向度假旅游、由初级旅游阶段向专项旅游阶段的转变过程。

表3-5　山东滨海旅游参与主要影响因素（多项选择）

影响因素	比例（%）	人数	影响因素	比例（%）	人数
时间因素	60.6	456	旅游安全	15	113
经济因素	43.3	326	身体健康因素	13	98
交通因素	21.9	165	旅游服务	11	83
旅游地品牌形象	20	150	其他	2	15
旅行距离	17	128			

值得关注的是，"旅游地品牌形象"仅居于第四位，这说明虽然青岛"帆船之都"、日照"水上运动之都"、潍坊"风筝之都"等旅游品牌形象有所提升，但是总体来看，山东滨海体育旅游品牌、产品和形象在市场上竞争力不强，在全国旅游竞争日趋激烈的背景中显得滞后，也说明山东滨海体育旅游产品需要依托文化进行转型，塑造旅游地品牌形象。选择身体健康因素的只有98人，占13%，从另一个角度说明山东滨海旅游行为对于身体健康要求较低，表明整体体育旅游参与性、体验性、刺激性较低，体育旅游发展尚处在初级观光、休闲阶段。

（三）山东滨海旅游者出游季节选择

与中纬度其他旅游区相比，山东滨海旅游的季节性更为突出，选择夏季出游的人数达到545人，占比达到72.6%；春季与秋季大致相当，分别有178人和211人，各占23.7%和28.1%；选择冬季的仅有47人，占6.3%（图3-12）。

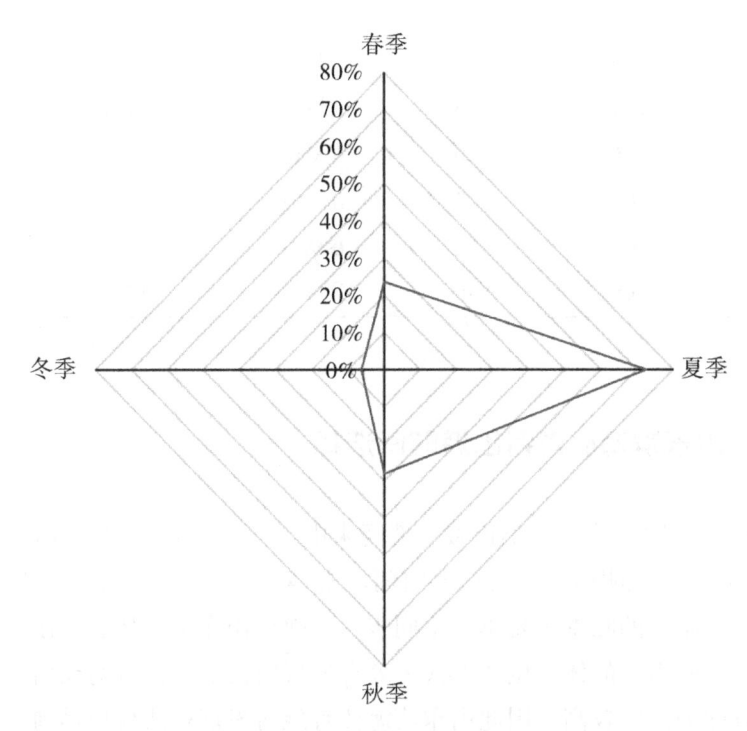

图3-12　山东滨海旅游主要季节分布

从出游季节组合来看（表3-6），四个季节的组合都有游客选择，但仅选择夏季的游客占一半以上（51.3%）为386人，其次为仅选择秋季的游客（12.7%）为96人，而选择春季和夏季的72位游客（9.6%）与选择夏季和秋季的54位游客（7.2%）都高于仅选择春季的47位游客（6.3%），冬季选择来日照的选项则空缺。山东滨海旅游出游季节选择呈现出差异性较大、淡旺季明显的特征。表明山东滨海体育旅游产品单一，产品营销主要集中于夏季，忽视对冬季旅游潜力的挖掘，缺少冬季产品，滨海体育旅游发展尚处在初级阶段。山东省为解决滨海体育旅游季节性明显问题，应在推出"好客山东"主题的"好客山东贺年会""好客山东休闲汇"等淡季旅游产品的基础上，巩固发展以体育赛事旅游、体育商展旅游、体育修学旅游为主的传统体育旅游；支持发展以民族体育体验旅游、民俗体育文化旅游为主的体育文化旅游；创新创意发展冬季冰雪、传统节庆、滨海垂钓、航空体验、温泉康体等新兴体育旅游业态；组合山东优势体育旅游产品，平衡淡旺季。

表3-6 观测值及其百分比

出游季节	比例（%）	人数	出游季节	比例（%）	人数
春	6.3	47	夏秋	7.2	54
夏	51.3	386	夏冬	1.9	14
秋	12.7	96	秋冬	1.1	8
冬	1.3	10	春夏秋	1.6	12
春夏	9.6	72	春夏冬	0.3	2
春秋	4.3	32	春秋冬	0.5	4
春冬	0.5	4	春夏秋冬	0.7	5

（四）山东滨海旅游者出游时间选择

由图3-13可知，选择"小长假"期间来山东滨海旅游的游客占43.0%，人数达到323人，这说明山东滨海旅游时间非常集中，而"小长假"时间短，且与中纬度滨海旅游的旺季（夏季）不同步，反映出山东滨海体育旅游还处于初级阶段，以度假为主的体育旅游形式还处在发展阶段。山东滨海旅游发展历史较长，各方面关注度较高，因此山东滨海体育旅游发展模式应以沙滩运动、水域体验、体育景观、体育赛事观赏、休闲度假、体育修学旅行、休闲垂钓、体育拓展为主，以高尔夫运动、游艇邮轮、康体医疗、帆船帆板为辅。这就要求山东滨海体育旅游可采取跨越、超前发展模式，依托山东自然与人文体育旅游资源优势，合理采用发展模式，与区域发展相适应，打造适合国家小长假制度的区域特色体育旅游产品，实现由体育旅游观光游览向体育旅游体验转变。

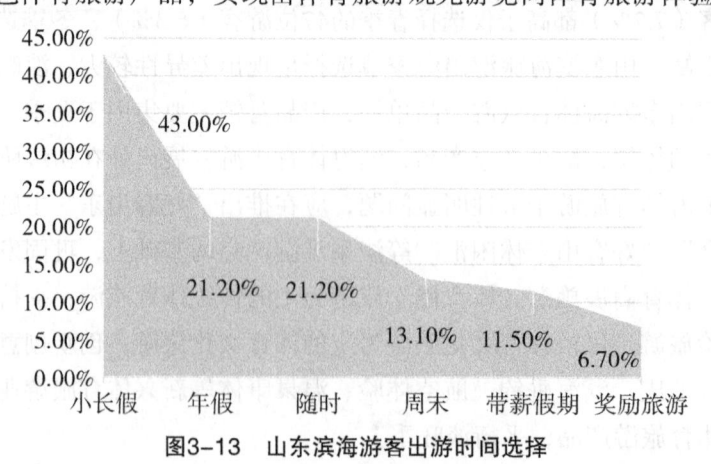

图3-13 山东滨海游客出游时间选择

小长假	年假	随时	周末	带薪假期	奖励旅游
43.00%	21.20%	21.20%	13.10%	11.50%	6.70%

(五) 山东滨海旅游营销渠道和方式

一般认为，亲友之间的口碑是影响游客出行决策的主要因素，其影响概率大于50%。由于我国互联网的快速发展，旅游网站、旅游论坛、旅游微博、旅游博客、旅游网络点评发展迅速，特别是微信、QQ等手机App平台的迅速发展，使传统口碑的内涵发生了一些改变，我们认为现在的"口碑"应该包括两部分：互联网和亲友。调查统计结果显示，认为互联网在影响游客出游决策中起到了决定性作用的游客人数达到297人，占比39.5%（图3-14）。结合山东滨海体育旅游客源主体主要是学生和公司职员等，山东滨海体育旅游的其他营销渠道应调整为以智慧旅游理念为导向，构建"互联网+"新型发展模式，加大《山东省智慧旅行社评定标准》的推行力度，以旅行社信息化建设和职业培训机构会展推介营销，以及电视媒体进行的体育赛事推广营销为补充。创新旅游企业营销模式，融合物联网、云计算、新一代移动通信等现代科技手段，全面提升旅游服务水平。

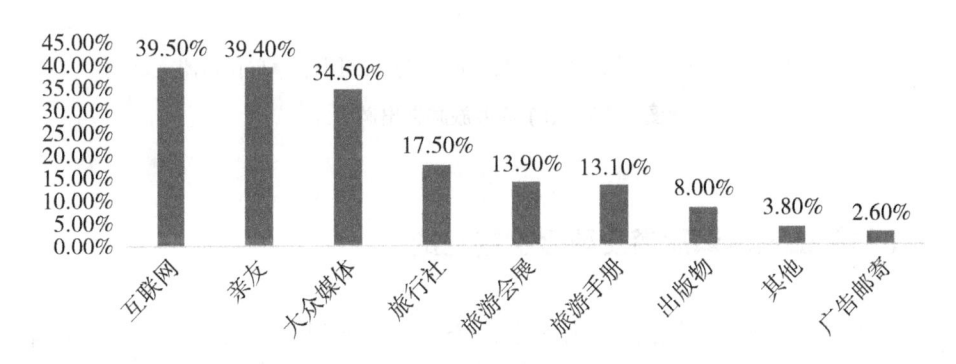

图3-14 山东滨海旅游主要营销渠道

(六) 山东滨海旅游者出游方式选择

由图3-15可知，山东滨海旅游者出游方式以与亲友自助游为主，达到371人，其比例近一半（49.3%），独自出游98人，与驴友同行有74人，这三种主要出游方式合计543人，占72.1%。自主出行、自主选择线路、追求个性化体验已经成为山东滨海旅游的参与主体与发展趋势。在与亲友结伴出游的游客中，大部分来自本省（76.8%），人数为285人；其次是来自山东周边的江苏省

（3.2%），人数为12人；河南省（3.2%），人数为12人；河北省（2.4%），人数为9人。而通过旅行社组织出游的游客大部分也来自山东本省（66.2%），人数达到84人；河南省（5.9%），人数为7人；陕西省（5.1%），人数为6人；河南、陕西两省游客数量居于第二、第三位，主要原因是其旅游资源存在反差。一些直达列车的开通，如西安—郑州—日照班次的开通，为陕西和河南的游客直达山东日照滨海地区带来便利，为滨海体育旅游者提供便捷。

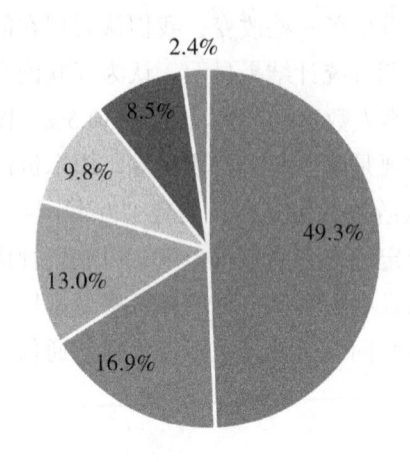

图3-15　山东滨海旅游者出游方式

（七）山东滨海旅游主要吸引物构成

山东滨海旅游吸引游客的因素中，选择"滨海风光和自然生态"占比最高，为45.5%，选择该项的人数为342人；其次是"海上运动"（11.4%），人数为86人；"历史文化和艺术"居第三位（8.0%），人数为60人。可以看出，观光、海水浴、吹海风、吃海鲜依然是山东滨海旅游的主要吸引物。虽然海上运动居于第二位，但选择比例不足观光的1/4。由于滨海旅游与体育旅游"共生性"较强，因此山东滨海体育旅游的发展前景较好。另外，从山东滨海旅游主要吸引物来看，游客最注重滨海体育旅游中的静态文化，而忽视了山东滨海体育旅游中的特色体育赛事文化与体育运动体验文化。应依托滨海自然旅游资源，发展特色文化与体育运动相结合的综合性体育赛事、节事、拓展培训等，营造特色体育文化吸引物。如传统文化资源与体育赛事相结合的潍坊风筝冲浪赛、山东地域特色与品牌营销相结合的好客山东休闲汇、滨海体育赛事与沙滩文化相结合的烟台亚洲沙滩运动会、青岛奥帆赛、全国水上运动会、威海铁人三项赛、高尔夫、滑雪、温泉康体等。

（八）山东滨海旅游者主要消费构成

山东滨海游客的消费主要在住、购、吃、行、娱上，游客消费用于吃、住、行三方面所占比重极高（图3-16），占总花费额度的53.4%；而且旅游门票消费占总消费额度的10.5%，而在最能体现消费的"游"上，尤其在"体育活动"上消费很少，仅占1.9%，表明山东滨海体育旅游仍然处于初级阶段，基本的交通与食宿费用大大压缩了用于体育旅游娱乐及购物等活动的资金，造成体育游客人数众多，但实际收益很少的局面。说明山东滨海体育旅游效益较低，滨海体育旅游产品层次不高，特色不突出，主要还是观光旅游等传统项目，缺乏品质高、吸引力强、参与度高的特色滨海体育旅游产品，更缺少与山东滨海体育资源相结合的高端旅游，如沙滩高尔夫、滑沙和风筝冲浪赛等休闲度假类项目开发。山东滨海旅游目的地需要在切实加强供给侧改革、提高体育旅游资源绩效、提升体育旅游产品品质、丰富体育旅游商品、提高体育旅游消费效率等方面进行提质扩容，在增加旅游产品盈利的同时，提高游客对滨海旅游的满意度。

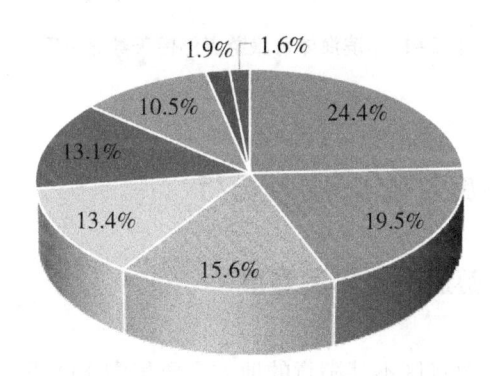

图3-16 山东滨海游客主要消费构成

（九）山东滨海旅游者停留时间统计

由图3-17可知，山东滨海城市的游客基本停留时间最高峰值表现为2天，达到238人，占31.7%，表明游客大多还是以单一的滨海观光为主，并未形成真正的多样化旅游体验活动,以致停留时间大大减少;而停留5天时间又表现出较小峰值,表明仍有部分游客会停留较长时间,但多以探亲和会议等旅游形态为主。说明山东滨海旅游资源遭遇快餐旅游,缺乏深度体验。从累计百分比率看,停留少于3天的游客有522人,占滨海游客的69.5%,表明短期滨海旅游仍然占据较强的主导地位。因此,对于山东滨海体育旅游目的地而言,加大旅游资源开发力度、丰富滨海体育旅游产品、增强旅游吸引物吸引力,成为滨海地区体育与旅游相关部门制定决策的重要方向。

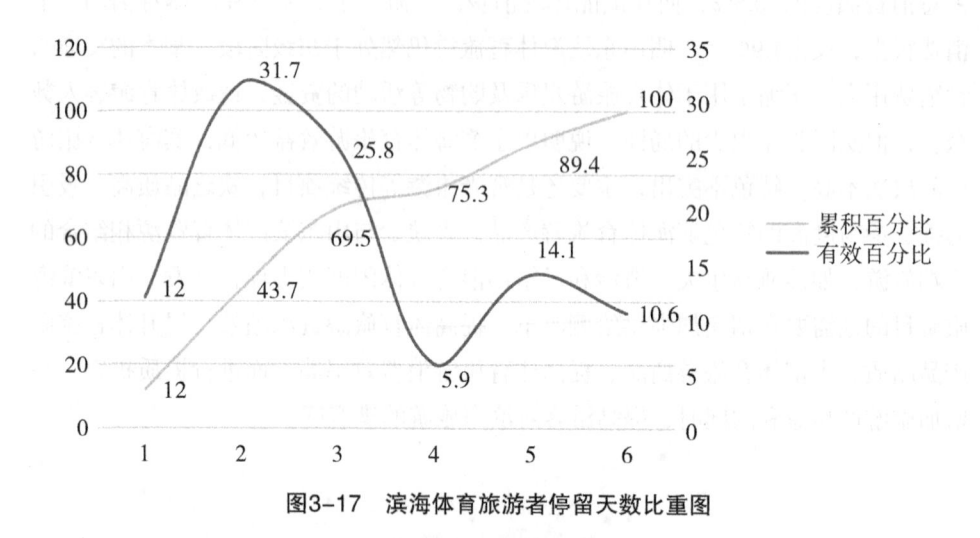

图3-17　滨海体育旅游者停留天数比重图

三、山东滨海旅游整体满意度分析

(一)滨海旅游消费整体满意度

山东滨海旅游者对景区不甚满意的地方主要集中于旺季时海滩游客太多,选择人数为135人,占比为18%,114人选择旅游娱乐设施不完善(15.22%),表明如何平衡淡旺季、平衡区域空间,让体育旅游者有一个舒适的游憩空间,依旧是一个主要问题。另外,众多游客对于滨海地区旅游相关行业(10.76%)、交通条件(10.28%)、饮食结构(10.28%)等诟病较大,表明滨海地区景区的可达性、服务设施的便捷性、饮食结构的合理性存在一定问题;另外,景点的旅游资源开发、景区宾馆数量与分布结构、景区工作人员素质、购物设施等的不足,使得游客在陌生旅游目的地行程大为不便,同时对滨海地区产生不良印象。

从游客满意度极低的几项指标来看,众多游客对景区的基础设施建设和服务设施建设诟病较多,为滨海地区旅游基础设施(如游乐设施、旅游交通等)、服务设施(如宾馆空间配置、饮食结构配置、购物设施配置等)和软件环境(如景区人员服务质量、旅游商品价格、淡旺季营销策略等)建设提出更高的要求。致力于打造全域体育旅游,系统提升旅游的基础要素配置就成为提高游客对目的地满意度的重要因素(图3-18)。

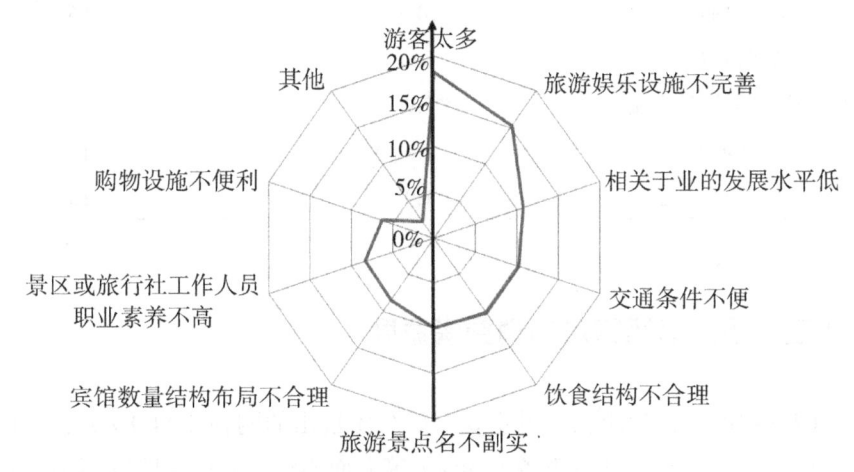

图3-18 滨海体育旅游消费满意度

(二)滨海自助旅游者消费满意度

自助游包括亲友自助游、驴友出行和独自旅游三部分。由表3-7可以看出,自助游游客主要对滨海旅游信息不足、自助游消费费用、缺少体育指导、住宿等问题诟病较大,占所有因子的68.6%,人数为255人。表明该群体虽然有交通工具或行程自选的优势,但是由于滨海地区旅游目的地的旅游信息不足、导向信息缺乏等原因,给自助游游客带来较大不便;自助游游客对旅游环境等要求不高,不满意比例仅占2.6%,表明其在自助游过程中,对旅游环境具有自由选择性,对环境依赖性较小。另外,山东加大露营地建设,不断创新自驾游服务产品,提高和完善接待标准,打造露营、DIY自助厨房、体育运动、娱乐休闲、户外拓展、篷房派对、露天影院等休闲度假综合体,大大改善了滨海体育旅游自助环境。山东滨海区域应积极促进"互联网+体育旅游"建设,畅通滨海体育旅游信息,打造智慧体育旅游,实现想走就走、想玩就玩、想说就说、想动就动的全域体育旅游模式。

表3-7 自助旅游者消费满意度

项目	不满意比例（%）	人数
旅游信息不足	18.2	99
费用高	18	98
缺少体育指导	16.2	88
住宿难	16.2	88
交通不畅	10.3	56
耗费精力	8.7	47
缺少与当地居民的交流	7.9	43
旅游环境差	2.6	14
其他	1.9	10

（三）滨海参团旅游者消费满意度

由表3-8可知，参团旅游者主要对旅行团推出的购物（24.9%）、行程规划（20.7%）、体育参与时间选择（19%）等方面不满，其中对购物不满的游客为32人，对行程规划不满的游客为27人，而对体育参与时间选择不满的游客为24人。说明大多数旅行社或导游为增加收益，强制游客去便利店购买当地特产、纪念品等，使游客自主选择权降低。由于滨海地区旅游产品较为单一、分散，游客大多是走马观花式旅行，缺少与当地居民的交流与沟通，对滨海地区体育文化了解不够深入。出于参团旅行的限制性和对游客安全等原因的考量，旅游行程安排较为紧密，游客参与体育活动的时间较少。另外，增加景点门票、恶意加点等强制游客消费的现象，影响了游客满意度。总体来讲，由于旅游行程大多安排在滨海经典景区，加之滨海地区环境优美，游客满意度相对较高。

表3-8 参团旅游者消费满意度

项目	不满意比例（%）	人数
被带去购物	24.9	32
行程规划	20.7	27
体育参与时间少	19	24
增加景点加收门票	15.2	19
导游服务不满意	7.8	10

（续表）

项目	不满意比例（%）	人数
缺少与当地居民的交流	7.4	9
旅游环境差	2.5	3
其他	2.5	3

基于此，滨海地区旅游监管部门需对旅游团行程设置、旅游消费品销售等加大监管力度，强化导游职业素质；对强制游客购物、恶意加点盈利等现象进行严肃处理；不断完善各类旅行社、领队、导游人员的全陪服务与地陪服务的职业能力培训体制；增强旅游接待服务能力和游客满意度，加大游客参与性产品的开发，如滨海地区水上运动项目、沙滩运动的开发力度，使游客避免走马观花式游览。

四、山东滨海旅游者旅游行为空间特征

由表3-9可知，山东省滨海旅游参与空间主要集中在：海上活动58.7%，选择人数为441人；陆地活动52.7%，选择人数为396人；海滩活动46.2%，选择人数为347人，说明山东滨海体育旅游活动空间主要集中在滨海陆地、近海沙滩和水面。山东滨海体育旅游空间结构分布不均，也和前文游客满意度中提出的游客较为集中相吻合。由于消费能力、消费习惯、体育素养等不同，造成滨海体育旅游活动尚处在初级阶段，参与型、消费型、体验型的深度体育旅游参与尚不成熟。拓展滨海区域旅游空间、培养深度体育旅游消费群体就成为滨海体育旅游发展的主要方向。

表3-9 山东滨海体育旅游者旅游行为空间分布

旅游行为	比例（%）	人数
海滩活动	46.2	347
海上活动	58.7	441
船上活动	36.2	272
海空活动	15.6	117
海岛活动	8.5	64
陆地活动	52.7	396

（一）海滩活动

从游客在海滩参与体育旅游活动调查来看（图3-19），游客多集中于泥滩拾贝（23%）、沙滩足球（23%）、沙滩竞走（14%）、沙丁车（10%）、沙滩摔跤（9%）等活动，累计275人。究其原因：一方面，此类活动开发成本较低，游客消费少，简单易行；另一方面，山东滨海地区沙质质量优良，泥滩海岸物种繁多，适合开发此类体验性活动。相比较而言，泥滩速滑（1%）、泥滩拉船（2%）、泥滩健美（3%）、泥滩足球（3%）、沙滩卡巴迪（4%）等相对高端项目游客参加较少，选择这五项的总人数仅为45人。一方面，此类项目开发成本较高，针对游客开放的费用较高，使得市场接受度较低；另一方面，由于国人对新型体育运动项目的认识不足，同时许多滨海旅游景区（点）对该类项目设置较少，且活动场地与场所有限，大大降低了游客的参与度，造成游客滨海旅游体验单一。因此，需要针对山东滨海地区以沙质海滩和泥质海滩为主的特点，重点开发游客需求较高的体育旅游产品；同时，结合游客参与体育旅游比例的差异，重点开发与国内文化、消费特点相融合的滨海体育旅游项目，充分激发市场活力，实现海滩活动项目多样化、综合化，充分满足游客海滩休闲运动体验基本需求。

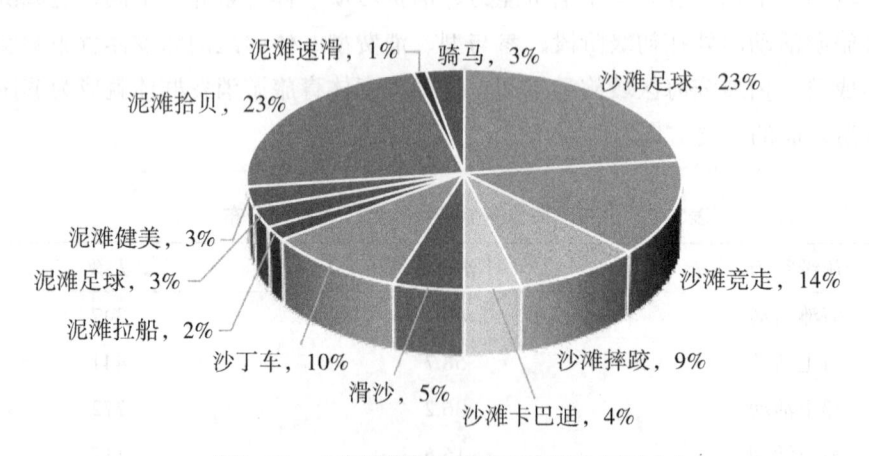

图3-19 山东滨海体育旅游者海滩参与活动分布

（二）海上活动

从已参加活动来看（表3-10），山东省海上旅游项目中游泳（46.3%）高居榜首，选择人数为204人，深受滨海体育爱好者欢迎。由于游泳项目基本是零消费体育项目，表明海上体育旅游活动仍然处于低端参与阶段；水上自行车、水上摩托、快艇、滑水都需要借助水上运动器械完成，这几个项目具有参与的同质性，累计比例达到34.5%，人数为153人。说明滨海体育旅游者的参与项目基本与生活相关为主。而从参加较少的项目来看，潜水（2.1%）、航海模型（2.8%）、帆板（2.4%）项目的占有率太小，选择这三项的人数仅为32人。一方面，由于山东滨海处于中纬度的太平洋西海岸，寒暖流交汇，海水扰动剧烈，相对浑浊，对于潜水项目影响较大；另一方面，由于此类项目来源于西方，山东省滨海地区的水上运动文化空间尚未形成，并且这些体育旅游项目属于高端体育旅游活动，在山东滨海体育旅游开发整体处于低端阶段的背景下，潜水、航海模型、帆板、皮划艇等项目尚处于探索阶段，滨海体育旅游者不愿意参加一些不熟悉而且费用较高的体育旅游项目。综合参与滨海体育旅游项目人群调查情况，山东滨海地区需要重点抓住项目开发空白区域，结合山东处于中纬度地区的特点，开发适合该地区滨海特点的体育旅游发展项目；同时，做好水上体育项目的文化营销，降低游客参与门槛，实现体育项目设施大众化，切实实现群众体育在高、中、低三方面的全方位实现。

表3-10 山东滨海旅游者海上旅游项目参与分布

海上活动	比例（%）	人数	海上活动	比例（%）	人数
游泳	46.3	204	皮划艇	0.5	2
冲浪	2.2	10	帆船	3.5	15
水上自行车	14.5	64	航海模型	2.8	12
水上摩托	9	40	帆板	2.4	11
滑水	5.9	26	潜水	2.1	9
跳水	2.1	9	其他	2.4	11
快艇	5.1	23	龙舟	1.2	5
			合计	100	441

（三）船上活动

根据参加船上活动的游客调查结果（图3-20），山东省游客选择海钓（19%）、垂钓（18%）、摇船（13%）、爬桅杆（11%）、升帆（11%）等项目所占比重较大，五项总人数达195人，所占比例72%，表明游客在船上以体验滨海风情和渔家生活为主，通过海钓、垂钓等休闲体验能够感知真实的渔民生活场景。但对于蹦跳船、观赛、定点抛锚、拉船等活动参与较少，主要原因还是滨海地区对该类体育旅游项目开发程度较低，由于大型体育赛事缺少常态化、周期化特点，帆船文化普及不够，安全设施建设不完善，导致游客参与率较低。

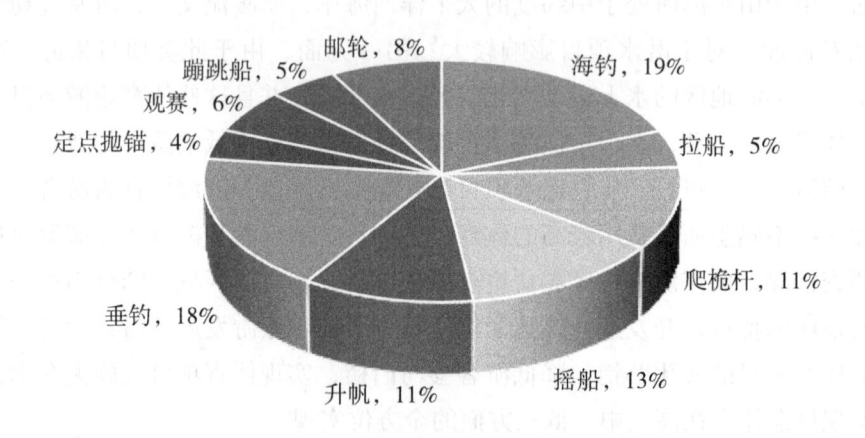

图3-20 山东滨海旅游者船上活动参与分布

在滨海体育旅游开发过程中应重点关注船上运动，逐步开发低、中、高端船上度假体验项目，建设渔人码头和游人码头，开设游轮旅游、赛事观赏、垂钓体验、龙舟等多样化的船上体育旅游运动专题活动，从而丰富滨海体育旅游产品体系，拉动滨海度假游客多样化需求体验。

（四）海空活动

由海空活动调查情况看（图3-21），游客参与度总体平衡，各项目均有涉及。风筝冲浪（21人，占17.8%）、滑翔伞（19人，占16.4%）、热气球（18人，占15.7%）项目成为最受欢迎的三类运动，选择人数累计58人。因为山东是传统的风筝运动地，风筝文化比较普及，国际风筝之都——潍坊市多次举办国际风筝冲浪赛，大大推动了风筝冲浪、滑翔伞、热气球等运动的参与度。相比之下，滑翔翼项目参与较少，主要是因为滑翔翼价格较高，容易被其他海空项目替代，因此发展空间较为薄弱。山东省的海空项目具有较高的资源禀赋和市场空间，由于航空运动具有刺激性、灵活性、观赏性等特征，深受游客喜爱，伴随低空飞行的放开，以及航空产业规划的实施，航空体验将迎来新的发展机遇。因此，山东省需进一步依托滨海旅游资源，丰富和完善以风筝为主的飞翔文化，创新创意滨海航空模型运动、跳伞运动、滑翔运动、气球运动等低空体验旅游项目，提升滨海体育旅游产品品质，打造立体化航空运动空间，丰富体育旅游市场产品供给，提升海空旅游国际影响力。

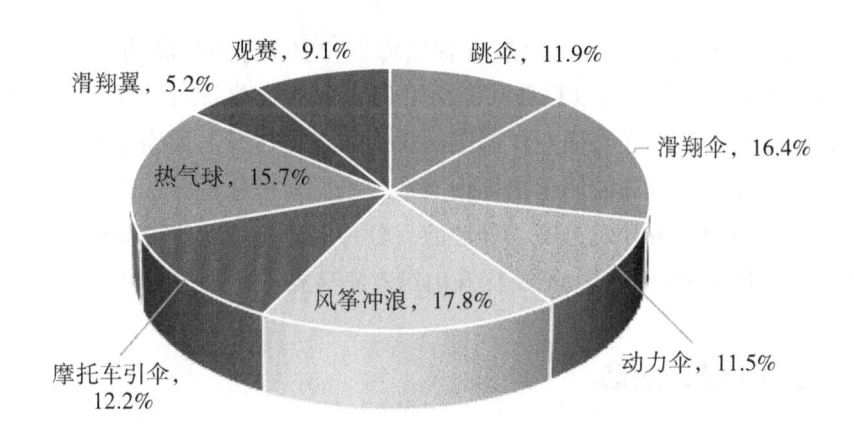

图3-21 山东滨海旅游者海空活动参与分布

（五）海岛活动

由海岛活动调查结果看（表3-11），目前山东省的海岛旅游参与率还较低，游客大多集中于海岛野营（17人，占27%）、海岛登山（13人，占20.3%）、海岛跳水（10人，占16%）等项目，表明该类项目受到登岛旅游者的喜爱。山东省对该类项目开发较早，具有丰富经验，且项目投资较少，容易实现；而对于开发难度较大的海岛旅游项目，如海岛攀岩、海岛拓展、海岛定向等，需要投入大量人力、物力、财力来进行安全保障，致使很多景区尚未开发完善。

表3-11　山东滨海旅游者海岛活动参与分布

海岛活动	比例（%）	人数
海岛野营	27	17
海岛登山	20.3	13
海岛跳水	16	10
观赛	12.1	8
海岛拓展	10.9	7
岛礁攀岩	9.4	6
海岛定向	4.3	3
合计	100	64

纵观全省海岛项目，山东省管辖海域中共有589个岛屿，其中无居民岛屿共有557个。烟台市以长岛和庙岛群岛为主的旅游岛屿已具有一定规模；另外，根据山东省海洋与渔业厅制定的《山东省无居民岛使用审批管理办法》和《山东省无居民海岛使用权招标拍卖挂牌出让管理暂行办法》，山东将重点加强无人岛屿的旅游开发力度，分功能、分片区进行体育旅游规划，综合各种海岛体育项目的融合发展，不断提升山东省海岛旅游质量与知名度。

（六）陆地活动

由图3-22可知，山东滨海陆地体育旅游以登山（32.7%）、观看体育比赛（18.2%）、参观体育建筑（11.3%）、参加体育会议（9.7%）等项目为主，四项累计291人；而其他参与项目，如高尔夫、参加比赛等项目的游客参与度较低。

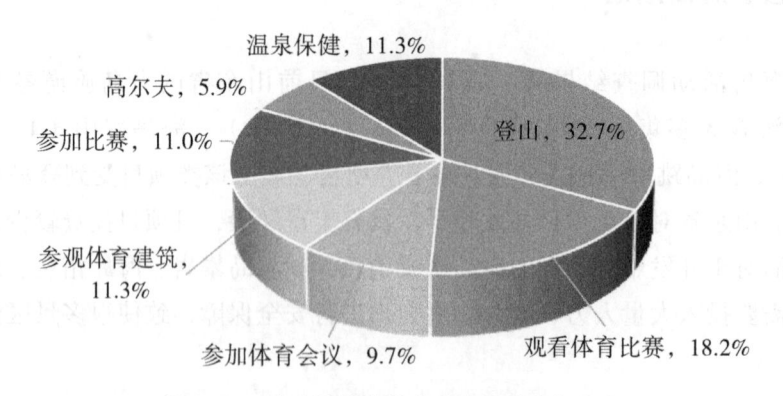

图3-22　山东滨海旅游者陆路活动参与分布

山东滨海地区每年均举办、承办众多具有国际影响力的体育赛事，2013年山东省共举办省级及以上体育赛事561项，极大地推动了滨海体育旅游业发展；同时，山东省滨海自然景观丰富，尤其是半岛地区以山地丘陵地貌类型为主，具备开展登山、山地自行车等活动的有利条件，且已经进行较多的国际登山节项目（如日照五莲山国际登山节、烟台栖霞天崮山登山节、青岛大珠山登山节、威海赤山登山节等）。由于我国刚刚步入全民旅游时代，受资源存量、经济水平、消费趋势和健身理念影响，高尔夫、温泉保健等体育旅游项目属于体育旅游高端，尚未有效针对中低消费水平游客开发相关体育旅游产品，造成游客参与程度与意愿相应降低，因此需要强化滨海高端体育旅游项目的群众性、适应性、普及性开发，满足全民旅游时代的消费需求。

五、山东滨海旅游消费满意度分析

（一）山东滨海旅游服务设施满意度

近年来，山东省树立"打基础、谋长远"的工作思路，加大旅游服务基础设施建设。2015年建设完成4012座旅游厕所，数量居全国第一位。青岛、烟台、威海、潍坊等4市获得"全国厕所革命先进市"称号。为推进"两区一圈一带"建设，山东省政府拿出5.9亿元专项资金用于旅游基础设施建设，其中建成咨询服务中心152处，旅游集散中心35处，两项累计投入资金2.6亿元，带动社会资金58.4亿元，使山东滨海旅游基础服务设施有了较大提升。

由服务类旅游设施满意度调查分析看（图3-23），滨海体育旅游者更倾向于景区针对公共卫生间（16.9%）、旅游问询处（16.7%）、临时休憩场所（18.9%）、自助设施（15.2%）等建设的提升，四项累计510人（表3-12）；而对旅游门票网售、旅游一卡通、野营营地等建设的不满意度较低。表明山东省旅游基础服务设施尚有提升空间，科学规划布局体育旅游设施，加强旅游基础服务设施建设力度，尤其是针对性地加大以房车营地、露营地为代表的自助设施建设，以迎接个性化、自主性的体育旅游时代。

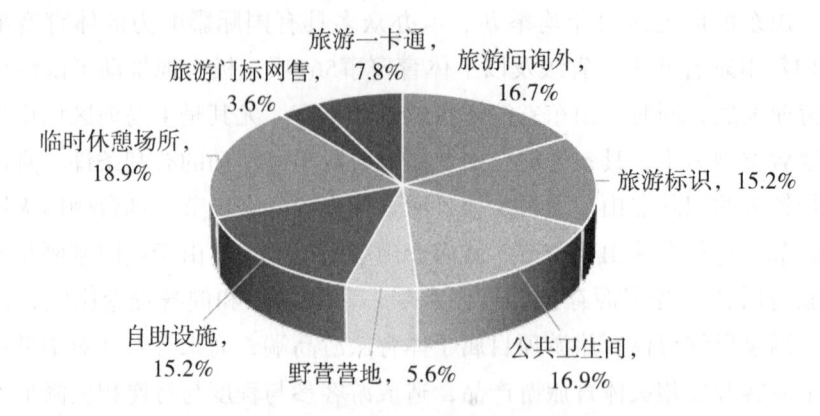

图3-23 山东滨海旅游者对旅游服务类设施建设满意度

表3-12 山东滨海旅游者对旅游服务类设施建设满意度

设施	比例（%）	人数
旅游问询处	16.7	126
旅游标识	15.2	114
公共卫生间	16.9	127
野营营地	5.6	42
自助设施	15.2	115
临时休憩场所	18.9	142
旅游门票网售	3.6	27
旅游一卡通	7.8	59
合计	100	752

随着国家旅游局在2015年全国旅游工作会议上提出的"旅游厕所革命"等政策与命题的逐步开展，山东省深入贯彻旅游景区厕所建设的星级评定标准，由于现存问题太多，再加上旺季人流的爆发，使得"旅游厕所革命"还有很大的提升空间。旅游问询处是游客到达陌生旅游环境索求帮助的第一选择，需要增强旅游接待服务人员数量与培训质量，使滨海体育旅游者在旅行过程中真正享受"好客山东"带来的便利。随着互联网科技的大力发展，如O2O线上线下的电子商务模式、B2B企业对企业的电子商务模式的省域普及，使游客切实享受到便利，因此滨海体育旅游者对山东省门票网售的满意度较高。在露营地建设方面，为推进自驾游市场发展，2011年山东省旅游局制定了《山东省自驾车旅游总体规划》和《山东省汽车露营地旅游服务星级评定标准》，首批规划建

设42处自驾游示范点、180个汽车露营地。山东滨海地区规划建设了日照蓝海1号海岛型露营地、青岛金沙滩蓝凤凰海滨型露营地、潍坊白浪河城市型露营地、烟台昆嵛山森林型露营地、烟台幸福海山地型露营地、东营孤岛神仙沟森林型露营地等特色露营地。并于2015年，先后在潍坊、日照两市举办了首届房车露营大会、首届好客山东露营大会。潍坊白浪河营地成为山东首个"国家标准露营地试点"，潍坊也成为山东省首家拥有房车露营公园的城市。科学规划和发展导向使得山东滨海旅游者对露营营地的不满意度较低。

（二）山东滨海旅游服务内容满意度

1. 滨海旅游交通服务满意度

在图3-24中，横坐标数值1~10表示游客对山东省滨海地区旅游交通的满意程度由低到高排列。由调查情况看，游客对山东省旅游交通总体满意度较高，大都选择7~9区间内；而从累计百分比看，在特别不满意区间增长率缓慢，而在满意区间增长率大大提升，尤其是7~10区间内，满意度较高。综上数据统计，表明山东省交通基础设施建设相对完善。由于山东省的主要客源为邻近省份和省内客源，而山东的高速公路建设在全国属于领先地位，尤其是景区交通的建设使得旅游便捷度提高，大大减少了游客在游览途中不必要的时间耗费。但仍有部分游客对于旅游交通稍有诟病，8~10特别满意区间处于下降趋势，累积百分比呈现缓慢增长态势，表明仍需加大旅游景区内部交通，尤其是客流量较大的季节和客流量较大的核心景区，避免"踏沉蓬莱阁、人流阻栈桥"的旅游困境。

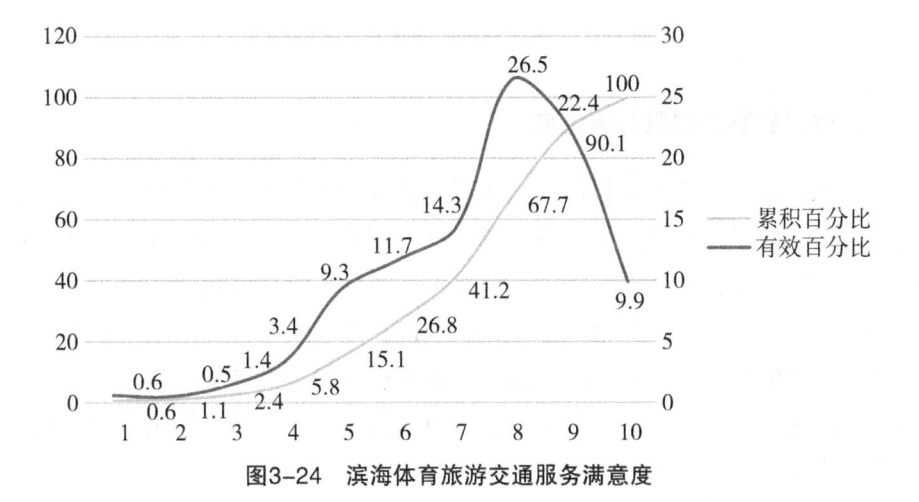

图3-24 滨海体育旅游交通服务满意度

2. 滨海旅游餐饮服务满意度

在图3-25中，横坐标数值1~10表示游客对山东省滨海地区体育旅游餐饮的满意程度由低到高排列。由调查情况看，游客对旅游餐饮的满意度大概分为两部分，即中等满意（5~6分）（25%）和较为满意（7~8分）（39.1%），而对旅游餐饮极不满意（1~2分）的游客占总调查比例的1.8%，处于较低水平。表明山东省针对旅游餐饮行业制定的《山东省旅游饭店、餐馆卫生规范100条》《山东省旅游条例》《山东省规范旅游景区及周边餐饮店食品店食品摊贩经营管理工作方案》等的落实初显成效。山东省仍需继续打造与维护"好客山东"的旅游形象，对"青岛天价大虾"宰客、欺客现象严加惩处，采取零容忍政策，不断规范旅游餐饮市场，使滨海体育旅游者在山东享受宾至如归的好客之旅。

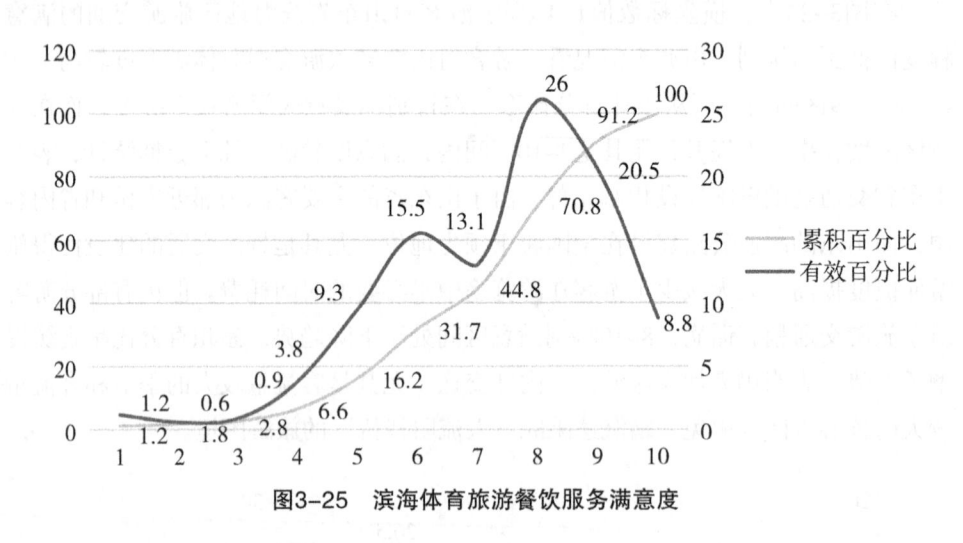

图3-25 滨海体育旅游餐饮服务满意度

3. 滨海旅游住宿服务满意度

在图3-26中，横坐标数值1~10表示游客对山东滨海旅游住宿行业的满意程度由低到高排列。由调查结果看，游客对山东旅游住宿条件整体满意度较高，但仍存在较大诟病。对旅游住宿不满意（1~3分）游客占比为2.7%，而较为满意（6~7分）和满意（8~10分）游客占比分别为29.4%、54.9%。从累积百分比来看，山东省滨海体育旅游住宿满意度呈现缓慢上升趋势，并未在较为满意和满意区间呈现出快速增长态势，表明山东省旅游住宿条件距离提供全面周到的住宿环境有一定差距。

图3-26 滨海体育旅游住宿服务满意度

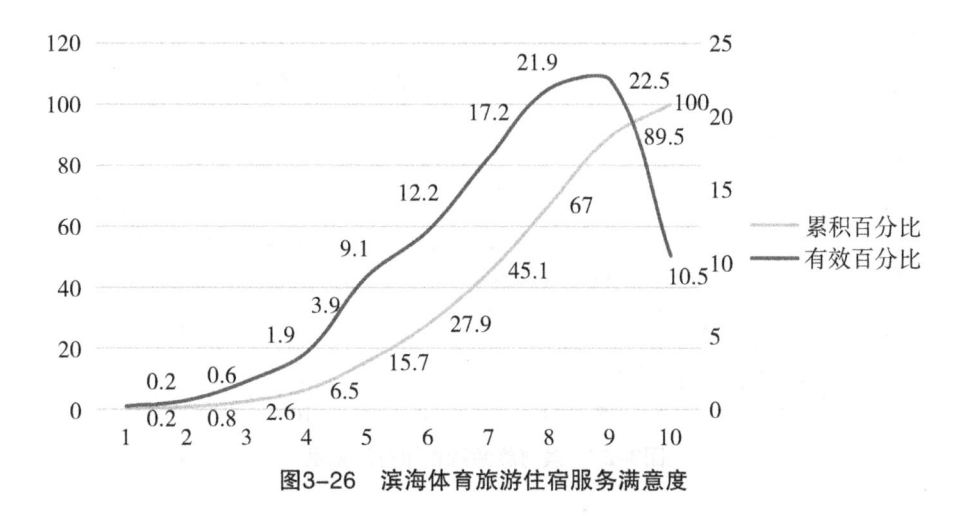

滨海地区应鼓励社会资本大力发展以高尔夫、温泉疗养、体育医疗为主的专项体育旅游地产；鼓励政府以体育旅游小镇、体育旅游乡村为载体，充分发挥市场作用以提升住宿行业竞争力，形成渔家乐、农家乐、星级宾馆多级、多层次、多元化的旅游住宿接待设施配置；同时，改革旅行社住宿接待制度，使游客拥有自主选择权，使旅行社和住宿接待机构形成竞争、合作关系，为游客提供良好的住宿空间与环境。

4. 滨海旅游购物服务满意度

在图3-27中，横坐标数值1~10表示游客对山东滨海旅游购物满意程度由低到高排列。总体上，游客对滨海旅游购物满意度较高，较为满意与满意（5~10分）占总体购物者的93.6%，对购物不满意的游客占极少数。但结合参团购物游客满意度调查结果，参团游客被带去购物的不满意程度最高，表明参团游客对于旅行社的经营方式不满较大，而对滨海旅游商品的满意度较高。由此看来，山东滨海地区需加强旅行社管理和景区、景点管理，营造良好的购物环境。同时，在旅游商品开发过程中，山东地域特色的滨海体育旅游商品还存在品牌弱、单一同质的缺陷。因此，山东滨海地区应注重挖掘山东文化内涵，结合山东特色工业产品，有效融入体育元素，比如以潍坊风筝、青岛奥帆赛为内涵的纪念品、工艺品的创意、制作、营销，既满足体育旅游者的购物需求，又对滨海体育旅游形象起到推介作用。

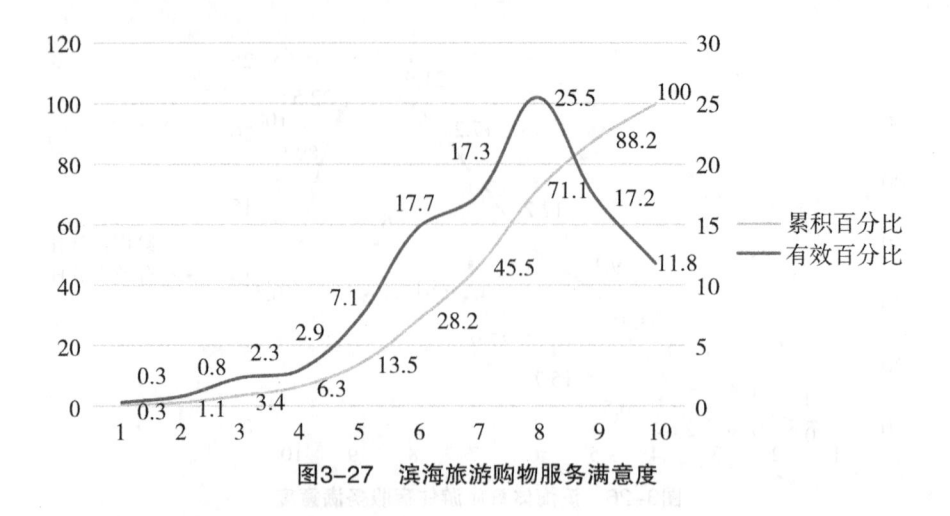

图3-27 滨海旅游购物服务满意度

5. 滨海旅游娱乐服务满意度

在图3-28中，横坐标数1~10表示游客对山东滨海旅游娱乐活动满意程度由低到高排列。由数据看，游客对旅游娱乐活动的整体满意度较高，处于比较满意与满意（5~10分）的占比为95.7%，但表示特别满意（9~10分）的游客占比较小，仅占33%，游客对与滨海体育旅游项目满意度集中于比较满意区间。

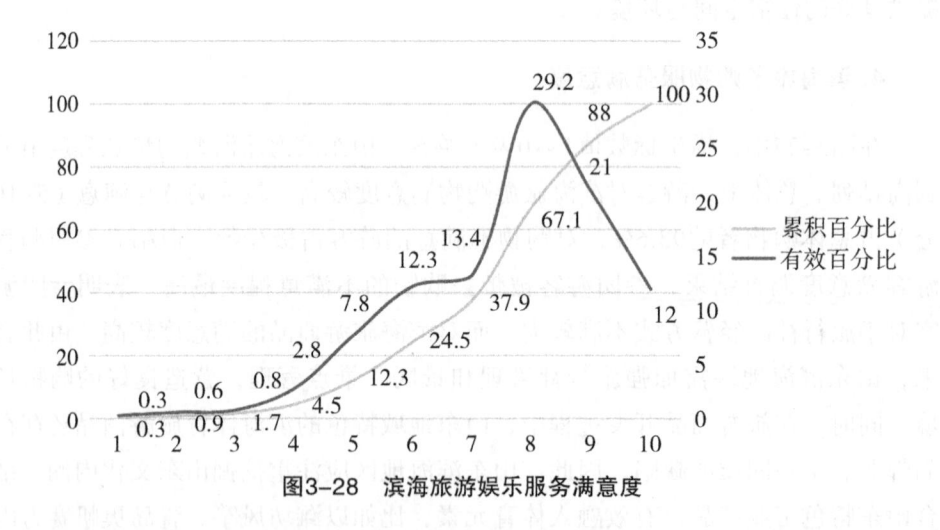

图3-28 滨海旅游娱乐服务满意度

山东省滨海旅游娱乐项目的设置大多以基础性游玩为主，主要因为其开发成本低、易于开发，且能短期内达到盈利的目的。同时，山东的滨海体育旅游消费群体消费较低，对于体育旅游娱乐项目需求相对较低，容易满足。但是着眼未来，山东滨海地区对于潜在的高端游客群体的高端旅游度假体验产品开发不够，导致山东省体育旅游娱乐类项目呈现较低水平，尚有很大提升空间。

6. 滨海旅游宣传服务满意度

近年来，山东省持续推进好客山东品牌建设，着力加强品牌营销转变，统筹国际、国内两个市场。在营销空间上，设立6家境外营销中心；在营销内容上，加快推进形象营销向形象信息咨询与产品营销相结合；在营销方式上，由传统媒体为主向传统媒体与新媒体并重转变，与百度旅游、阿里旅行、驴妈妈、去哪儿网等大型旅游网络运营商和网络媒体建立了战略合作关系。

在图3-29中，横坐标数值1~10代表游客对于滨海旅游项目宣传程度与现实满意程度由低到高排列。游客对于"好客山东""仙境海岸""帆船之都""风筝之都"的形象宣传较为认可，同时对滨海旅游形象整体较为满意。其中，处于满意区间（9~10分）的游客达到31.1%，但大多数游客满意度在6~8，表明仍有部分游客感觉山东省滨海旅游现实与形象宣传有一定差距。

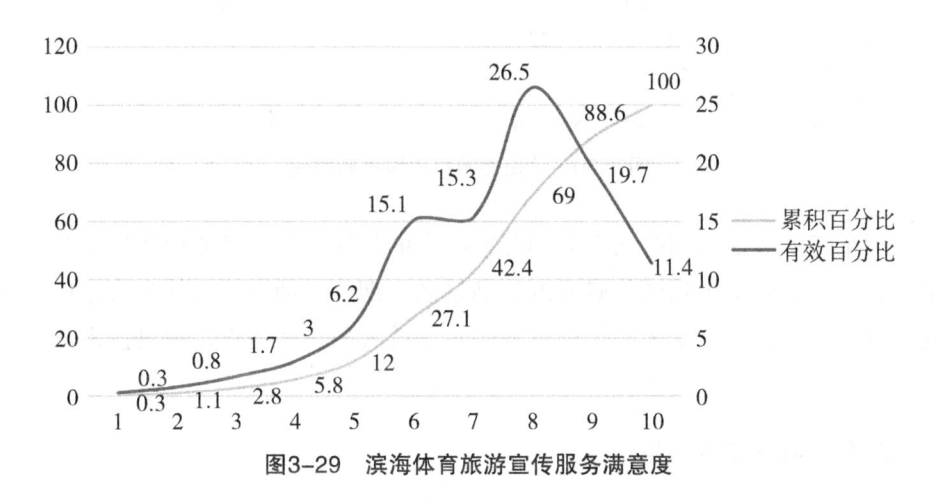

图3-29 滨海体育旅游宣传服务满意度

强化景区自身建设和加强形象宣传是实现体育旅游形象与体验满意度提高的重要途径。一方面，加强景区自身建设，根据市场需求调整营销策略，并不断进行景区的提升规划，实现供需相结合，达到可持续发展的目的；另一方面，针对滨海体育旅游者和旅游中间商进行当地旅游形象、滨海地区特有的文化和具有代表性的特色商品的宣传，让滨海体育旅游者提前预判感知滨海体育旅游产品，做到抵达目的地后知晓游什么、如何游；同时，强化旅游企业的合理市场竞争指导，强化滨海体育旅游商品的市场合理性，使游客消费满意度提升，同时实现对旅游宣传的满意度提升。

7. 滨海旅游景点服务满意度

由旅游景点满意度看（图3-30），游客对山东省滨海旅游景点总体满意度较高，但满意度峰值出现在数值7（27.9%），表明山东省滨海旅游景点对于体育运动项目的开发潜力尚待充分挖掘，应加大景区与具有地域特色的滨海体育旅游产品的开发，比如具有地域特色的风筝冲浪、帆船帆板体验、高尔夫培训等体育旅游产品。同时，景区（点）的旅游服务质量有待进一步提升，以增强游客对旅游景点的满意度。

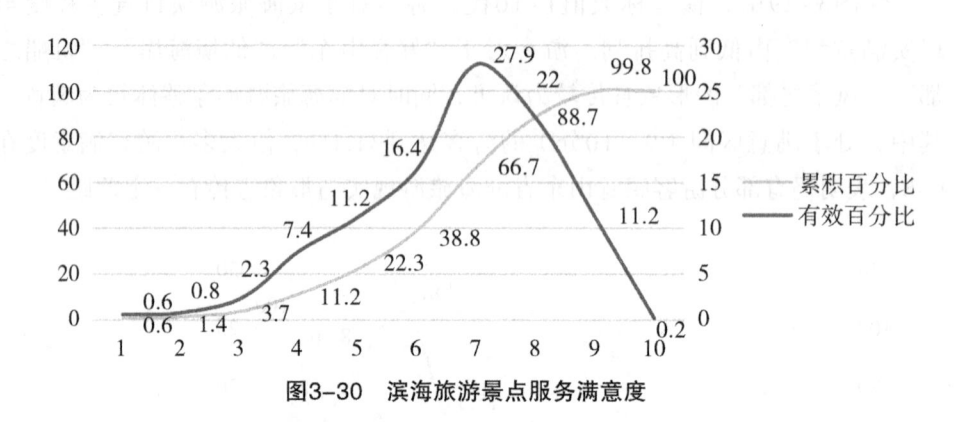

图3-30 滨海旅游景点服务满意度

山东省滨海地区拥有众多有国际影响力的景区，如青岛崂山景区、烟台蓬莱阁景区、烟台南山景区、威海刘公岛景区、烟台三仙山、八仙过海景区等。此类景区应提高服务水平，了解滨海体育旅游者的真实需求，提升滨海旅游者体验，充实并升华游览经历。

8. 旅行社服务满意度

由旅行社服务质量满意度调查结果看（图3-31），游客对滨海旅行社的满意度相对较高，但不满意（1~3分）的游客所占比重达到5.3%，同时较为满意（4~6分）的游客达到24.8%。因此，较其他服务类型，游客对于旅行社的总体满意度较低。首先，山东滨海地区旅行社既要考虑自身利益，也要尊重保障消费者的合法权益，这就需要创新服务水平，考虑游客个性化服务。旅行社行业作为景区与游客互动的重要力量，需要从服务质量、服务水平等方面切实保障游客的合法权益，使其享受旅游乐趣。其次，针对滨海体育旅游资源特点，优化体育旅游产品组合，科学设计滨海体育旅游精品线路。最后，针对滨海体育旅游者的身体健康状况，合理推荐体育旅游产品的参与、体验和购买。

图3-31 旅行社服务满意度

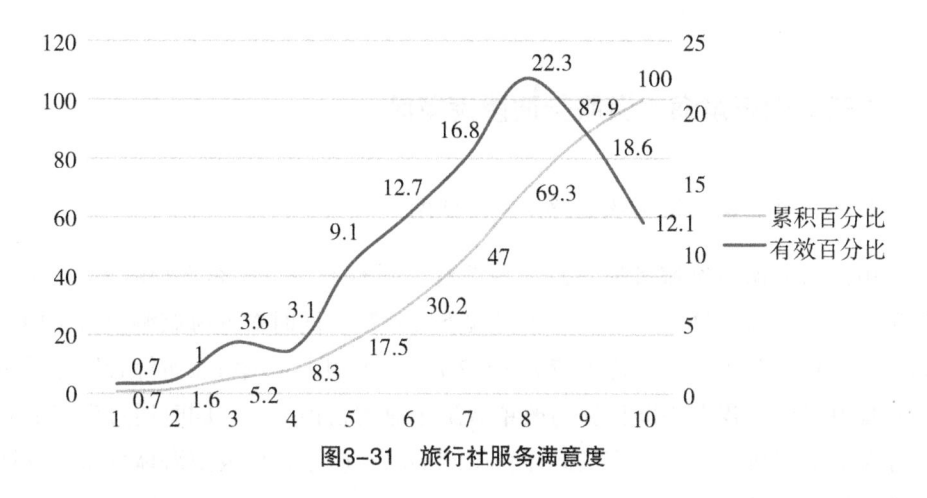

9. 导游服务满意度

由导游服务满意度调查结果看（图3-32），游客对导游满意度大概类似对旅行社服务满意度，对导游不满意（1~4分）游客占比达到8.7%，较为满意（5~7分）达到35.3%。结合目前山东省滨海体育旅游服务业发展现状，健身指导、安全防范等综合性导游服务已经成为山东滨海体育旅游产业健康发展的影响因素之一。由于目前山东省主要旅游接待机构为旅行社，同时考虑到旅游市场规范化、旅游团安全性、体育健身性等要求，导游必须依附于旅行社进行游客接待服务。再加上体育旅游的特殊性，使得对体育旅游导游提出了更高要求。首先，建立健全导游的薪酬制度，提高导游的合理收入；改善导游的保障体系，完善导游激励机制，使导游切实忠诚于职业也就迫在眉睫。其次，要不断强化导游服务技能培训，尤其是体育运动健身处方、体育伤害预防与处理等专项技能的培训，提升体育旅游接待质量，提高游客在体育旅游过程的满意度。

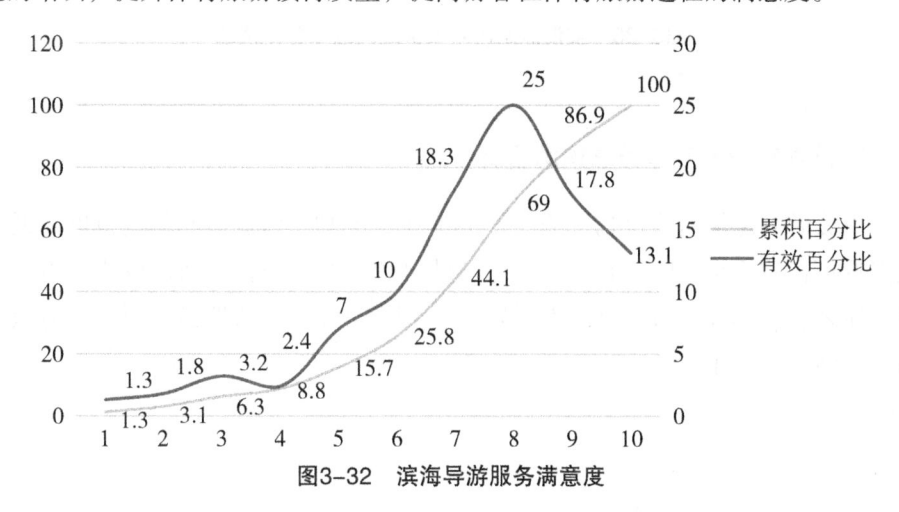

图3-32 滨海导游服务满意度

（三）山东滨海旅游服务质量满意度

1. 滨海旅游者对服务质量感知总体预期

由滨海旅游游客服务质量总体预期看（图3-33），游客选择峰值为8（较为满意），在满意群体（9~10分）呈现下降趋势，同时对滨海旅游质量预期不满意者（1~4分），所占比重较大（6.2%）。表明山东滨海旅游综合服务质量尚有提升空间，需要不断创新与改革旅游企业的营销活动，同时通过良好的旅游体验后的口碑营销，推广滨海体育旅游形象与质量，形成滨海体育旅游发展与服务质量互动提高的良性循环。

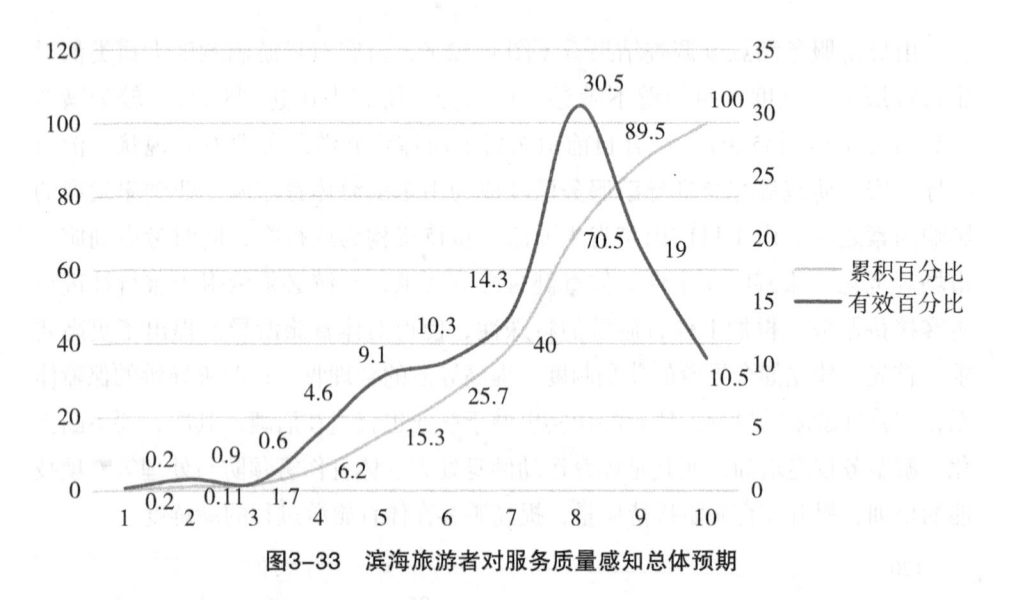

图3-33 滨海旅游者对服务质量感知总体预期

2. 滨海旅游者对服务总体满意度

由旅游者总体满意度情况看（图3-34），参加滨海旅游总体满意度较低，虽然峰值出现在8（占比28.7%），但选择4~7的游客增长率增加较快。由累积百分比来看，选择在7以下的游客数量已经占到48.2%，表明游客对于滨海旅游的总体满意度较小。

图3-34 滨海旅游者对服务总体满意度

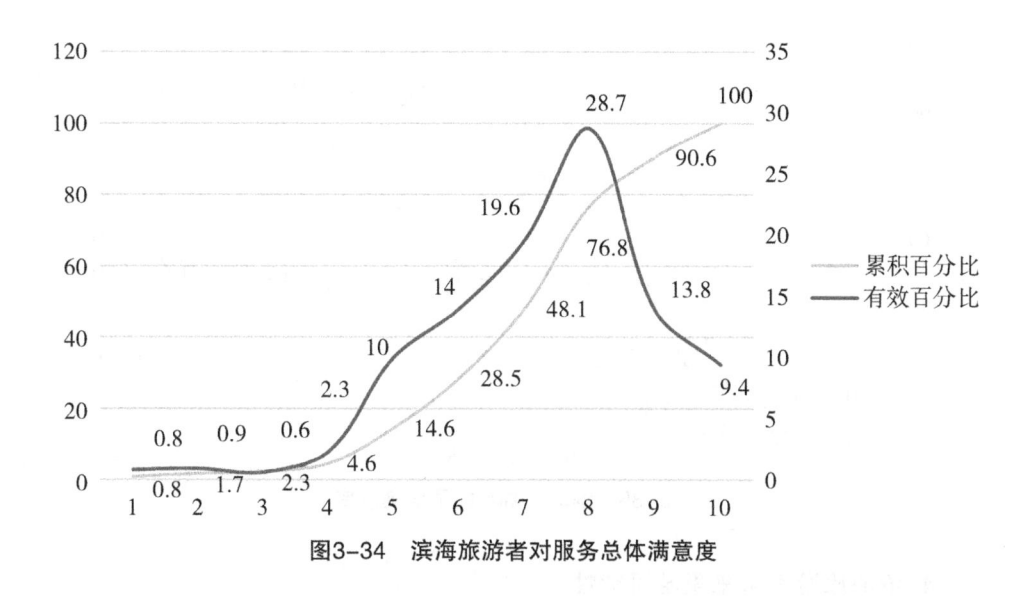

滨海体育旅游服务质量的特性决定其评估标准的复杂性。滨海体育旅游者通常从服务的结果质量、过程质量、形象质量出发，结合体育特质，综合评估参与过程中感受到的体育旅游服务。因此，滨海体育旅游服务质量的评估标准必须兼顾所有质量要素。由滨海体育旅游者调查情况看，旅游企业及服务人员从业技能的规范化和技能化是推动山东滨海体育旅游业优质化、可持续化发展的有效途径之一。发挥体育旅游参与性、体验性强的特点，加强旅游景区的安全保障措施，保障滨海体育旅游者的人身和财产安全。

3. 滨海旅游者的预期满意度

由理想满意度结果看，滨海旅游者的理想满意度分化较大，由图3-35可得，有效百分比在较低区间即开始上浮，到满意区间（9~10分）仅剩29.6%的游客，而大部分在较为满意区间，5~8分区间占63%，表明游客与理想满意度相比较为合理，但提升空间较大。表明旅游形象定位与游客实际体验差距较大，继山东省推出"好客山东""仙境海岸"等整体旅游形象后，各大景区相继推出代表自身景区特色的旅游形象。滨海体育旅游满意度较低的原因，一方面，由于形象定位与实际建设的脱节或者滞后发展，造成游客对旅游景区的理想满意度降低；另一方面，旅行社等旅游中介对滨海体育旅游的形象推介过于夸大，过分渲染体育的功效与作用，或者利用各种非正常手段使得游客对现实景区产生印象差距，造成旅游理想满意度较低。

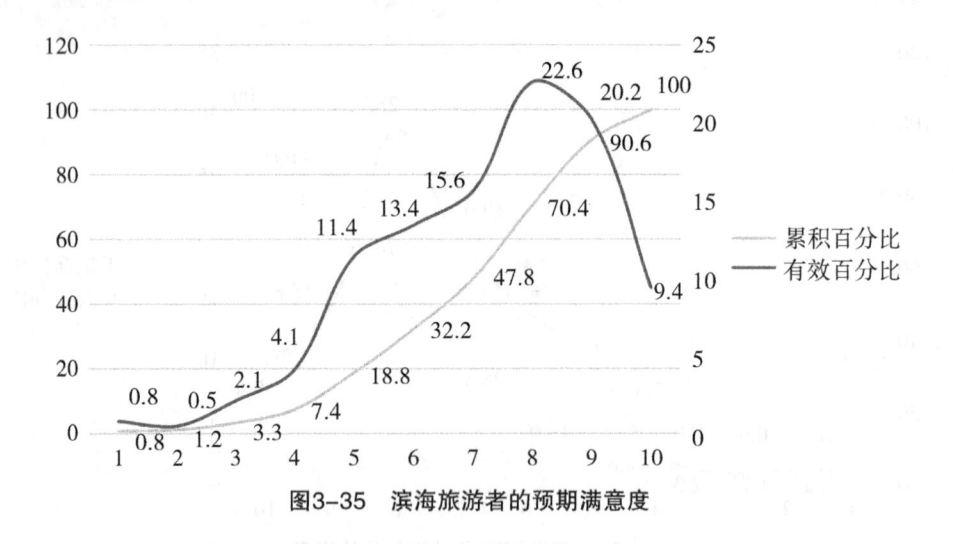

图3-35 滨海旅游者的预期满意度

4. 滨海旅游者未来重游可能性

由未来重游可能性调查情况看（图3-36），滨海旅游者普遍表示有可能重游，大都分布于5~10区间，占所有游客的91.5%，表示不会或不考虑重游的游客占比较小。

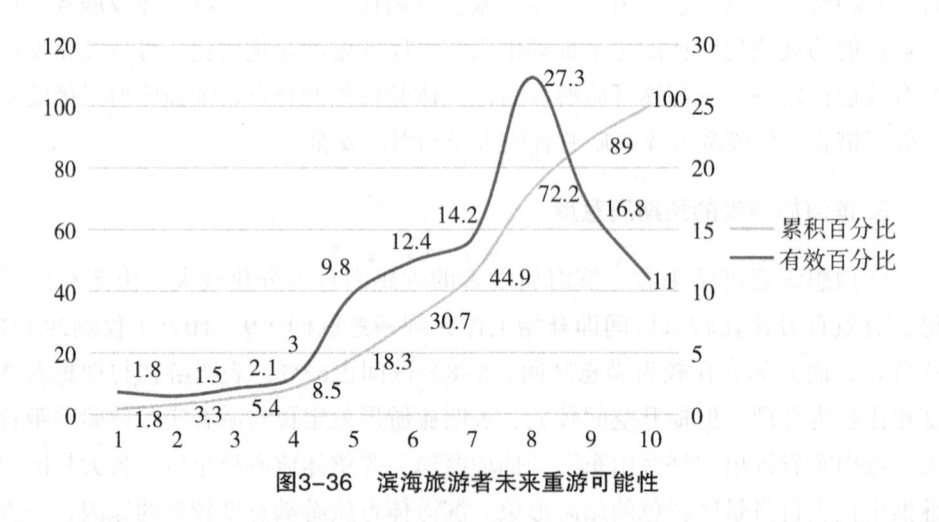

图3-36 滨海旅游者未来重游可能性

游客重游率是游客对旅游参与满意度的重要反映，体现滨海地区旅游者对服务设施与服务的肯定程度。因此，山东滨海体育旅游须从景区质量与形象定位相匹配的角度出发，充分挖掘体育旅游资源特色与内涵，了解滨海体育旅游者的消费动机，详解滨海体育旅游行为，科学分析滨海体育旅游结果，建立滨海体育旅游者与滨海体育旅游相关利益者间的互动反馈机制。了解滨海体育旅游者的消费需求和消费趋势，为滨海体育旅游的产品开发、细分市场、科学营销提供决策参考。同时，有针对性地开发滨海体育旅游产品，使游客享受到滨海体育旅游产品的美景与体验。

5. 滨海旅游者推荐亲友旅游可能性

由游客推荐亲友旅游可能性调查可知（图3-37），大部分游客选择推荐亲友来山东滨海旅游，选择区间在5~10的游客占比为91.5%；由累积百分比看，游客推荐亲友旅游的增长率急剧上升区间在6~9范围，由30.7%增长到89%。表明山东省滨海地区在发挥自身资源优势、提升景区质量、提升体育赛事品牌等过程中，赢得了游客较好的口碑。

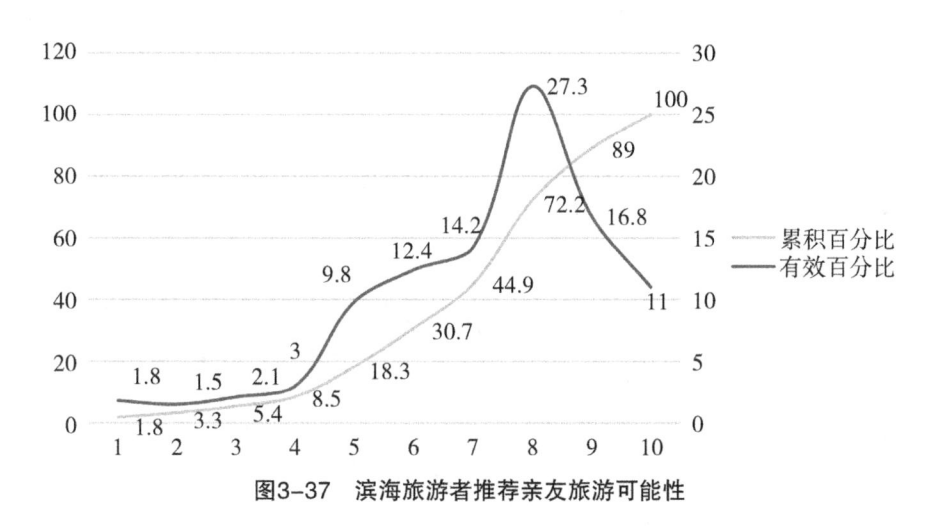

图3-37 滨海旅游者推荐亲友旅游可能性

为提升旅游的重游率和旅游推荐比例，山东滨海地区需增加口碑营销能力，提升滨海体育旅游的竞争能力。①体验营销营造口碑。通过精心布置旅游环境，以主题的情境化、故事化，强化旅游的体验性、参与性，让游客积极主动地参与到滨海体育旅游活动中，从而获得难忘的旅游体验和经历，使游客成为意见领袖，形成良好的口碑舆论。②概念营销提升口碑。通过宣传鲜明的体育旅游的形象概念、功用概念和服务概念等，使游客对山东滨海体育旅游产品形成深刻印象，不断激发游客对"好客山东""帆船之都""水上运动之都""铁三之都""风筝之都""仙境海岸"等形象的好奇与关注度。③关系营销固化口碑。发挥山东重情义、讲义气、淳朴、诚信的良好形象，讲好山东故事，处理好与主要客源地关系，巩固良好的滨海体育旅游口碑。④事件营销赢得口碑。通过不断举办和承办具有国内外影响力的大型赛事，注重品牌塑造与形象营销,增加地区旅游的知名度与美誉度,树立良好的体育旅游品牌形象,最终形成滨海体育旅游的良好口碑。⑤公益营销塑造口碑。充分发挥重要景区(点)的公益性,通过不断与社会公益基金等合作,推出各类环保、养生、扶贫等项目,赢得公众对滨海景区或活动的认可,形成良好的口碑形象。⑥网络营销引导口碑。随着互联网新媒体的不断涌现与发展,不断扩展口碑发生作用的范围,引导游客产生买票、体验、反馈等方面的活动,通过评价性意见与建议收集的方式不断改进景区(点),从而赢得更多游客口碑。

第四章 山东滨海全域体育旅游资源评价

体育旅游资源是发展体育旅游的基础和前提，科学评价体育旅游资源数量、规模、品质、特色，是科学制定区域体育旅游开发规划和管理决策的重要依据。近年来，山东省体育旅游业发展成效显著，尤其是沿海7个地市的体育旅游产业取得了长足发展，但是随着国民经济持续平稳增长和公民旅游动机的不断激发，体育旅游业竞争越发激烈。因此，如何从全域视野，从体育旅游资源空间结构、产业要素布局、旅游系统要素等角度，系统梳理山东滨海地区体育旅游资源，科学评价山东滨海地区体育旅游资源，对于增强山东滨海地区体育旅游产业竞争力具有重要意义。

第一节 滨海体育旅游资源概念及分类

一、滨海体育旅游资源相关概念

海岸：又称海滨，是海洋和陆地之间的连接区域，经海流、潮汐、波浪等作用形成的滨水地带。

滨海区域：是指海陆之间相互作用的地带，从区域范围来讲，是陆地系统和海洋系统的一个接合部，是海陆相互作用而变化的活跃地带。包括近海岸带（海洋气候明显区域），潮水出没的滩地，陆地向海面以下延伸的部分，海岛岛礁及与海岸相连的海域，以及与海岸带毗邻并向大陆内部延伸，受海岸线辐射和扩散影响的沿海地区（根据《中国海洋统计年鉴》），沿海地区是指有海岸线（大陆岸线和岛屿岸线）的地区，按行政区划分为沿海省、自治区、直辖市。目前我国有8个沿海省、1个自治区、2个直辖市；53个沿海城市、242个沿海区县。随着经济、文化、社会的发展，人们的休闲理念越来越得到重视而得以实现，人们的旅游时间越来越长，旅游尺度越来越大；快走漫游逐渐成为旅游发展的新特征,由于滨海旅游是一个复杂系统,包含吃、住、行、娱、购、游、康七个要素,其管理也受到行政区划的影响和限制。因此从管理角度出发,本文在分析山东滨海旅游资源时,以山东沿海地级市作为行政区划,将各地级市的旅游腹地资源作为资源评价指标的重要组成部分,认为其对滨海沿岸旅游城市提供了强有力的支撑和保障。沿海县市区市的旅游资源空间分布以地市为单位进行分析。这些地区共同形成了滨海的整体环境,缺一不可。本书在研究的沿海地区滨海体育旅游空间的发展时序、开发重点时,以山东沿海地级市作为研究对象。

滨海体育旅游:以海岸腹地、海岸带、海岛及海洋各种自然景观、人文景观为依托,借助各种体育手段,在滨海区域所从事的体育旅游相关体验、参与、经营活动和服务活动等。滨海体育旅游的外延是指具有上述滨海体育旅游概念内涵所反映的对象的总和,即滨海体育旅游主要包括:在海岸腹地、近海岸带、海岛及海洋等区域进行的山岳拓展、体育度假、滑雪、高尔夫、露营、自驾、徒步、观赏表演比赛、海底体育探险、帆船帆板体验、滨海极限运动、滨海体育设施参观、滨海体育养老养生、海岛岛礁生存训练、滨海体育保健疗养、滨海海钓、滨海游艇、滨海潜水、体育节庆会展、滨海民俗体育等旅游形式。

滨海体育旅游资源:根据中华人民共和国国家标准(GB/T 18972—2003)《旅游资源分类、调查与评价》,旅游资源是指自然界和人类社会对旅游者产生吸引力,可以为旅游业开发利用,并可产生经济效益、社会效益和环境效益的各种事物和因素。滨海体育旅游资源是滨海旅游资源和滨海体育资源的有机融合,是滨海地域的自然地理元素、人文景观元素和体育元素,能对体育旅游者产生吸引力,促使人们产生体育旅游行为,为旅游业的发展创造经济效益、社会效益、文化效益、生态效益的旅游资源总称,是滨海体育旅游开发的前提和条件。滨海地区体育旅游资源既可以是具体形态的物质实体,如有观赏、参与和健身价值的体育赛事、体育文化交流、体育民俗、体育康体等人文活动及与旅游或体育相关的体育场馆设施、体育建筑遗迹、体育主题公园等人工创造物;也可以是非物质形态的自然因素,如滨海体育所需要的自然风景、气候、天象等自然空间与自然存在。这些资源可为人们提供节庆赛事、景观观赏、康体颐养、休闲度假、户外运动、山岳探险、拓展修学、体育商展等旅游活动[1]。

---

[1]姜付高,曹莉,孙晋海,等.我国滨海地区体育旅游资源禀赋、丰度与绩效评价研究[J].天津体育学院学报,2016,31(4):277-282.

二、滨海体育旅游资源分类原则

（一）滨海体育旅游资源分类依据

结合体育旅游资源特点，兼顾体育旅游的特性，以《旅游资源分类、调查与评价》（GB/T 18972—2003）为主要标准，对滨海体育旅游资源进行分类。

1. 权威性

该旅游资源评价标准由中华人民共和国国家质量监督检验检疫总局发布，具有权威性和准确性，体现全域体育旅游的系统性和统筹性。

2. 全面性

依据国家旅游资源分类标准，涵盖了所有的体育旅游资源，体现旅游资源类别覆盖的全域性。

3. 尺度性

社会的发展使得大尺度体育旅游成为现实，体育旅游资源分类应适合于大尺度分析与评价，体现空间布局的全域性。

4. 特殊性

体育资源与旅游资源结合，突出体育旅游资源功能与特点，按照国标进行分类，对滨海体育旅游资源禀赋进行综合评价，体现体育旅游资源业态的融合性。

（二）滨海体育旅游资源分类原则

1. 体育旅游资源的景观属性分类原则

体育旅游资源的开发利用离不开体育与旅游资源的结合，体育既可以与单一要素结合，也可以融合综合景观。例如，日照世帆赛基地可以是大帆船比赛的一个举办地，翟墨出海的纪念地景观也可以作为世帆赛的一个环节。因此，根据景观属性，将体育旅游资源构成的景观划分为天然（自然）属性或非天然（如人工遗迹）属性。

2. 体育旅游资源的特征属性分类原则

体育旅游资源具有多重性、复杂性和交叉性特征。因此，在对体育旅游资源分类时，要充分考虑到体育旅游资源的形态、成因、年代等基本特征。例如，青岛奥帆中心既是4A级景区，具有观赏功能，也是帆船运动中心，具有完善的赛事、安保设施，具有竞赛功能。划分时依据其体育功能，进一步对其资源类型进行细分。

3. 体育旅游资源的差异属性分类原则

体育旅游资源的形态、健身、美学、观赏等各种属性存在差异，因此相应规模、等级、吸引力等也存差异性。根据体育旅游资源的差异性和相似性进行区分和归并，依据类别的相似性，依据规模、等级、影响力进行细分，将不同的体育旅游资源依据一定从属关系，建立不同等级类别的分类系统，做到体育旅游资源分类的系统化、标准化和规范化。例如：沃尔沃大帆赛青岛站比赛，依据其属性划分为单项体育赛事，依据其规模、等级、影响力划分为国际级体育赛事[1]。

三、滨海体育旅游资源分类

基于山东省旅游资源具有的多样性、丰厚性、民俗性和奇特性特征，依据体育旅游资源现存状况、形态、特性、特征、功能，兼顾体育旅游资源的景观属性、特征属性和差异属性与山东滨海地市海洋与腹地体育旅游资源结合度等特点，综合考虑各体育旅游资源单体的代表性、数据权威性及数据的可获得性等要求，综合考虑体育旅游的健身性、参与性、体验性和观赏性等功能，在此基础上，依据体育旅游资源分类，将滨海体育旅游资源分为自然类体育旅游资源、人文类体育旅游资源、综合与服务类体育旅游资源、体育类体育旅游资源四类。

第二节 山东滨海体育旅游资源调查

山东滨海地区地处中纬度地区，滨海体育旅游资源丰富，自然风光秀丽，

---

[1] 姜付高，曹莉，孙晋海，等.我国滨海地区体育旅游资源禀赋、丰度与绩效评价研究[J].天津体育学院学报，2016，31（4）：277-282.

文化底蕴深厚，民俗风情多样，体育赛事项目综合。参照《旅游资源分类、调查与评价》（GB/T 18972—2003）分类标准对山东省滨海地市旅游资源进行调查、摸底，并进行初次分类（表4-1），结果共得到8个主类，27个亚类，99个基本类型，776个旅游资源单体。分类结果（表4-1）可为滨海体育旅游资源禀赋的分类与综合评价奠定基础。

表4-1 山东滨海代表性旅游资源分类

主类	亚类	代码	基本类型	代表性旅游资源单体
A地文景观	AA综合自然旅游地	AAA	山丘型旅游地	五莲山风景区、浮来山景区、日照磴山寨风景区；青岛崂山风景区、平度茶山风景区、胶南琅琊台风景区；山东长山列岛国家地质公园、山东烟台磁山省级地质公园、昆嵛山风景名胜区；威海荣成赤山风景名胜区荣成花斑彩石景区、里口山风景名胜区；潍坊临朐县沂山风景区、潍坊青州市云门山风景区、潍坊青州仰天山森林旅游有限公司、潍坊市青州泰和山风景区；滨州无棣碣石山旅游风景区
		AAB	谷地型旅游地	蓬莱区大辛店镇丘山山谷、海阳天籁谷景区
		AAD	滩地型旅游地	昌邑国家级海洋生态特别保护区；东营黄河三角洲自然保护区；莱州浅滩海洋生态国家级海洋特别保护区、烟台牟平沙质海岸国家级海洋特别保护区、烟台蓬莱登州浅滩国家级海洋特别保护区、海阳万米海滩海洋资源国家级海洋特别保护区、龙口黄水河河口湿地省级自然保护区；潍坊临朐老龙湾风景区；胶南灵山岛省级自然保护区、青岛大公岛省级自然保护区
		AAE	奇异自然现象	蓬莱阁海市蜃楼、仙阁凌空、狮洞烟云、渔梁歌钓、日出扶桑、晚潮新月、万里澄波、万斛珠玑、铜井金波、漏天滴润、平流雾奇观
	AB沉积与构造	ABA	断层景观	山东青州国家地质公园；芝罘仙山
		ABF	矿点矿脉与矿石积聚地	潍坊昌乐中国宝石城、临朐山旺古生物"化石宝库"

（续表）

主类	亚类	代码	基本类型	代表性旅游资源单体
A地文景观	AB沉积与构造	ABG	生物化石点	山东莱阳金岗口恐龙遗迹省级地质公园；潍坊临朐山东山旺国家地质公园、山东诸城恐龙国家地质公园
	AC地质地貌过程形迹	ACE	奇特与象形山石	日照马耳山；青岛崂山石老人
		ACN	岸滩	日照万平口滨海旅游区、沭河湿地、日照海滨风景区、日照国家级海洋公园；青岛海滨风景区、青岛开发区金沙滩景区、青岛市石老人观光园、青岛灵山湾旅游度假区；威海乳山市银滩旅游度假区、威海市荣成市成山头风景名胜区、威海大乳山旅游度假区、胶东半岛海滨风景名胜区；昌邑国家级海洋生态特别保护区、黄河三角洲国家级自然保护区
	AE岛礁	AEA	岛区	青岛即墨田横岛旅游度假村、大公岛、胶南灵山岛、青岛薛家岛旅游度假区、小青岛风景区；牟平养马岛省级度假区、烟台长岛仙境源景区、烟台长岛望夫礁公园；威海刘公岛风景名胜区、威海小石岛国家级海洋特别保护区；日照桃花岛
		AEB	岩礁	烟台宝塔礁、青岛石老人、大公岛岩礁区、日照任家台礁石公园
B水域风光	BA河段	BAA	观光游憩河段	莱阳五龙河口滨海湿地国家级海洋特别保护区、龙口黄水河口海洋生态国家级海洋特别保护区；文登市抱龙河水利风景区、乳山市岠嵎湖水利风景区
		BAC	古河道段落	潍坊浞河景区、黄河故道、胶州大沽河、青岛李村河
	BB天然湖泊与池沼	BBA	观光游憩湖区	青岛少海景区、青岛莱西湖生态休闲区；招远市金水湖生态旅游区、海阳市东村河水利风景；莱阳市五龙河水利风景区、威海凤凰湖景区、威海荣成市天鹅湖景区、潍坊昌乐县西湖公园、天鹅湖风景区、东营揽翠湖旅游度假区、东营民丰湖休闲娱乐区、清风湖风景名胜区；滨州三河湖风景区

（续表）

主类	亚类	代码	基本类型	代表性旅游资源单体
B水域风光	BB天然湖泊与池沼	BBB	沼泽与湿地	日照潮白河湿地公园、傅疃河口湿地公园、沭河湿地公园；唐岛湾国家湿地公园、胶州湾海滨湿地省级保护区；烟台龙口王屋湖国家湿地公园、莱州湾金仓国家湿地公园、山东省荣成桑沟湾城市湿地公园；潍坊白浪绿洲湿地公园、诸城潍河公园、潍坊昌邑潍水风情湿地公园；东营利津黄河生态公园、东营河口蓬莱公园、鸣翠湖湿地公园；滨州贝壳堤岛与湿地国家级自然保护区、博兴麻大湖湿地公园、无棣秦口河湿地公园、无棣饮马湖湿地公园
B水域风光	BD泉	BDA	冷泉	日照救生泉、卧龙泉
B水域风光	BD泉	BDB	地热与温泉	青岛天泰温泉度假区；烟台市艾山温泉度假村、烟台招远在水一方金都温泉国际度假中心；威海文登天沐温泉度假区、威海市汤伯温泉度假村；日照五莲温泉度假村
B水域风光	BE河口与海面	BEA	观光游憩海域	青岛银海国际游艇俱乐部旅游区、青岛西海岸国家海洋公园、山东胶东半岛海滨风景名胜区；瀚海海上休闲旅游区；日照奥林匹克水上公园
C生物景观	CA树木	CAA	林地	日照海滨国家森林公园、日照竹洞天风景区；青岛胶南市大珠山风景名胜区、青岛植物园、南墅青山省级森林公园；罗山国家森林公园、长国家森林公园、艾山国家森林公园；威海市仙姑顶名胜风景区、威海荣成槎山风景名胜区、威海老虎山生态园；绿博园、沂山国家森林公园、寿光渤海省级森林公园；东营河口新户白枣园、胜利油田森林木屋；河口区孤岛植物园；邹平鹤伴山国家森林公园、滨州博兴县打渔张森林公园
C生物景观	CA树木	CAC	独树	浮来山天下银杏第一树；青岛中山公园百年榉树王
C生物景观	CC花卉地	CCA	草场花卉地	潍坊青州花卉博览园；青岛樱花园；日照五莲县酒仙山杜鹃

（续表）

主类	亚类	代码	基本类型	代表性旅游资源单体
C生物景观	CC花卉地	CCB	林间花卉	御海湾生态观光茶园；青岛梅园
	CD野生动物栖息地	CDA	水生动物栖息地	日照市大竹蛏西施舌生态系统海洋特别保护区；青岛文昌鱼保护区、即墨海洋生物自然保护区；东营利津底栖鱼类生态国家级海洋特别保护区、东营河口浅海贝类生态国家级海洋特别保护区、东营莱州湾蛏类生态国家级海洋特别保护区、东营广饶沙蚕类生态国家级海洋特别保护区
		CDB	陆地动物栖息地	青岛开发区青岛森林野生动物世界
		CDC	鸟类栖息地	青岛百雀林生态观光园；引黄济青渠首鸟类；威海亚洲最大天鹅栖息地
D天象与气候景观	DA光现象	DAC	海市蜃楼现象多发地	烟台蓬莱阁景区；青岛西海岸地区
	DB天气与气候现象	DBA	云雾多发区	日照、青岛、烟台、威海滨海城市为云雾多发区
E遗址遗迹	EA史前人类活动场所	EAA	人类活动遗址	两城遗址、陵阳河遗址、丹土遗址、东海峪遗址；北庄遗址、白石村遗址、归城城址、南王绪遗址、照格庄遗址；边线王遗址、赵旺铺遗址、潍城城隍庙
		EAC	文物散落地	龙山文化—莒文化
		EAD	原始聚落遗址	丁公遗址、昌乐商周遗址、临朐"北辛文化"聚落遗址
	EB社会经济文化活动遗址遗迹	EBA	历史事件发生地	毛主席作夏季形势报告纪念地；山东省青州风景名胜区；东营广饶刘集红色旅游区
		EBB	军事遗址与古战场	烟台东、西炮台海滨风景区、蓬莱水城；东营垦利渤海垦区革命纪念馆；北洋海军提督署——海军公所、威海国家森林公园；青岛山炮台遗址
		EBC	废弃寺庙	青州龙兴寺遗址、真教寺；广饶关帝庙大殿
		ECD	废弃生产地	威海金洲金矿国家矿山公园；双王城盐业遗址群、丰台盐业遗址群

（续表）

主类	亚类	代码	基本类型	代表性旅游资源单体
E遗址遗迹	EB社会经济文化活动遗址遗迹	EBF	废城与聚落遗迹	丹土遗址、东海峪遗址、尧王城遗址、两城镇遗址；青岛德式监狱旧址博物馆、青岛迎宾馆（德式官邸旧址）、胶州高凤翰纪念馆、青岛康有为故居纪念馆、青岛德国建筑、即墨故城遗址、齐长城遗址、青岛八大关近代建筑、东岳石遗址、三里河遗址；威海英国领事馆旧址（含华勇营）、宽仁院旧址、义和遗址、成山头遗址（含地上古建、刻石）、河口遗址、小管村遗址、脉田遗址、大宋家遗址、英商私人住宅旧址（小红楼）；西朱封遗址、魏家庄遗址、杞国遗址、贾柏遗址、郑家下庄遗址、田家楼遗址；傅家遗址、海北遗址、西辛庄遗址、刘家遗址；"文化古城"旅游景区、杨家盐业遗址群、大商遗址、鲍家遗址、大盖遗址、兰家遗址、杨家古窑址
		EBG	长城遗迹	齐长城遗址
F建筑与设施	FA综合人文旅游地	FAA	教学科研实验场所	东营胜利油田科技展览中心、青岛海军基地、中国海洋大学海洋学实验教学中心
		FAB	康体游乐休闲度假地	日照山海天省级度假区；城阳宝龙游乐园、青岛八大关风景区、方特梦幻王国景区、龙女山庄、大明盛泰观光园；烟台体育公园、蓬莱市和圣休闲园、东方（烟台）高尔夫俱乐部、海阳旭宝国际高尔夫俱乐部、马山寨高尔夫俱乐部、蒙格玛利高尔夫俱乐部（南山东海西区）、南山丹岭翠谷高尔夫俱乐部、南山丹岭翠园高尔夫俱乐部；威海乳山市多福山景区；潍坊安丘青云山民俗游乐园、潍坊安丘青云湖休闲度假乐园、潍坊青州双贝体育公园

（续表）

主类	亚类	代码	基本类型	代表性旅游资源单体
F建筑与设施	FA综合人文旅游地	FAC	宗教与祭祀活动场所	青岛明真观、玉皇大帝庙、浙江路天主教堂、江苏路基督教堂、法海寺、崂山道教建筑群、大通宫、海云庵、鹤山遇真宫；威海荣成圣水观风景区、威海文登市圣经山景区、威海乳山市圣水宫景区；滨州无棣大觉寺景区、邹平醴泉寺风景区、滨州博兴县兴国寺旅游景区、龙华寺遗址
		FAD	园林游憩区域	青岛信号山公园、青岛城阳世纪公园、青岛胶州三里河公园、青岛莱西月湖公园；烟台招远魁星公园；东营华林庄园；日照植物园、竹洞天；威海公园；东营天鹅湖公园、东营森林公园
		FAE	文化活动场所	青岛啤酒博物馆、青岛葡萄酒博物馆、青岛海军博物馆、青岛海尔科技馆；烟台张裕酒文化博物馆、烟台市农业科技博览园；威海荣成市博物馆、潍坊市诸城常山文化博物苑、潍坊高密市文体公园、潍坊诸城市博物馆；东营市历史博物馆；日照城市规划展览馆
		FAF	建设工程与生产地	李秉和庄园、马店砖塔、中间埠双塔；烟台中粮长城葡萄酿酒有限公司、烟台市中粮君顶酒庄、烟台蓬莱兴瑞庄园、烟台张裕集团、龙口南山集团、烟台市开发区西夫拉姆酒业集团有限公司、福山区张格庄镇福昊庄园、威海宏安集团、威海艺达集团、威海金猴集团、威海清华紫光科技园区、威海云龙家纺工业园；昌邑市乾隆杯酒业
		FAG	社会与商贸活动场所	青岛市北天幕城、青岛旅游观光塔、青岛即墨华山国际乡村俱乐部、青岛市北特色商贸旅游区；烟台张裕国际葡萄酒城、烟台金都招远黄金珠宝首饰城、蓬莱博展国际商贸城；潍坊V1购物休闲广场

（续表）

主类	亚类	代码	基本类型	代表性旅游资源单体
F建筑与设施	FA综合人文旅游地	FAH	动物与植物展示地	日照市万宝水产集团总公司休闲渔业示范基地、东港开航省级现代渔业园区、东港润达省级现代渔业园区；青岛海底世界、青岛极地海洋世界、青岛水族馆；烟台蓬莱海洋极地世界；寿光市蔬菜高科技示范园、潍坊诸城恐龙博物馆、寿光生态农业观光园；东营市申丰农业开发有限公司、河口区仙河镇海星集团
		FAK	景物观赏点	威海成山头；青岛石老人；日照河山巨书
	FB单体活动场馆	FBA	聚会接待厅堂（室）	青岛颐中VIP会所、假日皇冠、东方影都；烟台喜来登广场；东营蓝海；威海金海湾；日照王家皂、日照桃花岛、日照任家台、日照乔家墩子村
		FBB	祭拜场馆	烟台栖霞太虚宫景区、海阳丛麻禅院；店子张氏宗祠、柳营丛氏宗祠、潍坊金泉寺；青岛湛山寺、太清宫
		FBC	展示演示场馆	莱西崔子范美术馆；青岛美术馆
		FBD	体育健身场馆	青岛市奥帆中心旅游区、青岛伯爵山高尔夫会员俱乐部、茶山国际乡村高尔夫俱乐部、东方高尔夫乡村俱乐部、韩龙高尔夫球场；锦湖韩亚高尔夫俱乐部、山东威海碧艾琵（BIP）温泉高尔夫俱乐部、山东威海荣成利智高尔夫俱乐部；山东东营揽翠湖高尔夫俱乐部
		FBE	歌舞游乐场馆	青岛方特游乐园；潍坊金宝乐园、潍坊富华游乐园、潍坊青州花好月圆景区
	FC景观建筑与附属型建筑	FCA	佛塔	烟台莱州千佛阁；威海荣城法华塔
		FCB	塔形建筑物	萌山区殉国烈士纪念塔；青岛朝连岛灯塔；日照万平灯塔
		FCC	楼阁	烟台蓬莱阁景区、烟台毓璜顶公园；青岛栈桥及回澜阁
		FCD	石窟	驼山石窟、云门山石窟造像；滨州丈八佛石造像；胶南大珠山石窟

（续表）

主类	亚类	代码	基本类型	代表性旅游资源单体
F建筑与设施	FC景观建筑与附属型建筑	FCE	长城段落	齐长城遗址
		FCG	摩崖字画	云峰山、天柱山摩崖石刻；圣经山摩崖、槎山千真洞石刻、圣水岩石刻造像
		FCH	碑碣（林）	云峰山魏碑石刻；平度日照庵碑林
		FCI	广场	潍坊临朐县龙韵文化艺术城、潍坊市安丘辉渠百泉旅游区；日照太阳广场、灯塔广场；烟台天地广场；威海公园文化广场；东营新世纪广场；滨州市政广场；青岛五四广场、音乐广场、汇泉广场
		FCJ	人工洞穴	烟台神仙洞；青岛明霞洞、威海云光洞
		FCK	建筑小品	大枣园牌坊；庵上石坊、衡王府石坊、万印楼、花石楼
	FD居住地与社区	FDA	传统与乡土建筑	牟氏庄园、丁氏故宅、魏氏庄园、烟台山近代建筑群、潍坊十笏园
		FDB	特色街巷	威海市华夏城旅游风景区、威海文登青龙生态旅游度假村、青岛啤酒街、青岛婚纱摄影界、台东商业步行街；烟台朝阳历史文化街、青龙山鲁菜美食街；潍坊胡家牌坊街、城隍庙街
		FDD	名人故居与历史纪念建筑	康有为故居、老舍故居、刘谦初故居；戚继光故里、王懿荣纪念馆、丁氏故里；威海市毛泽东像章珍藏馆；王尽美故居；广饶孙子文化旅游度假区；滨州杜受田故居、滨州惠民孙武古城旅游区、孙子兵法城、惠民魏氏庄园、滨州惠民武圣园、滨州惠民孙子故园
		FDE	书院	孙膑书院、中国国际精典书画院山东书院、涤心书院、颐和书院、崂山书院
		FDF	会馆	烟台福建会馆；青岛提督府、基督教堂
		FDG	特色店铺	日照中大体育用品展销店；青岛双星精品店、英派斯健身器材店；潍坊风筝展销店；威海海派尔游艇

（续表）

主类	亚类	代码	基本类型	代表性旅游资源单体
F建筑与设施	FD居住地与社区	FDH	特色市场	威海皮革城；即墨批发市场；青州花卉市场；烟台海产品市场；威海中韩自贸区
	FE归葬地	FEA	陵寝陵园	海浮山墓群、石门坊造像群（含墓塔）、稷山墓群
		FEB	墓（群）	田横五百义士冢、小桥墓群、康有为墓、财贝沟墓群、解文卿烈士就义处；嘴子前墓群；大天东墓群（含南曲阜汉墓群）、南黄庄墓群、新权墓群、崔芬墓、郑玄墓、程家沟古墓、衡恭王墓；郭莱仪古墓、牛王堂古墓、梁漱溟墓
	FF交通建筑	FFA	桥	青州万年桥、庄家庄弥河桥、巨弥桥、狮子桥（永济桥）、汇流桥、杨姑桥、状元桥、转云桥、仪凤桥；蓬莱来宾桥；京杭大运河山东段；青岛胶州湾跨海大桥
		FFB	车站	日照长途汽车站、东方快运站；青岛四方汽车站、黄岛汽车站；东营长途汽车站；烟台长途汽车站、潍坊长途汽车站、威海长途汽车站；滨州长途汽车站
		FFC	港口渡口与码头	日照市刘家湾赶海园、日照港；长岛渔家乐；文登骏马省级现代渔业园区、文登五玉神省级现代渔业园区、乳山科合省级现代渔业园区；潍坊市寿光林海生态博览园休闲渔业示范基地、潍坊滨海光辉省级现代渔业园区、潍坊滨海天成省级现代渔业园区
		FFD	航空港	青岛流亭国际机场；潍坊南苑机场；威海国际机场；烟台莱山机场；烟台蓬莱国际机场；日照山字河机场；潍坊南苑机场；东营胜利机场
		FFE	栈道	青岛木栈道、崂山景观栈道；长岛栈道；威海石岛海滨公园木栈道；蓬莱悬空木栈道
	FG水工建筑	FGA	水库观光游憩区段	周家夼水库、山洲水库风景区、尹府水库风景区；滨州市中海水利风景区、滨州市三河湖水利风景区、滨州市小开河灌区水利风景区、惠民县古城河水利风景区、无棣县黄河岛水利风景区、邹平县黛溪河水利风景区

（续表）

主类	亚类	代码	基本类型	代表性旅游资源单体
F建筑与设施	FG水工建筑	FGC	运河与渠道段落	京杭大运河山东段、隋唐大运河山东段
		FGD	堤坝段落	潍坊昌乐汶河堤坝；威海泊于堤坝；青岛奥林匹克帆船中心情人坝；东营黄河大坝
		FGE	灌区	东营曹店灌区、王庄灌区、麻湾引黄灌区；滨州小开河灌区；潍坊白浪水库灌区、峡山水库灌区；日照水库灌区；青岛崂山灌区
G旅游商品	GA地方旅游商品	GAA	菜品饮食	流亭猪蹄、驼毛包子、万和春排骨砂锅米饭；肴驴肉、东营河口油酥、东营黄河刀鱼；扒鱼福、八仙宴、临朐全羊宴、烟台鲅鱼水饺、烟台焖子、潍坊朝天锅、威海手撕鲅鱼、威海起糕；日照渔家饼饼乐、日照海知了；滨州博兴乔庄水煎包、锅子饼
		GAB	农林畜产品及制品	日照绿茶、日照核桃、日照烤烟、日照蚕茧、五莲苹果、五莲樱桃；青岛华东百利酒庄、青岛市蔬菜科技示范园、周家奇瑞源生态园、青岛百果山都市休闲风景区、崂山绿茶、平度大花生；烟台苹果、烟台大樱桃、莱阳梨；威海无花果、威海海参、荣成海带、荣成大花生、乳山牡蛎；潍坊寿光三元朱村、潍县萝卜、诸城绿茶、青州敞口山楂；东营华林庄园、东营黄河入海口生态农业观光园、东营市黄河口生态旅游区、东营区龙居黄河展区生态园；滨州沾化冬枣生态旅游区、滨州绿洲乐苑、邹平香椿、青阳小米、渤海黑牛、滨州市黄河岛休闲渔业示范基地
		GAC	水产品及制品	日照刀鱼、日照刺参、日照西施舌；烟台刺参、烟台鲍鱼、莱州梭子蟹；蛏子虾酱制作技艺；东营黄河口大闸蟹；青岛红岛蛤蜊、金钩海米
		GAD	中草药材及制品	黄芪、防风、白术、桔梗、金银花、徐长卿、丹参

（续表）

主类	亚类	代码	基本类型	代表性旅游资源单体
G旅游商品	GA地方旅游商品	GAE	传统手工产品与工艺品	青岛国际工艺品城；莱州草辫、掖县滑石雕刻、烟台剪纸、黄县窗染花；海草房民居建筑技艺、石岛渔家大鼓、鲁绣、威海锡镶技艺；杨家埠木版年画、风筝制作技艺、潍坊仿古铜铸造技艺、高密泥塑
		GAF	日用工业品	日照生丝、英派斯大健康有限公司、中大健身有限公司；传统木船制造技艺、潍坊景芝酒之城景区、景芝神酿、高密菜刀工艺；威海钓鱼竿
		GAG	其他物品	城阳啤酒坊、龙口粉丝、烟台葡萄酒；日照煎饼、潍县萝卜、东营麻湾西瓜
H人文活动	HA人事记录	HAA	人物	潍坊诸城市刘墉板栗园、公冶长传说；烟台杨禄奎事件；东营武圣孙武；蒲松龄游崂山；烟台戚继光故里
		HAB	事件	威海"定远"舰景区；海阳地雷战；东营黄河夺大清河河道入海、解放利津城
	HB艺术	HBA	文艺团体	各城市专业、行业及大学生艺术团体、杂技团、歌舞团等与体育息息相关
		HBB	文学艺术作品	秃尾巴老李的传说、鲁南五大调、孟姜女传说；秃尾巴老李的传说、崂山民间故事、道教音乐、柳腔；道情戏·蓝关戏、胶东大鼓、八仙传说；秃尾巴老李的传说、海洋渔号（荣成渔民号子）、秦始皇东巡传说；潍坊杨家埠民间艺术大观园、潍坊世界风筝博物馆、高密半印半画年画；吕剧；泥塑（惠民泥塑）、博兴柳编、滨城区滨州剪纸、沾化渔鼓戏、博兴抛腔、清河镇木版年画、东路梆子、武定府酱菜制作技艺、西河大鼓
	HC民间习俗	HCA	地方风俗与民间礼仪	长岛渔号、胶东花饽饽习俗、莱阳豆面灯碗习俗；渔民节祭祀仪式、民间食俗、"串黄河"风俗；东营区牛庄村闹花灯；昌邑下营祭海节；蓬莱八仙祈福会

（续表）

主类	亚类	代码	基本类型	代表性旅游资源单体
H人文活动	HC民间习俗	HCB	民间节庆	渔灯节、中华妈祖文化节、三月三塔山会、莱阳梨花节海岛端午节；潍坊杨家埠"年画之乡过大年"青岛湛山寺祈福迎新年活动；日照万平口"迎日出，贺新年"庆典
		HCD	民间健身活动与赛事	海阳大秧歌；胶州大秧歌；潍坊放风筝、潍县民间锣鼓；东营古河道狮子舞
		HCE	宗教活动	胶东全真道教、湛山佛教、崂山道教、栖霞道教、福山合卢寺佛教、青州广福寺佛教
		HCF	庙会与民间集会	赤山春节庙会；毓璜顶庙会；烟台长岛庙会；青岛天后宫新正文化庙会、胶州艾山庙会；滨州孙子兵法城春节庙会
		HCG	特色饮食风俗	胶东花饽饽习俗、粘（年）糕、杂食地瓜、玉米食品
	HD现代节庆	HDA	旅游节	日照迎日出贺新年庆典、日照"五莲之春"杜鹃花节、日照刘家湾赶海节；青岛国际旅游节、崂山旅游文化节、金沙滩旅游文化节；垦利黄河华滩万亩葵园文化旅游节、孙子国际文化旅游节
		HDB	文化节	惠民胡集书会、滨州博兴国际小戏艺术节；威海国际人居节；日照浮来山福寿文化节
		HDC	商贸农事节	潍坊寿光国际蔬菜科技博览会、潍坊昌乐国际宝石节；烟台栖霞苹果艺术节；滨州博兴厨具节；青岛萝卜·糖球会；滨州沾化冬枣节暨经贸洽谈会

（续表）

主类	亚类	代码	基本类型	代表性旅游资源单体
H人文活动	HD现代节庆	HDD	体育节事	青岛：2015年世界休闲体育大会、青岛国际帆船周、克利伯环球帆船赛青岛站； 日照：2014年五莲山全国群众登山健身大会、2010年中国水上运动会、2013年激光雷迪尔级帆船世界锦标赛； 烟台：2013年航空航天模型锦标赛、全国青少年"未来之星"阳光体育节、首届国际帆船音乐节、2010年中国时尚体育健身大赛、第三届亚洲沙滩运动会、2013年烟台国际马拉松赛、2013年中国男子职业高尔夫球锦标赛； 威海：中国赤山·2013年中韩友好国民生活体育交流赛、2011年威海国际铁人三项世界杯赛、2011年亚洲HOBIE级帆船锦标赛暨首届全国双体帆船锦标赛； 潍坊：国际风筝会、2017年中国青少年体育发展交流会、2013年"鲁能·潍坊杯"国际青年足球邀请赛； 东营：2012年中国首届全地形车极限挑战赛、黄河口国际马拉松赛、第六届全国体育舞蹈健身交谊舞锦标赛、黄河三角洲体育节、2012年中美澳艺术滑水对抗赛

第三节　山东滨海体育旅游资源分析

一、山东滨海自然类体育旅游资源

滨海自然类体育旅游资源是指滨海地区可供体育旅游活动的自然资源，既可以使人们产生美感，又可以使他们借助体育的功能进行体育旅游活动。山东滨海地区拥有丰富的山脉、丘陵、平原、海洋、江河、湖泊、温泉、冰雪等景观类型，并以此开发出体育运动、体育比赛、休闲度假、康体养生、主题公园、健身中心等各种人文体育旅游资源。

（一）滨海地文景观类体育旅游资源

1. 山岳景观

滨海山岳型旅游资源是以山地自然资源和自然环境为主要旅游载体，以复杂多变的山体地貌景观、丰富的动植物景观、独有的立体气候等自然资源为主要内容的体育旅游资源。与内陆山岳景观形成反差的是海岸地带的山体直冲入海，与滨海岸滩和海域地貌形成山海共融的壮观景象[1]。

山东滨海沿岸名山众多，山岳型旅游资源在山东滨海城市带占据重要的地位，有号称"海上第一名山"的崂山、黄岛大小珠山、平度茶山；潍坊的云门山、驼山；烟台的莱州文峰山、昆嵛山、玲珑山、艾山；威海的九顶铁槎山；日照的五莲山、九仙山、浮来山等众多山岳资源。山岳型旅游资源不仅可以开展休闲体育旅游项目如登山、徒步、自驾、骑行等；也可以开展新兴体育旅游项目如山地滑雪、山地自行车、翼装飞行等。

2. 海岸线景观

海岸是陆地和海洋的分界线，依据海岸的形态和成分主要分为：平原海岸、基岩海岸和生物海岸。山东滨海海岸线漫长且曲折，同时拥有广阔的水域、各异的滩岸地质和丰富的海岸线景观资源，为发展特色体育旅游资源提供了条件。

（1）平原海岸

烟台金沙滩海水浴场、青岛海水浴场、威海乳山银滩旅游度假区、威海大乳山旅游度假区、日照海滨森林公园等都是平原海岸的代表，在平原海岸可以以开辟海水浴场为主，进行疗养康复、医疗保健、沙滩足（排）球、帆板等各种体育娱乐活动。泥质海岸以东营和滨州等地区为代表，例如，在以东营黄河口的黄河三角洲海岸为代表的三角洲海岸，则可以开展生态自驾、滩涂越野、垂钓休闲、海岸探险、赶海渔猎等休闲生态体育旅游活动。

（2）基岩海岸

山东半岛的海岸线景观多为花岗岩形成的基岩海岸，基岩海岸则易形成海蚀

---

[1]吴殿廷.山岳景观旅游开发规划实务[M].北京：中国旅游出版社，2006.

地貌。海蚀地貌往往会产生奇观，被誉为旅游胜地，例如，青岛的"石老人""天涯海角""中国北方第一高岛"的灵山岛及烟台蓬莱的仙人洞、砣矶岛的彩石景观等。此类基岩海岸资源多用于开展攀岩活动、垂钓、徒步、游艇帆船、滨海滑翔等体育旅游活动项目。

3.海岛景观

岛屿是海洋中高于水面的自然形成的陆地区域。山东省的海岛属于海洋性气候，融海湾、沙滩、碧水、蓝天、山峦等为一体，具有石奇、洞幽、礁美、岸险、滩美等特点。山东海岛风景独特、千姿百态，素有"海上名山第一"之称的道教名山崂山，徐悲鸿笔下《田横五百士》的田横岛，"海上仙山"长岛，素有"东隅屏藩"和"不沉的战舰"之称的刘公岛，渔岛风情浓郁的桃花岛等。这些海岛既能给人以美轮美奂、虚无缥缈的美学享受，也能给人以山石地貌景观千姿百态的视觉冲击；既有强烈的海洋韵味，又兼备部分陆地景观特色，逐渐成为我国滨海休闲度假、康体疗养、海岛探险等休闲体育旅游项目的目的地。

（二）滨海水文景观类体育旅游资源

滨海水文景观是复合概念，不是单独存在的，是滨海环境、人文、自然资源相融合而产生的。例如，瀑布溪流、湖泊湿地、海市蜃楼、滨水崖壁、海滩风光、海底风光、滨海风光等。山东省海岸线全长约占全国的1/6，分属于黄、淮、海三大流域，全省河网密布，河流众多，水文景观资源丰富。形成山东东营广南水库、山东潍坊峡山水库、青岛崂山水库等大中型水库；滨州市中海水利风景区、滨州市三河湖水利风景区、滨州市小开河灌区水利风景区、惠民县古城河水利风景区、无棣县黄河岛水利风景区、邹平县黛溪河水利风景区、莱西湖水利风景区、青岛胶州三里河水利风景区、潍坊潍河水利风景区、临朐淌水崖水库水利风景区等水利工程观光区；潍坊安丘青云湖、潍坊昌乐县西湖公园、青岛莱西湖生态休闲区、招远市金水湖生态旅游区、海阳市东村河水利风景区、莱阳市五龙河水利风景区、威海凤凰湖景区、威海荣成市天鹅湖景区等众多知名湖泊；日照潮白河湿地公园、日照付疃河口湿地公园、青岛胶州湾海滨湿地省级保护区、青岛黄岛区唐岛湾国家湿地公园、威海荣成桑沟湾城市湿地公园、烟台龙口王屋湖国家湿地公园、潍坊白浪绿洲湿地公园、潍坊昌邑潍水风情湿地公园、东营利津黄河生态公园、东营鸣翠湖湿地公园等湿地。这些滨海湖泊不仅为山东地区提供了丰富的水资源，还为水上运动、沙疗水疗、保健养生、风筝冲浪、海上滑翔、垂钓海猎、露营自驾等体育旅游活动的开展提供了基础。

以海洋水体资源为例，主要分为观光娱乐景观和休闲竞赛项目两大类。在近海岸，蓝天碧海、沙细滩阔，适合开展沙滩游憩、观海赏日等活动。近海中动植物种类丰富、礁石、贝类、珊瑚等构成绚丽多彩的海底世界，非常适合开展潜水旅游活动。例如，长岛是国内三大适合潜水的地方之一，有水下看仙山的美誉。水上运动分为休闲项目和竞赛项目两类，如青岛国际OP帆船营暨OP帆船赛、青岛"市长杯"大帆船拉力赛、"鲁商杯"青岛国际帆船赛等竞技性帆船赛事。

（三）滨海生物景观类体育旅游资源

生物景观旅游资源，主要是指由植物、动物及其相关生存环境所构成的各种过程与现象。山东滨海地区地处中纬度地区，生物景观资源丰富、生态多样，主要包括花卉资源、树木资源、海洋藻类资源及野生动物资源。此类生物景观旅游资源为滨海体育旅游中潜水运动、海钓海猎、自驾露营等项目提供了资源保障。此类活动需在对生态扰动较少，或在对生态修复具有积极作用的前提下开展。

以森林公园为例，截至2016年底，我国共有森林旅游目的地9000余处，达到150万平方公里，超过国土面积的15%。其中，2016年全国森林旅游游客量达12亿人次，超过国内旅游总人数的27%。山东滨海地区林地资源丰富，如日照海滨国家森林公园、日照竹洞天风景区、青岛胶南市大珠山风景名胜区、青岛市植物园、青岛大泽山省级森林公园、烟台招远罗山国家森林公园、烟台长岛国家森林公园、烟台蓬莱艾山国家森林公园、威海市仙姑顶名胜风景区、威海荣成槎山风景名胜区、威海老虎山生态园、潍坊沂山国家森林公园、潍坊青州仰天山国家森林公园、东营黄河口国家森林公园、滨州鹤伴山国家森林公园等。例如，日照海滨国家森林公园是全国首批国家森林公园之一，公园总面积达12000亩，拥有林地面积约6000公顷，森林覆盖率75.8%，现为国家4A级景区。公园分为森林旅游区、海滨娱乐区、疗养度假区和太公文化区等功能区。现已建成水下鲨鱼馆、动物园、海水浴场、森林浴场、连翘园、樱花园、红叶林等景点；开展了森林浴康体养生、森林自行车骑行、森林欧式马车环绕、森林迷你马拉松、森林露营等体育休闲旅游项目。

(四)滨海气候景观类体育旅游资源

滨海气候景观旅游资源可以按形成原因分为光现象、天气现象与气候现象三类。光现象如日出日落、海市蜃楼、云海火烧等,天气现象则是常见雨景、雾景、冰雪等,气候现象是温度、空气、湿度等。山东滨海地区因其独特的地理环境,拥有特异的天象奇观,适合开展体育休闲度假、体育康体医疗、体育景色观赏等体育旅游活动。

1. 海市蜃楼

海市蜃楼(Mirage)作为一种独特的罕见的大气光学现象在山东滨海地区多发于烟台蓬莱阁景区,是光线经过物理折射后,使远处景物出现在半空中或地面上的现象。由于独特的气象条件和地理位置,每年4—9月,蓬莱市成为中国乃至世界上海市蜃楼景观出现最频繁的地区之一。

2. 平流雾景观

平流雾(Advection fog)是暖湿空气移到较冷的陆地或水面时,因下部冷却而形成的雾。山东滨海地区海水资源丰富,从海面吹来温度较低的雾气,遇到温度较高的陆地空气后便会形成平流雾景观。山东滨海地区烟台、青岛、威海、日照等城市,由于自身的地理位置条件,都是平流雾景观的多发地。例如,位于山东半岛尖上的成山头,7月平均有雾达到23.8天,有"雾窟"之称。

3. 气候现象

山东滨海地区地处中纬度地区,海洋气候与季风气候兼备,四季分明,气候宜人,具有春季迟缓、夏季温润、秋高气爽、冬季少寒的特征,成为仙境海岸、避暑天堂,为体育医疗旅游、体育康复旅游、体育颐养度假旅游等提供了良好条件。

二、山东滨海人文类体育旅游资源

(一)滨海人文景物类体育旅游资源

山东滨海地区历史悠久,产生了灿烂的文化和众多珍贵的历史遗迹,是中国原始文化的重要发源地。第一，山东滨海地区自古民风淳朴，人民大多热爱体育运动，因此产生了众多特色体育遗址和建筑。第二，山东滨海地区经济发达，实力雄厚，国民生产总值位居全国首列，促进了国际国内大型赛事的引进和承办，完善了山东体育基础设施和配套设施，丰富了山东体育旅游产品，形成了品类繁多、作用强劲的群众性体育活动和人文活动。

1. 体育遗址遗迹、名人故居

山东历史文化源远流长，文化遗产底蕴深厚。山东滨海地区既是华夏文明的重要发源地，也是齐鲁体育文化的重要载体，时过境迁，传统体育文化遗址已成为重要的滨海体育旅游景观资源。

山东的体育文化活动遗址包罗万象。例如，淄博市的足球博物馆收藏了众多有关蹴鞠文档资料和实物，是国内外首家专业足球博物馆，浓缩了中国的蹴鞠文化史、世界足球史、民俗发展史和体育文化史，它详细地介绍了蹴鞠在中国古代的起源和发展情况，运用实物展示、图画形式、影音影像等详细地介绍了中国古代足球运动的具体形式。潍坊市的风筝博物馆作为我国首座风筝博物馆，国内外风筝样品应有尽有，记载了我国风筝的发展史，展示了风筝体育运动的独特魅力，充分体现了中华民族丰富多彩的文化，成为传播和弘扬风筝文化的艺术交流中心。近代以来，山东滨海地区在饱受列强摧残的同时，传统的中华文化和西方文化不断结合，产生了独特的文化景观。青岛体育场（20世纪30年代建）便是在中西文化的交互影响下建设的，是具有历史意义的体育旅游景观资源。作为山东体育文化符号的有效载体，分布在山东各地的遗址和古建筑，可以因地制宜开展体育文化遗址学习、体育文化遗址旅游、体育文化遗址景观赛事旅游等体育旅游项目。

2. 现代体育建筑与设施

山东滨海地区通过优化体育基础设施和配套设施、引进和承办国际和国内大型赛事，各类比赛训练基地、水上运动基地、体育工厂、温泉疗养度假区、滑雪度假区、高尔夫度假区等现代体育建筑和设施旅游资源崭露头角。

山东已经逐步形成了以青岛市方特梦幻王国景区、烟台市体育公园、蓬莱市和圣休闲园、威海乳山市多福山景区、潍坊市富华游乐园、潍坊市安丘青云湖休闲度假乐园、潍坊市青州双贝体育公园为代表的体育休闲乐园。休闲乐园内体育娱乐设施齐全、种类繁多，适合开展体育休闲旅游活动。

众多赛事的成功举办助力山东体育基础设施，形成了以青岛奥帆基地、青岛国信体育中心、潍坊奥体中心、日照水上运动中心、滨州奥体中心、烟台市体育公园为代表的体育基础设施。完善的体育基础设施不仅为众多赛事提供了场馆场地，也为大众体育旅游项目的开展提供了载体和资源。大型体育赛事的举办不仅提高了群众的体育意识，还进一步地推动了休闲体育项目的发展。山东已经形成了以日照奥林匹克水上运动公园、烟台海阳旅游度假区、青岛奥帆赛基地为代表的众多大众体育休闲项目。此类体育建筑旅游资源基础好、高品质、兼具特色，适宜开展体育景观旅游、体育运动体验旅游、体育赛事旅游、体育工业旅游、体育拓展培训旅游、体育商务会展旅游等活动。例如，青岛国信体育馆是青岛国信体育中心的主场馆之一，与青岛国信体育场、青岛国信游泳跳水馆呈"三足鼎立"的总体布局，曾是第十一届全运会冰上比赛的赛场、乒乓球比赛的赛场、全国短道速滑联赛（青岛站）的赛场、苏迪曼杯羽毛球赛的赛场，CBA青岛双星篮球队主场、羽超球队青岛仁洲羽毛球主场，功能上可以满足全运会和世界单项体育赛事的要求，设计上体现了青岛本土文化脉络与现代设计的一种自然的结合。2010年以来，青岛国信体育中心通过举办全运会赛事、国际青年足球邀请赛、中国足球甲级联赛等大型体育赛事，采用商演、展会、参观等多种途径，吸引了各地的体育赛事旅游者、体育商务旅游者和体育景观旅游者。

（二）滨海文化传统类体育旅游资源

传统节日与节庆联系紧密，是休闲娱乐的主要形式和载体，是民族传统文化构成中最具传承性和普遍性的要素，"是一种沉思式的庆典态度"[1]。传统节日不为发展旅游而产生，但传统节日习俗与体育休闲却有着直接的关系。作为节日文化活动的一项重要内容，体育成为民俗传承、彰显节日特色的重要方式。将各式各样的传统体育习俗从体育旅游角度进行分解重塑，跨越时空界限将不同地域、民族、文化特质、历史时期的体育民俗以民俗、节庆的形式进行形象再现，其实质是对民族历史、民族文化、民族传统、民族记忆的追溯、记录和传承，更契合和满足现代人的心理需求。

作为民俗文化的重要组成部分，山东滨海地区民俗文化悠久、多彩多姿、内涵深刻、底蕴深厚、特色浓郁，在发展过程中既各具特色、又相互融合，表

---

[1] 托马斯·古德尔，杰弗瑞·戈比. 人类思想史中的休闲[M]. 成素梅，马慧娣，季斌，等，译. 昆明：云南人民出版社，2000.

现出自身发展地域性、多样性和融合性特点。诸多节庆的开展与民俗体育关联极高，密不可分，具有较高的社会价值和经济价值，是发展体育旅游的重要资源，具备开发成为体育旅游精品的潜力[1]。山东省节日文化和体育旅游有机融合，已经形成具有地方特色的体育旅游节庆活动，形成以潍坊国际风筝节、青岛国际海洋节、威海荣成国际渔民节、滨州胡集书会、东营黄河口文化旅游节、烟台龙口国际徐福文化节、山东蓬莱渔灯节为代表，以历史文化资源为核心的节庆活动；以长岛渔号、渔民节祭祀仪式、民间食俗、"串黄河"风俗、渔灯节、海岛端午节、田横祭海节、胶东大秧歌、太阳祭祀为代表的反映山东海洋文化的民俗体育旅游活动。

（三）滨海民俗风情类体育旅游资源

民俗是传统与文化的活态形式，是一种民间传承文化[2]。民俗体育是一种特殊的体育文化，但首先是一种民俗文化，是存在和融入民众日常生活的节日、风俗、礼仪、习惯之中的一种集体性、生活化、模式性、继承性的体育活动。

山东滨海地区民俗体育文化资源丰富，涵盖海洋文化、黄河文化、海岱文化、龙山文化、移民文化等，是齐鲁民俗体育文化的重要构成部分。山东滨海地区的自然环境涵盖了海洋、丘陵、高山、大河等复杂的地理环境，形成了丰富多彩的特色地域民俗体育文化；而历代的迁徙活动也带来了不同区域、不同民族、不同年代的各类移民文化，两者产生丰富多彩、独具特色的滨海民族民间传统体育活动。文有礼教有序的礼射、棋类等；武有摔跤、石锁、拔河等；幼有打冰滑、推罗圈、打陀螺、打猴打瓦等；长有踢毽子、放风筝和太极拳；可以满足各种年龄阶段的不同需求。提及文化底蕴，既有源于古代狩猎的射箭、弹弓，也有源于军事体育中的角抵、摔跤、斗剑；谈起大众玩乐，既有房前屋后的下五子儿、憋死牛（老虎跳井），也有田间地头的斗羊、斗鸡、斗牛；老少咸宜，雅俗共赏。此外还有大秧歌、跑旱船、抬花轿、骑毛驴、舞"春牛"、火龙舞、狮子舞、打年鼓等民间娱乐。多姿多彩的民俗体育造就了体育文化寻根之旅。

---

[1] 宋崛.传统节日文化与山东节庆旅游资源开发[D].济南：山东大学，2006.
[2] 钟敬文.民俗学概论[M].北京：高等教育出版社，2010.

（四）滨海武术文化类体育旅游资源

山东的自然环境和人文环境不仅养育了山东人健壮的体貌，塑造了粗犷的性格，而且创造了自然奔放、源远流长、博大精深的中华武术。山东武术在中国武术发展史上占重要地位，是中国传统武术的重要组成部分。远在东夷文化时期，古文献记载："东夷人，腰挎弓箭……粗犷勇武，仁义柔顺。"另据史书记载："山东的尚武之风自古兴盛，并十分流行"。有"拳兴于齐国"和"南拳北腿山东查"之说，新石器时期山东大汶口和龙山文化遗址中出土的大批石器器皿及在全省各地出土的商代铜制兵器，都是武术器械起源的再现。齐国在管仲任相时，提倡拳勇，重视选拔拳勇之人，要求"于子之乡，有拳勇、股肱之力、筋骨秀出于众者，有则以告；有而不以告，谓之蔽才，其罪五"。齐国武技的精华在于技击，《晏子春秋·内篇杂（下）》载："齐人甚好毂击，相犯以为乐，禁之不止。"体现出齐国人民的尚武风气。齐鲁两国尤胜剑道，山东境内出土的同期的各种刀剑达上千件，这些都是齐鲁"崇剑尚武"的历史物证[1]。山东滨海地区武术种类繁多，形成了各自不同的风格、特点和流派。烟台的戚家拳、螳螂拳、少林拳、唐拳、八极拳、形意拳、埋伏拳、地龙经、牛郎棍、四通捶等；青岛的孙膑拳、少林长拳、查拳、地功拳、太乙拳、八卦拳、螳螂拳、形意拳等；威海的洪拳、九水梅花长拳、太极拳、地功拳、劈挂拳、螳螂拳、通背拳、意拳、鹰爪拳、八卦掌等；潍坊的徐家拳、牛郎棍、孙膑拳、四通捶、子午门功夫、地龙经等；东营的龙形太极拳、太乙拳、孙膑拳、查拳、少林拳、螳螂拳、形意拳、盘丝腿、戚门十三剑等；滨州的八极拳、罗汉拳、太极拳、通背拳、八卦掌、劈挂拳、意拳等；日照的形意拳、太极拳、咏春拳、九宫八卦斩穴拳、子午门功夫等。丰富的武术资源为武术修学旅游、武术竞赛旅游、武术研讨旅游、武术文化旅游的开展提供了保障。

三、山东滨海综合与服务类体育旅游资源

山东滨海地区体育旅游资源繁杂多样，其吸引力、辐射范围呈现出区域性、大尺度的特征。而在众多体育旅游资源中，综合类体育旅游资源呈现出多元化、综合性、复合性的特征，其功能性远超单体体育旅游资源。综合类体育

---

[1] 李成银.齐鲁武术简论[J].搏击，2005（8）：1-2.

旅游资源除了必备的体育休闲健身、体育康养等功能，还应具备和提供相应的体育旅游服务设施与体育旅游服务。其类型主要包括：国务院审定公布的国家历史文化名城、国家风景名胜区、国家旅游度假区、国家精品体育旅游线路等具有典型综合性与服务性的滨海体育旅游资源。以下以国家级风景名胜区、国家精品体育旅游线路为例。

（一）国家级风景名胜区

山东滨海地区自然条件优越、拥有丰富的自然旅游资源，此外，兼具众多具有一定规模和游览条件的人文景观。山东省的旅游风景名胜区主要分为以下几种类型：山岳型、湖泊型、河川型、瀑布型、海岛海滨型、森林型、人文风景型等类型，其中在山东省11家国家5A级风景名胜区当中，山东滨海地市就拥有7个，包括烟台蓬莱阁旅游区、烟台龙口南山景区、青岛崂山景区、威海刘公岛景区、沂蒙山景区（含潍坊沂山景区）、潍坊青州古城旅游区和威海华夏城旅游景区。

（二）国家精品体育旅游线路

体育旅游精品线路遵循"体育+旅游"的主线发展，以体育为主，旅游为辅，逐渐形成一类特殊的特色体育旅游品牌资源，其主要手段有体育赛事、体育参与、体育观赏等。山东滨海地区拥有黄河口（东营）国际马拉松赛、威海铁人三项赛、日照海滨山岳行、青岛奥林匹克帆船中心等国家级体育旅游精品赛事和体育休闲旅游精品线路。在此带动下，山东滨海地区已基本形成了以日照蓝海1号、潍坊星河·白浪河露营地、青岛蓝凤凰金沙滩露营地、东营市神仙沟汽车露营地、山东青云山民俗游乐园国际汽车营地、烟台昆嵛山汽车露营地、威海大乳山滨海旅游度假区露营点为代表，以骑行、徒步、自驾等为主的户外休闲体育旅游精品线路；以青岛奥林匹克帆船基地、烟台海阳亚沙会基地、日照奥林匹克水上公园等为代表，以帆船帆板、龙舟竞渡、赛艇摩托、风筝冲浪等为主的水上运动体育旅游精品线路；以青岛崂山登山节、潍坊风筝节、田横岛祭海节、威海荣成国际渔民节、威海国际钓鱼节、烟台三月三塔山会、东营孙子国际文化节等为代表的民俗、民族体育旅游精品线路；以青岛天泰滑雪场、龙口南山高尔夫球场为代表的滑雪、高尔夫等高端休闲专项体育旅游精品线路；以青岛国际帆船周、黄河口（东营）国际马拉松赛、威海铁人三项赛等为代表的单项精品体育赛事旅游精品线路。

四、山东滨海商业类体育旅游资源

（一）滨海运动类体育旅游资源

在体育旅游中，首要的是体育元素，体育元素在体育旅游中的主要表现形式为大型体育赛事、新兴体育运动及地域性、普及性、季节性显著的体育运动。比如，具有地域性特征的潍坊风筝节、烟台海阳大秧歌等；具有极强玩乐性，但又受到季节、气候因素影响的水上运动、冰雪运动；具有普及性的球类运动、马拉松、自行车、徒步等体育运动。

作为体育旅游的核心内容，体育赛事尤其是重大体育赛事，可以在短时期内，形成超乎寻常的物流、人流、信息流的集聚，无论是参赛旅游，还是观赛旅游，抑或是围绕着赛事核心区域和建筑的体育赛事景观旅游，都会提高主办城市的知名度，为城市吸引大量的游客，成为城市旅游发展的"催化剂"。据北京奥组委统计，2022年北京冬奥会全面促进了北京体育事业的发展，在五年内将冰雪运动参与人次推进到2480万，经常参加体育锻炼的人口比例达到50.18%；推动了经济的高速高质量发展，2020年市GDP达到3.6万亿元人民币。我国体育赛事旅游发展空间巨大。

1. 体育赛事、节事活动

山东滨海地区竞技体育水平较高，体育赛事节事多元，是山东乃至全国体育赛事、体育旅游节庆的重要集中地。第一，职业联赛较为发达。借助优势竞技体育资源，山东滨海地区形成了相对稳定的地域性体育赛事资源，拥有着众多高水平职业队伍并积极参加各项常规职业联赛。青岛双星篮球俱乐部参加了CBA联赛，球队主场设在青岛，同时曾把部分比赛安排在烟台、潍坊举办，2016年球队与潍坊高新区合作，球队命名为青岛双星男篮潍坊高新队；青岛中能足球俱乐部、青岛黄海足球俱乐部、青岛辰熙五人制足球俱乐部参与了中国足协举办的各类赛事；青岛合展仁洲羽毛球俱乐部参加了中国羽毛球超级联赛；山东鲁能足球学校被设在潍坊，山东鲁能乒乓球俱乐部被设在青岛，潍坊设有参加乒超联赛的训练基地；青岛多次承办围甲联赛山东队的主场比赛等。第二，积极引进和承办国际国内赛事。山东滨海地区区位环境优越，体育场馆设施齐备，先后有众多国家级和省级体育训练基地落户，并成功举办、承办了奥运会帆船比赛、第十届全运会部分赛事、亚洲沙滩运动会、世界帆船锦标赛、全国水上运动会、东营黄河口国际马拉松、黄河三角洲体育节、潍坊国际风筝会等重大国内外赛事、节事，丰富了山东滨海地区体育赛事、节事旅游资源。

2. 高尔夫、滑雪、钓鱼等专项体育旅游

专项体育旅游活动是指在体育旅游资源开发相对比较成熟的情况下独立的体育旅游业态，属于典型的体育类旅游资源，主要包括体育赛事、高尔夫、滑雪、钓鱼、自驾等体育旅游资源形式。

山东滨海地区是山东休闲体育产业发展的重点区域，区域内生态环境优良，基础设施完善，拥有马术训练基地、温泉、滑雪场和高尔夫球场等高端休闲体育产业资源，对于引领山东体育产业发展，促进体育产业升级具有重要的示范效应。以东方（烟台）高尔夫俱乐部、海阳旭宝国际高尔夫俱乐部、蒙格玛利高尔夫俱乐部（南山东海西区）、南山国际高尔夫俱乐部、南山丹岭翠谷高尔夫俱乐部、青岛石老人国际高尔夫球场、青岛伯爵山高尔夫会员俱乐部、东方高尔夫乡村俱乐部、韩龙高尔夫球场、锦湖韩亚高尔夫俱乐部、山东威海碧艾琵（BIP）温泉高尔夫俱乐部、山东威海荣成利智高尔夫俱乐部、山东东营揽翠湖高尔夫俱乐部等为依托的高尔夫专项旅游。以青岛天泰滑雪场、烟台塔山滑雪场、勃朗鲁东滑雪场、青州驼山滑雪场、威海威虎山滑雪场、滨州中海滑雪场、五莲山滑雪场等为代表的滑雪专项旅游。以青岛龙盘休闲海钓示范基地、荣成泓泰桑沟湾休闲海钓示范基地、荣成东楮岛休闲海钓示范基地、荣成烟墩角休闲海钓示范基地、威海刘公岛休闲海钓基地、威海小石岛休闲海钓基地、西霞口休闲海钓示范基地、牟平云溪休闲海钓基地、莱州芙蓉岛休闲海钓基地、长岛南长山休闲海钓基地、长岛大钦岛休闲海钓基地、日照岚山阳光海洋牧场休闲海钓基地等为依托的垂钓、海猎等专项旅游。以烟台乐天游艇俱乐部、日照翟墨国际游艇俱乐部、威海西港国际游艇俱乐部、青岛国际游艇俱乐部为代表的邮轮游艇体育旅游项目。

（二）滨海商展类体育旅游资源

山东滨海地区体育产业发展迅速，成为体育学术交流、体育产业交易会、体育博览会、体育展销会、体育展览会的重要举办地。山东省会展产业发展协会公布的2021年山东会展行业统计数据显示，2021年山东省共举办展览会490个，展览总面积961.45万平方米，展览业直接销售收入、业间接收入、带动收

入分析（产值）约605.44亿元；按照1∶9的拉动系数，全省展览业对当地经济贡献的增加值为5448.96亿元。其中，专业化程度较高且室内展览面积超过10万平方米的会展中心共有4个，分别是青岛世博城国际会展中心、青岛国际博览中心、红岛国际会议展览中心及山东国际会展中心，除山东国际会展中心位于省会济南外，共余三个会展中心均位于滨海地区。2022年，全省将新增两个展馆，其中的烟台八角湾国际会展中心也位于滨海地区。

完善的展览设施、优秀的会展策划公司、发展迅速的体育产业市场为山东滨海体育会展旅游提供了发展平台和广阔空间，举办了青岛健康器械展、游艇帆船展、威海渔具商展。以中国国际航海博览会暨中国（青岛）国际船艇展览会为例，作为国家级船艇博览盛会，展会以促进产业升级、助力海洋经济为主题，既包含陆上船艇及配套设备静态展示，也包含T25三体帆船赛、船艇试乘试驾、水上游艇与帆船动态体验等赛艇运动交流活动，还包含全国帆船游艇设计大赛、国际游艇小姐大赛等游艇文化交流活动。通过传播世界先进的游艇文化与理念，促进船艇业的对外交流与合作，推动高端海洋游艇旅游经济的发展。2013年，展会继续居全国水陆结合船艇展首位，水陆总展出面积达到2.6万多平方米，3.8万人入场参观，其中专业观众2.1万，意向签约成交额达2.2亿元。

（三）滨海商品类体育旅游资源

体育旅游商品既有主题性又有关联性。近年来，山东体育产业发展势头良好，体育旅游商品有了良好的发展空间与环境；凭借赛事、主题活动、场馆设施与各类人气赛事效应，山东滨海地区开发了一系列主题性的体育旅游商品，包括体育旅游装备品、体育旅游衣着品、体育旅游装饰品、体育旅游食品、体育旅游艺术品、体育旅游纪念品等。

体育旅游商品主要有吉祥物会徽品类、民间民俗体育文化品类、场馆设施品类、参与型纪念品类、体育装备品类几种，例如，青岛奥帆赛吉祥物玩偶、吉祥物T恤等相关制品；潍坊风筝制品等相关制品；青岛奥帆赛基地等造型制品；与赛事相关的钥匙链、帽子、文化衫、雨伞、扇子、杯垫、手机壳等，以及运动器材、鞋服、钓具等。

以2015年世界休闲体育大会为例，结合青岛特色，会徽设计取"青岛"的汉语拼音首字母大写"Q"的形状，以青岛莱西木偶戏为原型，设计吉祥物"莱哥""西妹"，吉祥物憨态可掬，形象健康阳光，活力四射。青岛也以此为主要内容进行体育旅游商品开发，打造了以平面设计、立体形象为两大类别，以海报、玩偶、学习用品、纪念品、纪念金币为主要载体和形式的系列旅游产品。青岛世界休闲体育大会吉祥物开发包括四大类13种产品，包括现场实用类、纪念品类、文化产品类和小饰品类。其中现场实用类产品包括印有大会标志和吉祥物的指定矿泉水，印有青岛特色风光和吉祥物的文化丝绸折扇，帽沿处设计印制了大会标志和吉祥物的遮阳帽，在背面和胸前部位设计印制了大会标志和吉祥物现场方阵的吉祥物文化衫。纪念品类产品包括以大会吉祥物的形象为主体的毛绒玩具纪念品、车载香水瓶、吉祥物笔筒及办公室相关产品如签字笔、橡皮等。文化产品类包括宣传世界休闲体育大会和地方文化的吉祥物标志、城市画卷明信片、纪念邮册。小饰品类包括吉祥物样式的钥匙扣、车内挂件和印有吉祥物图案的现场小喇叭、鼠标垫。

第四节　山东滨海体育旅游资源评价

一、评价指标体系的建构

（一）评价指标的选取依据

体育旅游资源，作为流量经济其吸引力大小是体育旅游行为产生的基础。因此，要综合考虑选取的体育旅游资源指标，让它们既是大尺度体育旅游者的唯一选择，也是中小尺度体育旅游者的首要选择[1]。在综合考虑体育旅游资源的数量、种类、规模、品质和每种体育旅游资源单体的影响力前提下，选取指标应具有适宜开展或与滨海体育旅游活动相关性强、品质优、声誉好、知名度高、辐射性强、影响力大等特征[2]。

（二）评价指标的选取和赋分

作为特殊的资源实体，体育旅游资源涵盖范围广泛，并呈现出交叉性、综

---

[1] 李经龙，郑淑婧.中国品牌旅游资源空间布局研究[J].资源科学，2006，28（1）：174-179.
[2] 姜付高，曹莉，孙晋廉，等.我国滨海地区体育旅游资源禀赋、丰度与绩效评价研究[J].天津体育学院学报，2016，31（4）：1-5.

合性和变化性，很难将其如评估矿产资源、土地资源、水资源等自然资源那样通过制定量化指标来综合评估各地区的资源状况。因此根据《中国旅游资源普查规范》《旅游资源分类、调查与评价》（GB T 18972—2003）的旅游资源分类标准，同时考虑体育旅游资源单体的代表性和相关信息的可获得性；借鉴王凯[1]、张广海[2]、田纪鹏[3]、何效祖[4]等人的旅游资源评价指标，结合体育旅游业的发展现状，采用专家问卷法[5]，确定体育旅游资源单体样本并赋分（表4-2）。

表4-2　山东省滨海地市旅游资源因子体系及其权重

序号	体育旅游资源单体名录	级别	赋分
1	4A级景区	国家级	8
2	5A级景区	国家级	10
3	国家级风景名胜区	国家级	10
4	国家级森林公园	国家级	10
5	国家级水利风景区	国家级	10
6	国家级自然保护区	国家级	10
7	国家级湿地公园	国家级	10
8	海洋特别保护区、海洋公园	国家级	10
9	国家海洋自然保护区	国家级	10
10	国家精品体育旅游路线	国家级	10
11	国家旅游度假区	国家级	10
12	中国历史文化名城（镇、村）	名城	10
		名镇	8
		名村	6
13	全国工业旅游示范点	国家级	6
14	全国农业旅游示范点	国家级	6
15	全国休闲农业与乡村旅游示范单位	示范县	6
		示范点	6

[1] 王凯.中国主要旅游资源赋存的省际差异分析[J].地理与地理信息科学，1999（3）：69-74.

[2] 张广海，王佳.我国旅游资源竞争力综合评价及其开发类型研究[J].中国海洋大学学报（社会科学版），2013（2）：43-50.

[3] 田纪鹏.我国滨海旅游空间结构研究[D].青岛：中国海洋大学，2008.

[4] 何效祖.基于地域系统结构研究的旅游资源评价与旅游地实证分析[D].兰州：兰州大学，2007.

[5] 肖彦俊.山东省城市社区体育健身公共服务满意度研究[D].曲阜：曲阜师范大学，2015.

(续表)

序号	体育旅游资源单体名录	级别	赋分
16	国家级非物质文化遗产	国际级	2
17	五星级酒店	国家级	5
18	优秀旅游城市	国家级	5
19	休闲渔业示范基地	国家级	8
20	高尔夫球场	国家级	5
21	体育赛事	国内	6
		国际	10
22	职业联赛	国家级	10
23	滑雪场	国家级	5
24	国家级体育产业基地	国家级	10

（三）评价指标体系的构建

基于山东省沿海地市滨海体育旅游资源的特征，综合考虑各旅游资源单体的代表性、数据权威性及数据的可获得性等要求，选取国家4A级景区、5A级景区、全国休闲农业与乡村旅游示范单位、中国历史文化名城（镇、村）、体育赛事、国家级风景名胜区、国家级森林公园、国家级水利风景区、国家级自然保护区、休闲渔业示范基地、国家旅游度假区、优秀旅游城市、国家级湿地公园、海洋特别保护区和海洋公园、国家海洋自然保护区、国家级非物质文化遗产、全国农业旅游示范点、全国工业旅游示范点、五星级酒店、高尔夫球场、滑雪场、职业联赛、国家体育产业基地、国家精品体育旅游路线等24项作为代表性的指标，进行山东省滨海地市旅游资源禀赋评价，通过对每项指标赋分确定资源禀赋权重，以减小主观性的影响。

二、山东滨海体育旅游资源禀赋评价

基于上述评价因子体系和权重赋分，对山东滨海7个城市24项旅游资源单体进行资源禀赋值求算（表4-3），以此求知山东滨海体育旅游资源禀赋，挖掘每个地市体育旅游开发潜力，为滨海体育旅游规划决策提供相关参考。

表4-3 山东省滨海地市旅游资源禀赋表

单位名称	青岛	日照	烟台	威海	潍坊	东营	滨州
4A级景区	96	32	88	32	96	16	8
5A级景区	10	0	20	10	0	0	0
国家级风景名胜区	10	0	10	10	10	0	0
国家级森林公园	30	20	70	50	30	10	10
国家级水利风景区	30	0	50	20	100	50	100
国家级自然保护区	10	0	20	10	10	10	10
国家级湿地公园	10	10	20	0	40	0	10
海洋特别保护区、海洋公园	0	10	80	60	10	50	0
国家海洋自然保护区	0	0	10	10	0	10	10
国家精品体育旅游路线	10	0	0	0	0	20	0
国家旅游度假区	10	0	0	0	0	0	0
中国历史文化名城（镇、村）	14	0	22	6	8	0	0
全国工业旅游示范点	48	6	36	42	12	0	0
全国农业旅游示范点	30	42	30	12	36	6	0
全国休闲农业与乡村旅游示范单位	30	0	10	6	4	0	8
国家级非物质文化遗产	96	22	120	76	258	14	54
五星级酒店	45	0	25	10	15	10	0
休闲渔业示范基地	0	8	8	32	8	0	8
优秀旅游城市	15	5	35	20	20	5	5
高尔夫球场	90	0	65	65	20	0	0
体育赛事（年均）	172	44	82	57	83	22	10
职业联赛（年均）	20	0	0	0	0	4	0
滑雪场	55	15	25	20	10	15	15
国家级体育产业基地	10	0	0	0	0	0	0
总分	841	214	826	548	770	242	248

注：山东滨海7地市体育旅游资源单体数量见附录3。

山东省滨海地市体育旅游资源分布总体不均匀，青岛市体育旅游资源禀赋值为841分，烟台市以826分紧居其后，潍坊、威海、滨州、东营四市分别以770分、548分、248分、242分的分数位列三到六位，日照市体育旅游资源禀赋值最低，仅为214分，排名最后一位。青岛市以众多的体育赛事、高水平的职业联赛、丰富的滑雪场、高尔夫球场,以及体育类旅游资源的优势,位列第一。烟台市凭借优秀旅游城市、丰富的海洋特别保护区、国内赛事和高尔夫球场,位列第二。潍坊市作为我国传统文化历史名城,文化积淀深厚,拥有数量繁多的非物质文化遗产,依据文化资源优势和4A级景区优势,禀赋值位列第三。威海资源禀赋相对均衡,高尔夫球场、海洋特别保护区、国家森林公园等度假资源相对丰富,位列第四。滨州、东营、日照三市体育旅游资源相对贫乏,既与其地理位置、区域面积有关,也与其经济实力相关,三个地市应大力挖掘体育旅游资源,创新体育旅游产品,提高各类资源的数量及质量。

体育旅游业的发展是在主体产业发展的前提下,"集中必要的人力、物力和财力才能发展的引致产业"[1]。不同滨海地区体育旅游资源禀赋,可以反映不同区域的体育旅游资源特色。明晰区域体育旅游资源特色,可以为准确定位区域体育旅游资源形象,塑造区域体育旅游品牌提供参考。

依据山东滨海体育旅游资源禀赋分析,进行滨海体育旅游资源禀赋类型划分(表4-4),青岛市和烟台市为特富型,其资源禀赋值分别为159.58分、156.74分;潍坊市为中富型,资源禀赋值为146.11分;威海市为不富型,资源禀赋值为103.98分;滨州市、东营市、日照市为贫乏型,其资源禀赋值分别为47.06分、45.92分、40.61分。

表4-4 山东省滨海地级市体育旅游资源禀赋评价

省市	二级指标				一级指标
	自然类	人文类	综合与服务类	体育类	资源禀赋
烟台	178.57	142.27	178.51	133.93	156.74
排名	1	2	2	2	2
潍坊	135.71	205.22	141.40	87.99	146.11
排名	2	1	3	4	3
威海	107.14	109.53	82.23	110.57	103.98
排名	3	4	4	3	4
滨州	100.00	44.06	13.04	19.47	47.06
排名	4	6	7	7	5
东营	92.86	12.59	51.15	31.92	45.92

---

[1] 任慧,李春雷. 我国休闲体育产业价值链构造及延伸路径研究[J]. 天津体育学院学报,2011,26(1):15-18.

（续表）

省市	二级指标				一级指标
	自然类	人文类	综合与服务类	体育类	资源禀赋
排名	5	7	5	6	6
青岛	57.14	137.23	196.56	270.19	159.58
排名	6	3	1	1	1
日照	28.57	49.10	37.11	45.94	40.61
排名	7	5	6	5	7

一级指标中资源禀赋指数表明城市的经济和体育产业水平，可以为滨海地区体育旅游资源开发奠定基础。以青岛市为例，在2014年，青岛市旅游收入为1010.71亿元，在山东沿海地级市中遥遥领先，接近位居第二的烟台市（585亿万元）的两倍。在资源方面，青岛市资源总量位居第一，其中以五星级酒店、景区为代表的综合类和服务类体育旅游资源，以及以体育赛事、职业联赛、高尔夫球场为代表的体育类体育旅游资源数量最多，这与青岛市拥有雄厚的经济基础和得天独厚的自然资源基础密不可分。青岛市凭借优良的自然环境、经济基础和体育发展水平，建设了滑雪场、高尔夫球场等高水准、大型的体育设施，拥有高水平的联赛队伍，引进和开展了高质量的国际和国内赛事，表明青岛实现了经济、体育、旅游的融合发展，促进了体育旅游资源禀赋的整体开发。

二级指标中，自然类体育旅游资源禀赋指数排名前四位的是烟台市（178.57）、潍坊市（135.71）、威海市（107.14）、滨州市（100.00）；人文类体育旅游资源方面排名前四位的是潍坊市（205.22）、烟台市（142.27）、青岛市（137.23）、威海市（109.53）；综合与服务类旅游资源方面排在前四位的是青岛市（196.56）、烟台市（178.51）、潍坊市（141.40）、威海市（82.23）；体育类体育旅游资源方面排名前四位的是青岛市（270.19）、烟台市（133.93）、威海市（110.57）、潍坊市（87.99）。分析表明：第一，自然类体育旅游资源空间分布不均，烟台、潍坊、威海三个地市自然类体育旅游资源总量占比最大，从区域均衡方面看，受国土面积、地理特征和经济等因素的影响，这三个地市应以自然资源为依托，加快发展生态体育旅游度假产品，打造仙境海岸核心区。第二，人文类体育旅游资源空间分布不均，潍坊、烟台、青岛人文类体育旅游资源丰富，潍坊应发挥文化积淀丰厚的优势，打造民俗体育旅游核心区。第三，体育类旅游资源空间分布不均，青岛体育类旅游资源遥遥领先，应发挥体育类旅游资源核心极化作用，打造水上运动赛事旅游核心区。第四，山东省滨海地级市综合与服务类体育旅游资源空间分布不均，青岛、烟台、潍坊占比较多，滨海地区应发挥其基础设施良好、景区影响力大的优势，重点打造以体育商展会展、体育休闲度假、体育演艺为代表的体育旅游产品。

（一）自然类体育旅游资源禀赋评价

选取六项自然类体育旅游资源单体，包括国家级水利风景区、国家级森林公园、海洋特别保护区、国家海洋自然保护区、国家级自然保护区、国家级湿地公园，其评价结果显示（图4-1）：

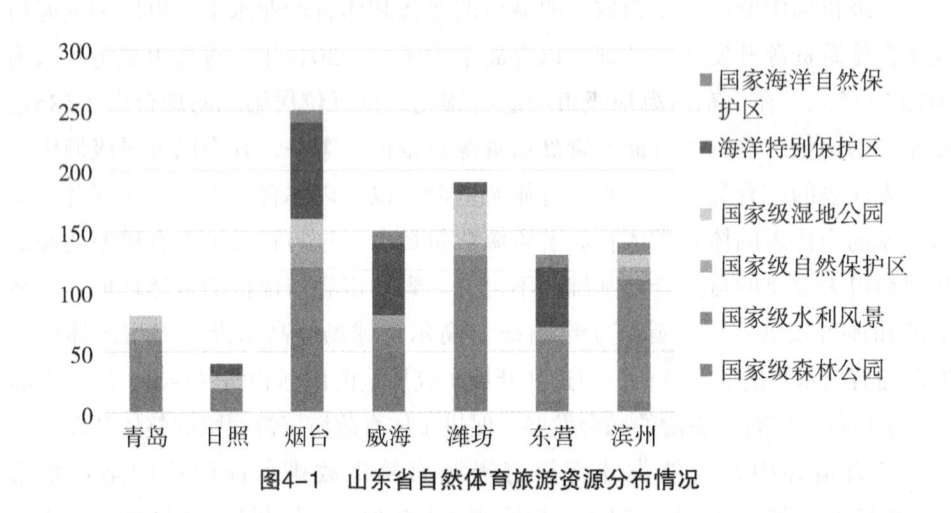

图4-1 山东省自然体育旅游资源分布情况

山东省各地市的滨海自然体育旅游资源禀赋并不平衡，烟台以250分居首位。其次是190分潍坊、150分威海，自然禀赋较小的是青岛和日照，分别为80分和40分。以上数据表现出烟台、潍坊地区是山东省自然类体育旅游资源的集中地，资源分布独具特色，资源开发相对完善。烟台市滨海海洋自然资源基础好，国家级森林公园、海洋特别保护区在滨海地市中居首位，表现出滨海海洋资源丰富，资源开发利用率高。滨州市与潍坊市的国家级水利风景区数量较多，禀赋值为100分，并列滨海城市首位。滨州与东营的自然类资源数量虽然不多，但是在生态资源方面优势独特，形成了以黄河生态为主体，以黄河三角洲生态湿地为依托的生态旅游资源品牌。虽然山东在黄河生态保护与湿地公园建设等方面比较成熟，但是仍要进一步增强对生态脆弱区的保护和开发，山东滨海依靠自然生态优势，建立生态体育旅游示范区，并以潍坊、滨州、东营为核心区，设生态红线进行保护性开发，开展以露营、徒步、登山等为代表的生态体育旅游活动项目。

（二）人文类体育旅游资源禀赋评价

如图4-2所示，选取六项人文类体育旅游资源单体，包括国家级非物质文化遗产、全国工业旅游示范点、全国农业旅游示范点休闲渔业示范基地、中国历史文化名城（镇、村）等。从图中可以看出人文资源禀赋在山东滨海地区的禀赋分配并不平衡，位列滨海地区前三名的是潍坊、烟台和青岛，分别为326分、226分、218分。表现出了潍坊"风筝之乡"、烟台"葡萄酒都"、青岛"奥帆之都"的开发成熟、人文要素齐全的特征。第四位和第五位是威海与日照，资源禀赋较少的是滨州与东营，尚需进一步挖掘潜力。

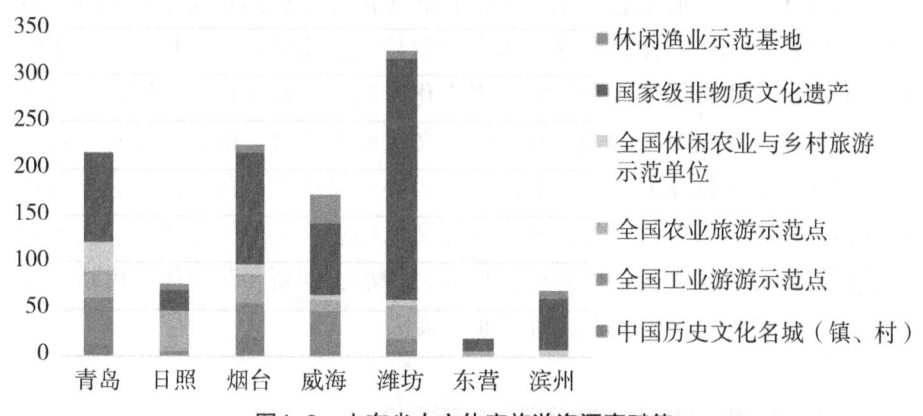

图4-2 山东省人文体育旅游资源禀赋值

滨海各地市各项人文类体育旅游资源禀赋各有差异。青岛、威海和烟台的全国工业旅游示范点禀赋总值占山东省滨海各城市的87.5%，分别为48分、42分、36分，由此可见青岛、威海、烟台三个城市的工业发展起步较早且发展较成熟，成为体育工业旅游的主要区域。威海休闲渔业示范基地的禀赋值占山东滨海各市的一半，足以说明威海市的渔业资源开发比较成熟，宜发挥资源优势，建设特色渔业基地，打造海钓旅游等海洋牧场产业集群。在非物质文化遗产禀赋方面，潍坊、烟台和青岛排名较高，分别为258分、120分、96分。可以看出这三地在文化传承与保护方面的发展较好，例如，各城市物质文化遗产的代表：潍坊风筝、烟台葡萄酒、莱州螳螂拳、胶州秧歌、青岛崂山文化等，都具有一定的国际影响力。尤其潍坊历史悠久、源远流长，是历史上著名的手工业城市，是我国历史上最大的风筝、木版年画的产地和染散地，素有"世界风筝都"之称。明清时期潍坊便以"二百只红炉，三千铜铁匠，九千绣花机，十万织布机"闻名遐迩，拥有聂家庄泥塑、扑灰年画、潍坊核雕、潍坊刺绣、潍坊嵌银漆器、安丘大鼓、昌邑剪纸、龙虎斗打击乐、小章竹马、大葛狮子舞、高密茂腔、青州挫琴艺术、孙膑崇拜、撅灯官等众多文化遗产，成为山东民俗体育文化的集聚区。滨州作为齐文化与黄河文化的发祥地之一，民间的传统艺术多种多样，如"无棣狮包""渔盐民祭海"等活动凸显了滨州的人杰地灵及民风淳朴。因此滨州应着力推动体育文化、旅游、民俗体育三者的融合发展，开发创意性旅游资源，对民俗体育体验、民俗体育商品、体育节庆等旅游消费热点进行深度发掘，发扬与延伸体育旅游文化属性，打造各种节庆活动，提升体育旅游消费占比。东营应依托"兵家体育文化""红色体育文化""体育历史名人文化""民俗体育文化"四大体育文化品牌优势，依托孙子文化旅游度假区、武圣府生态文化交流中心的文化优势和孙武湖体育旅游自然资源优势，深挖古代兵家体育文化，重点开发兵家文化展示区、兵家文化体验游憩区、滨湖温泉体育休闲区和兵家影视文化区四大体育文化功能区，着力塑造"诸子之祖，百家之源"的独特孙子体育文化旅游品牌。依托山东省非物质文化遗产中的陈官短穗花鼓、东路大鼓、大码头老汉摔跤、孙斗跑驴、枣木杠子乱弹等体育民俗项目，大力发展民俗体育文化创意、民俗体育体验、民俗体育观赏、民俗体育修学等民俗体育旅游形式，传承、创新、活化体育民俗非物质文化遗产，打造特色民俗体育旅游产业集聚区。

三、山东滨海体育旅游资源丰度评价

山东滨海体育旅游资源丰富，但由于自然地理条件、历史文化传统等因素造成的差异，使得地市资源类型各有不同。区域面积、地方人口、体育旅游资源数量等因素都会影响体育旅游资源的丰度。本文将选取人均体育旅游资源密度和地均体育旅游资源密度两项量化指标，并采用体育旅游资源相对丰度的计算公式[1]：

$$F=\sqrt{\frac{Q}{A \times B}}$$

式中，F 为山东滨海地区体育旅游资源相对丰度；Q 为体育旅游资源拥有量；A 为面积（平方公里）；B 为人口（万人）。

---

[1] 何丽红.长江流域旅游发展绩效的地区差异研究[D].上海：华东师范大学，2008.

限制滨海体育旅游资源丰度的主要因素有旅游资源单体总量、人口规模、行政区划面积三大方面，将三种指标的数据代入滨海体育旅游资源相对丰度的求算公式中，求得了山东省滨海体育旅游资源丰度的结果（表4-5）。

表4-5 山东滨海体育旅游丰度分析表

地市	青岛	东营	烟台	潍坊	威海	日照	滨州
Q-旅游资源拥有量	170.6	35.8	158.4	195.6	104.8	38.6	50.6
B-人口（2014年/万人）	904.62	209.91	700.23	924.72	280.92	287.05	383.96
A-面积（百平方公里）	110.67	83.02	137.50	149.19	56.98	53.53	94.53
F-相对丰度	0.5432	0.2767	0.5305	0.5153	0.9834	0.3090	0.2673

将山东滨海体育旅游资源相对丰度数据导入地理信息系统（GIS）软件ArcGIS10.0进行丰度分类分析并直观呈现，得到四种不同的丰度类型，即特富型（威海）、中富型（青岛、烟台、潍坊）、不富型（日照）、贫乏型（东营、滨州）。

（一）特富型

威海是滨海地区体育旅游资源相对丰度类型为特富型的城市，共有体育旅游资源单体104.8项，单位面积资源拥有量达到了百平方公里1.928项，是滨海地区资源相对丰度最高的城市。

由于威海的文登区和荣成被选为首批国家全域旅游示范区，这一先天条件促使威海产生了较多的高端体育项目，对滨海体育资源丰度的贡献较大。第一，威海大力推进海岸旅游景观建设，塑造了独具特色的营销形象，配以"幸福海岸""走遍四海，还是威海"等宣传话术，使得威海市十分适合发展不同的休闲体育旅游运动。第二，威海还举办过各种各样的大型国际性赛事，如2011年，威海先后承办了威海国际铁人三项洲际杯赛、威海国际铁人三项世界杯系列赛、全国铁人三项冠军杯系列赛、亚洲HOBIE级帆船锦标赛、"赤山旅游杯"第八届东亚手球俱乐部锦标赛、ITF国际青少年网球巡回赛（威海站）、昆嵛山国际登山大赛等一系列大型体育赛事。高端体育运动方面，威海市的高尔夫球场有13处，在各滨海地市中排第三位。同时利用渔具产业集中优势，建设休闲渔业基地和海洋牧场，集钓具展销旅游、海洋垂钓旅游、休闲垂钓旅游及竞技垂钓旅游于一体，打造"钓具之都，垂钓之城"，成为山东滨海高端体育休闲运动的典范；文化旅游方面，如威海"荣成国际渔民节"等具有国际影响力的节庆项目为滨海体育旅游发展增加了文化核心竞争力。

（二）中富型

中富型城市有青岛、烟台和潍坊三个地市。青岛体育旅游资源单体170.6项，位居全省第二，且其单位面积资源占有量为百平方公里1.565项，居滨海地市第二位，其资源类型为中富型。烟台体育旅游资源拥有量为158.4项，其行政区划面积为13708km^2，属于中富型。潍坊滨海体育旅游资源拥有量195.6项，但其行政区划面积为15859km^2，属于中富型。

青岛、烟台两市高端体育运动项目较多，如青岛的"天堂海岸"、烟台的"仙境海岸"等主题品牌，对滨海体育旅游丰度贡献较大；潍坊体育类非物质文化遗产等资源赋存较高，居山东滨海地市首位，但其行政区划面积较大，导致其滨海体育旅游资源相对丰度值较小。体育赛事方面，分别举办了如2008年青岛奥帆赛及帆船系列赛事、2013年烟台亚洲沙滩运动会、2013年潍坊中日韩青少年运动会、潍坊风筝冲浪赛年度系列赛等各项大型国际性赛事；文化旅游方面，3个地市的非物质文化遗产众多，如青岛的胶东大秧歌、烟台长岛渔家号子、潍坊杨家埠年画、莱阳螳螂拳、临朐四通捶等武术项目，极大丰富了这三个地市的滨海体育旅游资源，提升了该地区的体育旅游资源丰度。

（三）不富型

日照为滨海体育旅游资源不富型城市。日照体育旅游资源单体总量为38.6项，但由于日照行政区划面积（5310km^2）较小，单位面积资源量为每百平方千米0.7269项。综合考虑资源单体总量与人口、行政区划面积的相互关系，求得其资源相对丰度为0.3089，处于滨海地市落后位置，为体育旅游资源不富型城市。虽然日照市体育旅游资源相对缺乏，资源禀赋较低，但日照体育旅游发展迅速。

日照应大力宣传"水上运动之都"品牌，采取以融合体育赛事与城市景观的城市发展战略，规划建设了9.2平方千米的奥林匹克水上运动公园，成为我国唯一能够同时举办海洋、湖泊和室内水上项目比赛的赛区。水上运动被称为

"蓝色体育产业"，深挖蓝色体育文化内涵，推动以渔人海滩、任家台景区和森林海滩景区为主的山海天阳光海岸项目建设；以精品体育赛事为引领，发挥日照海、湖、河等水上运动优势，加速五莲县龙潭湖、岚山海洋牧场水上运动项目建设，以海钓、游艇、帆船、龙舟等体育休闲项目为依托，创新水上运动项目，提升"水上运动之都"城市品牌形象。依托五莲山、九仙山、黑虎山、大北山等丰富的山岳资源，推动黑虎山狩猎场、大青山国际太极拳培训基地为主的运动体验项目建设，积极开展以滑草、登山、健步走、攀岩、山地探险、户外拓展为主的户外体育旅游活动。大力普及冰雪运动项目，以五莲山滑雪场、浮来山四季滑雪场、沁园春滑雪场为依托，重点建设以健身休闲为主的冰雪场地设施，丰富日照市淡季体育旅游产品。依托日照"氧吧城市""宜居城市""绿色城市"等生态优势，加速体育与养老、医疗、康复、文化、教育、航空的融合，大力发展体育休闲度假旅游、冰雪体育旅游、体育颐养旅游、体育拓展旅游、体育航空旅游等新兴体育业态，提升体育旅游资源丰度，拓展体育旅游空间，促进日照体育旅游产业的转型升级。

（四）贫乏型

滨海体育旅游资源贫乏型的城市主要有滨州和东营。滨州、东营两市体育旅游资源拥有量分别为50.6项、35.8项，其资源主要集中于滨河、滨海湿地等地，体育赛事、体育节庆、非物质文化遗产等项目较少。滨州与东营体育旅游资源相对丰度属于贫乏型，针对黄河湿地生态保护的特殊性，应建立完善的生态资源保护制度，设立开发"生态红线"，为黄河三角洲生态建设保驾护航。这些也是滨州和东营两市各种资源开发呈现出相对滞后性和资源丰度相对较低的主要原因之一。但两地市具有丰富的特色文化（如武圣文化、黄河文化、移民文化、剪纸文化等），尚具有较高的开发空间。因此，滨州和东营依托黄河三角洲高效生态区开发和山东半岛蓝色经济区建设等国家战略，打造特色滨海民俗体育旅游文化区和具有地域特色、异质性强的生态体育旅游区，就成为滨州、东营体育旅游发展的主要方向。

滨州依据地域特色，契合生态主线，构建南"山"、北"海"、西"兵法"、东"佛寺"、中"黄河"的五大板块，培育"千年古城，山岳风光""滨海湿地，黄河风情""赏山水河，拜丈八佛""兵法修学，杜氏文化"

"贝壳古堤，冬枣采摘""山水兵城，古堡览胜"六条旅游精品线路，将孙子兵学修学体验、黄河体育生态休闲、滨海体育养生康体、黄河民俗观赏体验与滨州文化进行了有机融合。近年来，滨州以"黄河三角洲滨州市体育节"为龙头，举行系列体育赛事。2014年黄河三角洲第十二届滨州体育节，承办了12项次省级以上单项比赛，举办了24项次市级各类比赛。滨州应扩大自行车邀请赛、钓鱼锦标赛、体育舞蹈锦标赛、高尔夫球锦标赛、BBA篮球联赛、信鸽竞翔赛、象棋棋王赛、高校毽球锦标赛、越野行走公开赛等传统赛事的品牌效应，通过开展周期性、常态化、群众性的系列体育赛事，打造品牌体育赛事，为旅游产业带来有利推动效应。

为丰富东营体育旅游资源，我们应以黄河为主线，以生态为特色，挖掘黄河文化、石油文化、武圣文化、黄河三角洲文化等文化内涵，按照"三区、四馆、五湖、十园"旅游景区发展的规划布局，科学规划、设计、布局全市体育旅游特色项目，加速体育与旅游融合。打造以"体验黄河脉搏、追梦黄河文明"为主线，以龙悦湖旅游度假区、揽翠湖旅游度假区、龙居黄河森林旅游区、天鹅湖、清风湖公园、白石温泉等生态资源为主的体育颐养度假旅游项目；以"武圣"孙武为代表"兵家文化"的旅游体验项目；以吕剧为代表的"文化遗产"传统演艺文化旅游，以虎斗牛、陈官短穗花鼓、盐垛斗虎、牛庄花灯等为代表的民俗体育文化旅游项目；以孙子国际文化旅游节、黄河口自驾车旅游节、黄河生态旅游文化节、东营·孤岛槐树林温泉旅游区帐篷节为代表的体育节庆旅游项目；以东营黄河口国际马拉松、东营全地形车锦标赛暨国际邀请赛为代表的体育赛事旅游项目；以刘集、渤海垦区革命纪念馆为代表红色体育旅游；以军马场南国风情园、郝家绿色生态观光园、丁庄现代农业观光园等为依托的田园风光体育休闲旅游项目。依托莱州湾蛏类、河口浅海贝类、利津底栖鱼类、广饶沙蚕类、黄河口生态这五处生态国家级海洋特别保护区，加速现代渔业基地、休闲渔业示范基地、海洋牧场的建设，推进渔业从"猎捕型"向"农牧型"的转变，打造"渔夫人家"的海洋牧场体育休闲品牌。以健身绿道、健步步道、露营廊道、自驾线路、黄河水域、航空空港、邮轮母港为廊道，建设一批具有鲜明地域特色的水上运动、户外运动、山地运动、极限运动、低空运动等精品体育休闲旅游项目，建设一批体育旅游小镇、体育旅游特色村、体育旅游驿站、体育休闲旅游户外运动功能区和体育休闲旅游综合体，打造具有地域特色、品牌复合的"黄河大观，逍遥自驾""生态黄河，颐养康体""生态东马，健康东营"等知名体育旅游品牌。

四、山东滨海体育旅游资源绩效评价

体育旅游资源绩效指数与国内旅游人次、旅游收入和体育旅游资源禀赋有关，能综合反映三者之间的相互依赖关系，客观反映某个区域体育旅游资源开发效果和空间分布格局，能够作为确定体育旅游目的地重要程度的指标，整体把握其绩效水平，达到旅游资源开发可持续化、节约化、高效化等目的。对山东滨海地区体育旅游资源进行绩效评价，有利于更好实现滨海体育旅游资源效益的提高、滨海体育旅游产品品质的提升，以期实现山东滨海体育旅游提质扩容，从而为山东省滨海体育旅游可持续发展提供有效建议。

首先统计地市国内旅游人次和旅游收入等指标，消除量纲，然后通过滨海地区体育旅游绩效指数评价模型（STPI模型）论证体育旅游资源对体育旅游者吸引力、本地旅游收入等的贡献力。具体计算如下：

$$STPI_j = \frac{1}{n}\sum_i^n \frac{w_i g_i / x_{ij}}{G_0 / X_{i0}}$$

式中，$STPI_j$为山东滨海地区第j个地市的体育旅游资源绩效综合指数；w_i为第i因子的绩效权重；g_i为第j个地市第i因子的总值；x_{ij}为第j个地市滨海地区体育旅游资源禀赋；G_0为山东省滨海地市i因子的总值；X_{i0}为地市滨海地区体育旅游资源禀赋总值。

（一）山东滨海地区体育旅游资源绩效结果分析

根据山东省滨海体育旅游资源绩效评价体系，求得山东省滨海体育旅游资源绩效排名情况（表4-6）：

表4-6 山东省滨海体育旅游资源绩效统计表

地市	国内旅游人数（万人）	国内旅游收入（亿元）	资源禀赋	人口绩效	收入绩效	综合绩效
烟台	5942.33	665.16	156.74	0.918	0.914	1.832
潍坊	5596.22	552.95	146.11	0.927	0.815	1.743
威海	3541.75	422.03	103.98	0.825	0.874	1.699
日照	3726.52	263.24	40.16	2.223	1.396	3.619

（续表）

地市	国内旅游人数（万人）	国内旅游收入（亿元）	资源禀赋	人口绩效	收入绩效	综合绩效
青岛	7322.02	1132.51	159.58	1.111	1.528	2.640
东营	1378.33	109.80	45.92	0.727	0.515	1.242
滨州	1389.54	105.40	47.06	0.715	0.482	1.198

山东省在滨海体育旅游资源综合绩效方面存在不均衡现象，全省差距较大。其中位居全省第一的是日照市，绩效为3.619，青岛市排名第二，为2.640，日照、青岛两市属于滨海体育旅游绩效较高区域，形成山东滨海体育旅游发展示范区；相对来说，东营市和滨州市的绩效仅为1.242和1.198，处于较低水平，也因此形成滨海体育旅游绩效塌陷区；其他三市是烟台、潍坊和威海，这三市的滨海体育旅游绩效处于全省中游水平，相对于日照、青岛的长极区和东营、滨州的塌陷区来说，山东北部的三个滨海城市成为绩效相对平衡区（图4-3）。

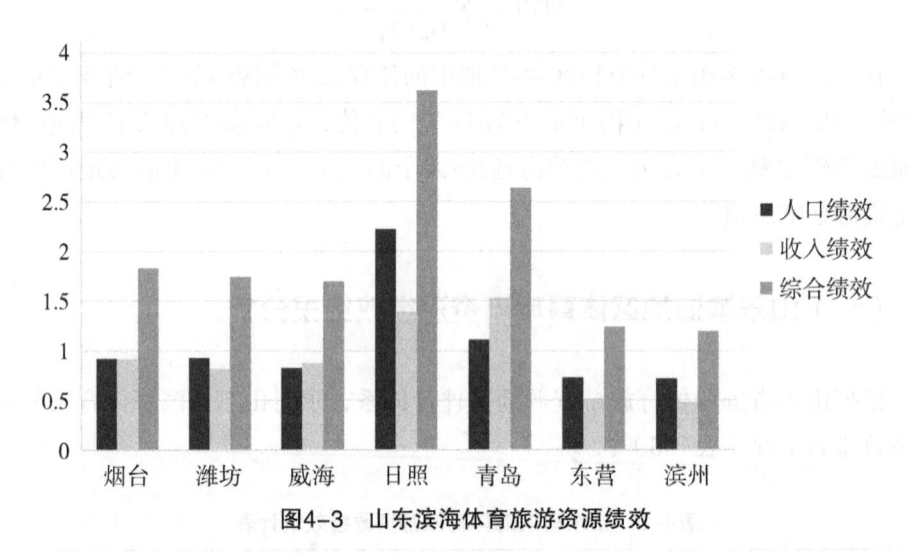

图4-3 山东滨海体育旅游资源绩效

日照市体育旅游资源绩效排名位于山东省滨海地市首位。究其原因，第一，从体育角度来看，"水上运动之都"品牌效应凸显。据统计，截至2019年底，日照市体育产业从业人员12000余人，体育产业增加值11248亿元，约占GDP的28.2%。第二，从旅游角度来看，日照市在全域旅游发展方面取得较大进展，逐渐形成全域旅游发展概念，在全省率先提出并实施"旅游富市"战略，并且日照市以旅游作为全市的战略性支柱产业，并于2016年11月入选第二批国家全域旅游示范区。日照市2019年接待旅客人次达到265263万，实现旅游收入949.73亿元，总体旅游收入相当于全市GDP的18.6%。可以看出，旅游业发展越发重要，已经成为日照市的支柱产业，日照形成了全域、全民、全社会、全产业链的发展新格局。并且，五莲县于2016年2月入选首批国家全域旅游示范区，有利于更好提升日照市旅游资源挖掘与开发力度，从而提升日照市体育旅游资源绩效。第三，不断促进体育与旅游的有机融合，有利于日照市旅游转型升级。例如，日照"海滨山岳行"的体育赛事旅游线路是目前国内唯一一条将20余项体育运动与休闲旅游有机融合的线路。并于2015年、2016年连续两年被国家体育总局评为"中国体育旅游精品线路"。该线路结合日照特色自然资源、人文特色和"水上运动之都"城市品牌，将11个景色优美、风格各异的景区（景点）与20余项体育赛事活动融合在一起，聚力海滨山岳体育旅游资源整体开发、体育休闲旅游景区联合打造，致力开发"赛前适应+赛中竞技+赛后旅游"的多日体育旅游产品模式，赛事活动贯穿全年，参赛人数和游客总量超过50000余人次，凸显了日照市体育旅游的鲜明特色。第四，日照市大力开发耕樵渔牧体验旅游、滨海湖河水上运动旅游、山岳旅游、冰雪旅游、福寿文化旅游、露营自驾旅游等特色旅游产品，初步形成大青山国际太极拳大赛、阳光海洋牧场垂钓、黑虎山拓展训练与体验、日照龙门崮国际露营节、杏石温泉养生度假、高尔夫度假旅游、滑雪休闲旅游等多元化体育旅游产品体系，为日照市旅游收入增加提供了强劲动力。综上所述，日照市总体滨海体育旅游资源绩效为全省第一位。

　　山东省滨海地市体育旅游资源绩效排名第二的是青岛市。从2019年数据来看，青岛市全年实现旅游收入2059.7亿元，旅游人口达到11400万人次，成为福布斯认定的中国大陆旅游业最发达城市之一，并且连续三年获得"中国十大最佳休闲城市"荣誉。就资源开发来说，青岛市在城市体育品牌建设方面有着自己的坚持，提出规划建设好"足球名城"品牌的发展战略。尤其是青岛市抓住了承办2008年奥运会水上运动项目这一契机，着手打造"帆船之都"城市品牌。在后奥运时代借助奥帆城市的影响力与辐射力，大力发展海洋运动休闲产业，积极开发海上帆船帆板、邮轮游艇、潜水海钓、海洋牧场、海洋颐养度假、海岛探险拓展等运动，提升海洋运动休闲的可参与性和服务水平，打造国家海洋运动休闲示范区。另外，青岛市还曾举办世界休闲体育大会、世界园艺博览会，依托莱西市、胶州市、即墨市等的湖泊、湿地、山岳资源，稳步开发钓鱼、环湖自行车、沙滩橄榄球、极限运动、攀岩、马术、登山、野营、穿越、滑雪等运动，打造湖泊运动休闲体育旅游产业链。青岛市于2014年设计推出"红瓦绿树、碧海蓝天、追梦青岛"主题形象，不断完善旅游规划编制、旅游项目建设、旅游基础设施建设、智慧旅游城市建设等各项工作，为打造国际体育旅游之都创造了条件。

山东省滨海地市体育旅游资源绩效排名第三的是烟台市。烟台市是我国首批"全域旅游示范市"之一，蕴含丰富的"山、海、岛、泉、河"等特色自然资源，打造了亚沙海阳、仙境蓬莱、福寿南山、生态长岛、浪漫金沙滩、清爽海马岛等在内的七大仙境海岸度假综合体，实现了旅游资源协调使用、全域旅游协同发展。除此之外，烟台还拥有海阳沙滩体育产业园、烟台体育公园产业园、莱州足球产业园、栖霞长春湖体育产业园、莱州省级乒羽产业园、海阳连理岛游艇国家级海上垂钓运动基地、养马岛省级马术休闲运动基地等体育产业园区，并以此为依托，开展养马岛马术运动、蓬莱海上休闲运动和烟台海钓运动，组织承办烟台国际武术节、长岛马拉松等品牌赛事。烟台市在近海岛屿资源、湾区、渔业资源方面具有优势，有利于建设游艇码头和海洋休闲垂钓基地，促进传统渔业向休闲渔业转变。此外，游艇海钓等新型体育旅游产业的发展，帆船帆板、海上垂钓等海上休闲体育运动的开展有利于提高烟台市的体育旅游资源绩效。体育赛事方面，烟台市合理利用海阳国家沙滩体育健身基地的资源优势，在承办高水平沙滩赛事方面有所作为，深度开发后亚沙时代体育旅游资源，将体育资源与其他资源进行融合，周期性举办沙滩体育艺术节，打造一条沙滩体育产业链条，发挥沙滩体育竞赛、沙滩体育狂欢、沙滩美食餐饮、沙滩演艺娱乐、沙滩康体颐养品牌构建优势。依托昆嵛山、罗山等国家级森林公园，开展登山、骑行、露营、拓展等体育休闲旅游。发挥烟台市区域自然资源、生态资源、气候资源优势，依托高尔夫、马术基地、温泉、庄园、滑雪场、仙道文化等优势，将烟台市打造为专业、特色、高端、生态的体育休闲度假旅游聚集区。目前烟台市已建设精品路线130多条，丰富的体育旅游资源为烟台市带来游客5942万人次，实现旅游资源年收入665.16亿元，烟台市滨海体育旅游资源综合绩效水平较高。

山东省滨海地市体育旅游资源绩效排名第四位和第五位的分别是潍坊市和威海市。潍坊市有悠久的历史和深厚的文化积淀，国家级非物质文化遗产数量众多，如潍坊风筝、杨家埠木版年画、高密茂腔、高密扑灰年画四项等。潍坊开发了许多民俗项目，如风筝游、民间艺术游、情系乡间游、风味美食游为主的民俗旅游专线，成为我国最具影响力的民俗旅游区。例如依托"国际风筝节"，大力发展风筝体验旅游，创新、创意风筝文化，打造潍坊国际风筝冲浪赛等高端体育赛事。特色发展根植于乡土、社区的跑旱船、扭秧歌、踩高跷、小章竹马、四通捶等具有地方特色的民俗传统体育旅游项目。潍坊市具有水利风景区众多、河口湿地资源丰富、水源涵养充足、体育休闲环境优良等优势，适宜开展登山、攀岩、攀冰、滑雪、山地自行车等户外山岳运动；海水冲浪、水上高尔夫、游艇观光等海上休闲项目；滨海观光、休闲、体验、度假等运动休闲项目。近年来，潍坊市着力发展体育赛事旅游，打造了一批以"潍坊杯"国际青年足球邀请赛、潍坊国际风筝锦标赛、滨海国际风筝冲浪锦标赛、峡山国际乡野马拉松赛等为代表的特色品牌赛事，有效提升了潍坊滨海体育旅游绩效。

威海市位于山东半岛东端，成功创建成为"全国旅游标准化示范城市"，并入选"适宜步行"城市，作为我国第二批"全域旅游示范市"，威海市2019年实现游客接待量5151.60万人次，实现旅游收入692.60亿元，呈现快速增长态势。体育旅游方面，威海市成功打造我国北方第一艘海上休闲度假游轮，在全省创建首个省级休闲垂钓基地，打造温泉养生基地、高尔夫球场等一系列体育旅游资源，极大促进了威海体育旅游绩效提升。此外，威海市属起伏缓和、谷宽坡缓的波状丘陵区，山岳资源较好，以此为依托，打造了山地健身设施，建设了国际山地自行车赛道系统、国家登山健身步道和里口山城市山地公园等。针对不同人群，开展山地自行车、踏青、登山等体育旅游休闲活动。借助海洋资源，建设国际海岛垂钓基地、休闲渔业基地、海洋牧场建设，大力开展帆船帆板、海上垂钓、沙滩运动、游艇观光等大众休闲运动。威海市应坚持长期举办铁人三项赛，不断完善"铁三之都"城市品牌。综上所述，威海市与潍坊市滨海体育旅游资源绩效得益于两地市优美的自然环境与良好的体育旅游发展政策的推动，但是受到地市面积与人口，以及游客接待量、旅游总收入等的影响，使得两市的体育旅游资源绩效处于山东省滨海地市中游水平。

从滨海体育旅游资源数量来看，东营市和滨州市的整体体育旅游资源量较其他沿海城市较少，且缺乏具有突出特色的体育旅游资源，因此不具备较强的竞争力，发展相对缓慢，还处于体育旅游快速发展时期。

东营市拥有举办黄河口国家马拉松赛事的经验，可以此为契机，打造黄河口马拉松赛事品牌，还可大力发展国际全地形车挑战赛等品牌赛事。东营市的有龙居桃花岛旅游度假区，可以和凤凰城滨河休闲旅游区项目融合发展，互相借鉴。除此之外，黄河口汽车野营基地、龙跃湖体育休闲区、揽翠湖休闲度假区、春和景明现代休闲渔业区项目等特色体育旅游项目也应不断创新，提升东营市体育旅游禀赋与绩效。滨州市也要立足自身优势，依托国际棋牌项目基地、航空会展基地、汽车博览会基地，建设、发展棋牌修学旅游、航空体验旅游、汽车自驾体验游等体育旅游项目。着眼于中国黄河三角洲滨州市体育节、孙子文化旅游节、沾化冬枣节、博兴小戏艺术节等民俗节庆，发展体育民俗旅游，带动体育文化旅游发展。塑造"贝壳海岸"的旅游品牌，将贝壳堤岛和湿地国家级自然保护区视作核心，围绕自然环境资源发展体育徒步自驾游、体育养生游、体育康体游和体育生态旅游。立足河流资源，以骇河和黄河为依托发展徒步走，打造贯穿南北、联动东西的旅游漫道，形成黄河人家乡村体育旅游品牌。借助孙子国际兵学文化产业园、大高航空城，联动古今军事文化景区，打造立体的军事主题文化旅游发展带。

（二）山东滨海地区体育旅游资源绩效分析

根据上述山东滨海部分省市体育旅游资源绩效分析发现，体育旅游资源存在较为明显的空间分布不均现象，需要对滨海体育旅游绩效进行进一步分类分析，为挖掘山东滨海体育旅游资源，实现体育旅游的均衡性发展提供决策依据。通过对上述滨海体育旅游资源绩效数据进行直观呈现，得到如图4-4所示绩效分布图（坐标中心100分为绩效均值）：

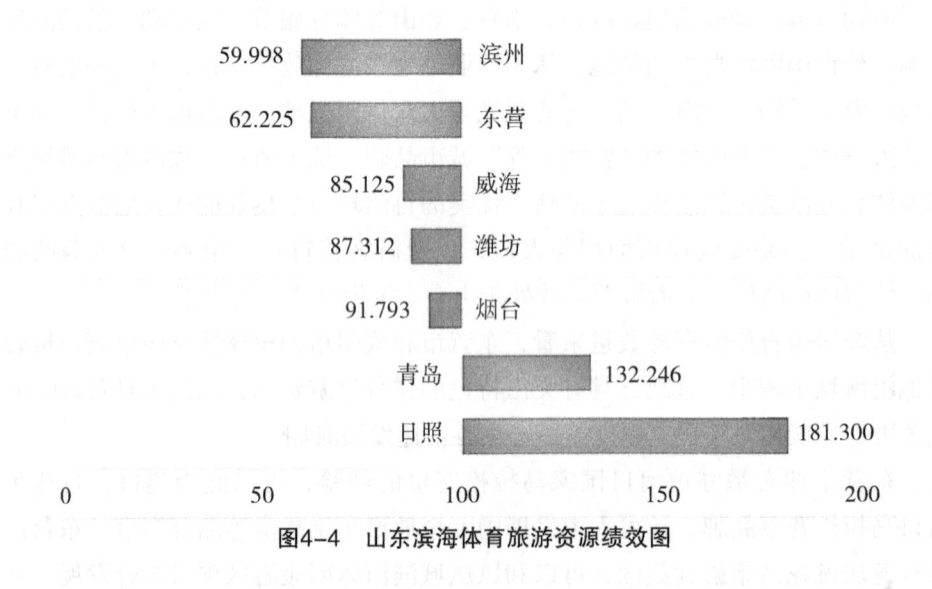

城市	绩效值
滨州	59.998
东营	62.225
威海	85.125
潍坊	87.312
烟台	91.793
青岛	132.246
日照	181.300

图4-4 山东滨海体育旅游资源绩效图

由于山东省滨海地区体育旅游资源存在绩效分布差异性大、悬殊性明显的现象（图4-4），需要通过系统聚类法对山东省滨海地市进行基于绩效的分类，根据SPSS 20.0分析结果（图4-5），得到山东省滨海地市主要分为四类，分别为成熟型体育旅游资源开发区：日照市；成长型体育旅游资源开发区：青岛市；发展型体育旅游资源开发区：潍坊市、威海市、烟台市；限制型体育旅游资源开发区：滨州市、东营市。

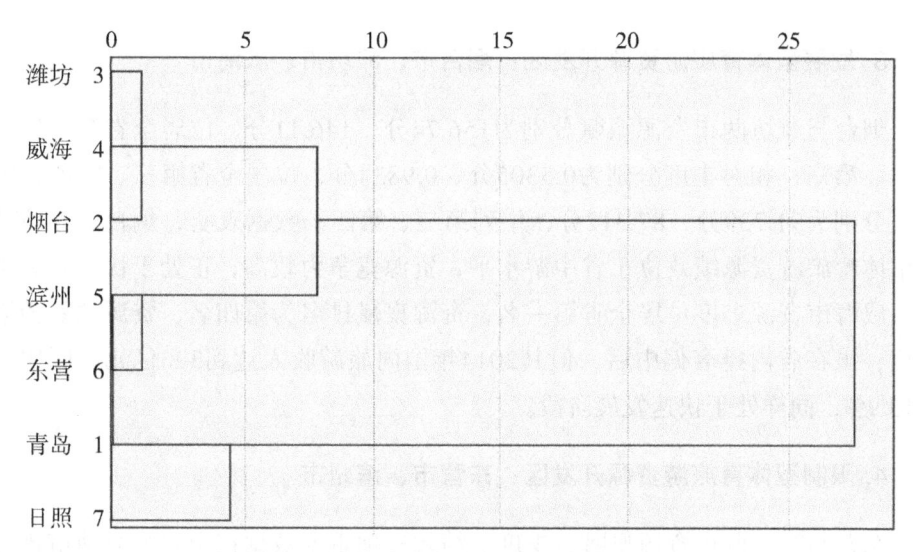

```
        0      5       10      15      20      25
潍坊  3
威海  4
烟台  2
滨州  5
东营  6
青岛  1
日照  7
```

图4-5　滨海地市体育旅游资源聚类分析图

1. 成熟型体育旅游资源开发区：日照市

  日照市滨海体育旅游资源绩效值遥遥领先其他地市，达到181.300分，居山东滨海首位。在滨海地市中，虽然日照市资源禀赋与丰度处于中等水平，但对于发展现状，其体育旅游共接待游客3153万人次（2013），旅游创收实现210亿元（2013），占全市GDP总额的14.8%，远超全国平均水平的10.39%（2013），相比于其他产业，日照市顺应国家政策较早，并提出"全域旅游""旅游富市"的新理念，使旅游发展与旅游收入等成为重要支柱产业，并带动其他产业实现又好又快发展。因此，其逐步发展成为相对成熟型的体育旅游资源开发区。

2. 成长型体育旅游资源开发区：青岛市

  青岛市拥有全省第一的体育旅游资源禀赋（159.58分）、全省第二的相对丰度（0.5432）、全省第二的绩效值（132.246分）。较高的体育旅游资源禀赋、丰度使青岛市具有较高的适游度，且体育旅游资源带来巨大的经济效益，使其成为快速成长型体育旅游资源开发城市，拥有较大的发展潜力。2014年国内旅游接待6715.9万人次，实现旅游收入995.66亿元，同比增长13.98%，国内游客人均花费1482.5元，高居全省第一。表明青岛市具有品质较高的体育旅游资源、乐观的发展前景，借助品牌效应，在国内外体育旅游领域具有较强的吸引力。

3. 发展型体育旅游资源开发区：烟台市、潍坊市、威海市

烟台与潍坊两市资源禀赋分别为156.74分、146.11分，位居全省滨海地市第二、第三；相对丰度分别为0.5305分、0.9834分，位居全省第三、第四；绩效值分别为91.739分、87.312分，位列第三、第四。数据表明，烟台、潍坊两地市体育旅游资源绩效位于省中游水平，资源竞争力较高，正处于快速发展阶段。威海市资源丰度位居全省第一名，资源禀赋排名为第四名，资源绩效为第五位，虽在省内排名偏中后，但其2014年国内旅游收入达到396亿元，同比增长13.9%，同样处于快速发展阶段。

4. 限制型体育旅游资源开发区：东营市、滨州市

东营与滨州两市资源禀赋、丰度、绩效三项重要数据在全省滨海地市排名中均位居下游；数据表明其体育旅游资源开发程度较低，核心竞争力在全省滨海地市位于较低位置。因此，应高度重视体育旅游资源的开发质量，以科学视角定位开发方向，提升体育旅游产品质量及生态效益，促进体育旅游业的健康化、高效化发展。

第五章　山东滨海全域体育旅游空间优化

第一节　山东滨海全域体育旅游发展目标

全域体育旅游既是区域体育旅游发展起点，也是区域体育旅游发展的重点和终点。科学制定山东滨海全域体育旅游发展目标，对于科学定位山东滨海全域体育旅游滨海发展方向、科学编制山东滨海全域体育旅游发展规划、建立健全山东滨海全域体育旅游发展政策、科学选择山东滨海全域体育旅游发展路径、促进山东滨海全域体育旅游产业可持续发展具有重要意义。

一、山东滨海全域体育旅游发展基本目标

山东滨海地区蕴藏着丰富的自然资源和人文资源，本着因地制宜、兼容并蓄、突出滨海特色和展示体育魅力的原则，以"创新、协调、绿色、开放、共享"为发展理念，围绕"文明、有序、安全、便利、富民强国"五大目标，满足我国以全民旅游、全民度假为特征，以自驾游、自助游为主要形式的大众体育旅游时代的需求，实现体育旅游模式由大众观光向休闲度假、深度体验发展转型。借助滨海地区的资源、经济、文化、体育、区位等优势条件，挖掘体育特色，发挥体育功能，将体育功能融入旅游中，增强滨海体育旅游发展动力，拓展滨海体育旅游发展空间，推进滨海旅游业转型升级、提质增效，实现山东滨海体育旅游的"共融、共建、共荣、共享"，使"滨海体育旅游"成为山东滨海体育和旅游产业龙头，并以点到面促进我国滨海地区体育旅游多方位发展，使我国体育旅游业在规模、质量、效益上都达到世界体育旅游大国水平，实现滨海体育旅游的社会效益、经济效益、文化效益、健康效益、生态效益的可持续发展。

(一) 社会目标

1980年联合国世界旅游组织在《马尼拉宣言》中宣告"旅游是人类长存的生活方式,是人类的基本权利",旅游在提升国民素质、改善民生、提高人民生活幸福指数、促进社会和谐和国际和平发展等多个方面发挥着积极的作用。

山东滨海体育旅游的社会目标是通过开展滨海体育旅游活动,实现跨区域、跨民族、跨国家交流,满足不同层次滨海体育旅游者的"求新、求知、求乐、求闲"的心理需求,增进人们相互之间的友谊和理解[1]。首先,通过滨海体育旅游活动,提高人们的海洋意识,提高对体育的关注程度、改变体育消费观念、提高人们参与体育意识、改变传统落后的生活方式、减少区域贫富差距、增加就业、提升生活质量、提高健康和幸福指数;其次,体育旅游是传播文明、交流文化、增进友谊的桥梁,成为增进区域和谐、民族融合、社会稳定的黏合剂,通过滨海体育旅游流、信息流、物流的交集与交流,推动不同省域之间、地域之间、民族之间、民族内部相互了解和发展,最终达到国家、社会、民族的和谐发展。

(二) 经济目标

经济目标是山东滨海体育旅游业发展的重要组成部分,是体育旅游产业化的重要评价要素。第一,发挥滨海体育与旅游产业优势,借势山东滨海独特的自然风貌、地理环境、文化特色、体育魅力和区位条件优势,融合体育与旅游的特性,通过挖掘滨海体育与旅游文化内涵,多元化体育旅游方式,丰富体育旅游产品,优化体育旅游行业结构,布局滨海体育旅游功能,巩固传统体育旅游市场和业态,创造山东滨海体育旅游业的市场新卖点,提升体育旅游产业效益,推进山东滨海体育旅游产业化。第二,本着"以人为本"的理念,通过科学调研滨海体育旅游者消费行为,了解滨海体育旅游者消费需求,提升滨海体育旅游产品品质,提高滨海体育旅游者的体验质量,增强消费者的幸福指数和健康指数,为体育旅游经营者和相关利益者带来更多的收益,促进体育旅游目的地经济的系统发展,实现山东滨海体育旅游经济持续健康发展。第三,为旅游插上体育的翅膀,通过山东滨海体育旅游市场的发展,扩大山东滨海体育旅

---

[1] 唐晓云.旅游的社会文化功能及其实现路径[J].决策探索,2015(2):42-43.

游产业规模，提高体育旅游的服务性消费比例，提升体育旅游产业绩效，带动山东滨海旅游产业发展，进而带动山东乃至全国体育与旅游产业的整体快速发展，共同开拓国外体育与旅游市场，推动体育与旅游服务贸易的产业化、国际化，促进整个国民经济又快又好地健康发展[1]。

（三）文化目标

"文化是旅游者的出发点和归结点，是旅游景观吸引力的渊薮，是旅游业的灵魂。"[2]实践表明，"举凡旅游业昌盛之国，莫不以旅游文化取胜"。文化是体育旅游业不可缺少的文化底蕴和灵魂，传承、创新优秀传统体育文化，深度融合体育文化与体育旅游，充分展示齐鲁体育文化之魂是山东滨海体育旅游业保持山东特色、提高国际竞争力的关键[3]。

山东滨海体育旅游文化发展目标，首先，充分挖掘山东滨海地区齐鲁文化、海岱文化、仙道文化、东夷文化、黄河文化、太阳文化等体育历史文化资源及文化特质，借助现代体育和旅游手段，把不同时代、不同地域、不同民族的体育民俗文化、体育传统文化、体育民间艺术、体育人文景观经过精心设计、创新和制作，赋予其健心价值、健身价值、艺术价值、纪念价值、文化价值等附加价值，为滨海体育旅游者提供大众观赏、产品购买、参与体验等高品质体育旅游文化产品，构建具有齐鲁文化特色的滨海体育旅游文化体系。其次，体育旅游不仅属于物质生活方式，更是一种具有健身性和消费性的文化教育活动。通过滨海体育旅游活动参与，使体育旅游者感受、培养、认同目的地体育文化，提升体育文化素养，并传播滨海体育旅游文化内涵。最后，滨海体育旅游目的地也通过与滨海旅游者的交流，积极吸收体育旅游者所承载的客源地的优秀文化，在多元体育文化的比较和融合中，吸纳、创造出新的滨海体育文化，以丰富和完善山东滨海体育旅游文化体系。

（四）健康目标

健康与旅游、文化、体育、养老被称为五大幸福产业。早在2016年，习

---

[1] 邹云升,魏现.飞展山东"大旅游"的双翼——访山东社会科学院旅游研究中主任研究员王志东[J].走向世界,2007(9):44-45.
[2] 马波.现代旅游文化学[M].青岛:青岛出版社,2002.
[3] 姜付高,李勇.体育旅游文化的内涵与系统建构[J].体育研究与教育,2007,22(3):9-11.

近平总书记在全国卫生与健康大会上就指出：人民健康应放在国家优先发展的战略地位，没有全民健康，就没有全面小康，以建立健康教育体系、普及健康生活、提升健康素养、发展健康产业、优化健康服务、提升健康管理水平、完善健康保障体系、建立健康信息体系、优化健康环境为重点，推动全民健身和全民健康深度融合，推进健康中国建设[1]。伴随《"健康中国2030"规划纲要》的颁布实施，健康产业的国家战略地位进一步提升。促进健康与养老产业与体育健身、体育康复、体育休闲、健康食品、旅游、互联网等相关产业和领域的融合发展，延展健康产业链条，催生健康新平台、新产业、新业态、新模式；积极发展健身休闲运动产业，培育冰雪、山地、水上、马术、高尔夫、航空、汽摩、极限等具有消费引领特征的时尚前卫、健身休闲等体育运动项目，打造具有区域特色的健身休闲综合服务体、健身休闲示范区、健身休闲产业带[2]。

特有的强健体魄、健康的身心功能，让体育旅游成为体育养生、体育疗养、体育医疗、体育康体、体育干预的有效途径，成为追求休闲品质、深度体验异地生活方式的现代服务业。山东滨海地区拥有深厚的道家养生文化、太极养生功、健身气功、民俗体育等独具特色的健康文化，以及世界级的山、林、湖、海、泉等生态资源和生态环境。挖掘体育的养生文化、健身理念、健身处方、健身方式，注重户外运动、体育干预、康体旅游与当地的气候、地貌、生态、中医、民族传统文化等优势资源的融合，创意创新温泉养生、海水理疗、森林颐养、滨水医疗、太极修学、度假养老等新型体育旅游项目，注重文化性和体验性，突出差异化，打造融度假、养生、运动于一体的复合型康体、颐养旅游产品。通过推进"体育旅游+健康"的融合发展，构建内涵丰富、结构合理、形式多样的体育旅游健康产业体系，满足多层次、全时期、多样化、个性化的健康休闲需求，全面推进"健康山东"建设。

（五）生态目标

坚持绿色发展、生态效益，实现天人和谐是山东省滨海体育旅游发展的

---

[1] 习近平：把人民健康放在优先发展战略地位[EB/OL].（2016-08-20）[2020-10-02]. http://news.xinhuanet.com/politics/2016/08/20/c_1119425802.htm.

[2] 中共中央，国务院."健康中国2030"规划纲要[J].中华人民共和国国务院公报，2016（32）：5-20.

重要目标。从体育旅游产品供给角度，体育旅游生态目标是指体育旅游企业采用生态友好的方式，为体育旅游者提供高质量生态体验的服务和要素组合；从体育旅游产品消费角度，体育旅游者应当用生态友好的方式，体验生态之美。

首先，确立生态优先、环境优先，树立科学发展理念，以人与自然和谐为准则，采取生态友好方式，唤醒体育旅游生态意识，保护好原住居民的生态利益，注重生态体育旅游教育，开展生态体育旅游体验，强化生态体育旅游认知，形成与生态环境共生共荣的发展理念。其次，坚持生态红线，加大滨海体育旅游资源的保护和监管，对各地的滨海体育旅游资源实行系统规划和开发。优化和改善生态环境，保持滨海旅游资源的生态性、原真性。在项目选择上，选择徒步、探险、海洋牧场等生态型、友好型体育旅游项目；在设施建设上，选择生态型建筑材料，避免大兴土木；在交通选择上，加大绿道、步道、水道等环保型交通方式的选择，鼓励以骑行、环保型电瓶车、无动力船等为主的交通工具选择；在景区管理上，严格执行景区承载力，限制旅游者数量。通过这些举措，减少资源的损耗和对环境的破坏，提高整个生态系统的抗干扰、恢复等能力，优化资源配置，形成生态发展的良好机制，打造资源节约型和环境友好型的滨海体育旅游产业，实现滨海体育旅游的生态平衡。

二、山东滨海全域体育旅游发展重点目标

"十三五"期间，我国文化产业实现繁荣发展，2015—2019年，全国文化及相关产业增加值从2.7万亿元增长到超过4.4万亿元，年均增速接近13%，占同期国内生产总值比重从3.95%上升到4.5%。为建设社会主义文化强国，"十四五"时期对我国文化和旅游的发展提出了新的规划。

"十四五"时期，以高质量发展为主题，推动文化产业、旅游业高质量发展：在文化产业方面，以深化供给侧结构性改革为主线，以文化创意、科技创新、产业融合催生新发展动能，加快健全现代文化产业体系，充分发挥文化产业对国民经济增长的支撑和带动作用；在旅游业方面，以深化旅游业供给侧结构性改革为主线，同时注重需求侧管理，坚持旅游为民、旅游带动，坚持科技赋能、创新驱动，不断完善现代旅游业体系。此外，"十四五"时期还要进一步对旅游产品体系进行丰富和优化，对国家文化公园、红色旅游、乡村旅游、体育旅游、冰雪旅游、海洋旅游、休闲度假旅游等新产品进行开发。同时对带薪休假制度进行全面落实，扩大假日消费，满足大众旅游需求。

转变山东体育旅游产业的发展方式、发展模式和发展形态，提升山东滨海

体育旅游发展质量、效益和市场竞争力。实现山东滨海体育旅游业由休闲观光为主型向休闲度假、休闲观光并重型转变；通过实施全域体育旅游发展战略，实现体育旅游产业由粗放型向集约型发展转变；由注重规模扩张向扩大规模和提升效益并重转变；由注重体育旅游产业经济功能向发挥综合功能转变。推动体育旅游与文化、教育、医疗、信息等多业态融合发展；推动城市、乡村体育旅游统筹发展；推动景区、社区体育旅游共享发展；推动体育旅游生态、经济、文化等效益共荣发展。

进一步加快山东滨海体育旅游的品牌化、国际化、大众化、现代化、集约化发展，并充分利用"好客山东"的象征符号，提升帆船之都、水上运动之都、风筝之都、钓鱼之都、足球名城、仙境海岸等特色体育旅游品牌美誉度；集约发展山东滨海仙境海岸体育旅游度假区，品牌发展山东滨海水上运动竞赛体育旅游区，科学发展黄河三角洲生态体育旅游体验区，创新发展山东滨海民俗文化体育旅游区，建成一个文化浓郁、管理科学、布局合理、门类齐全、功能完善的具有国际影响力的山东滨海体育旅游目的地。

完善体育旅游基础服务，融合发展体育旅游新业态。加强"吃、住、行、厕、游、购、娱"体育旅游基础要素建设，融合创新"文、商、养、学、闲、情、奇"体育旅游业态。拓展体育旅游服务领域，创新体育旅游内容，延伸体育旅游服务链条，多元化体育旅游服务方式，提升体育旅游服务质量，提高体育服务业的整体水平。形成观光和休闲度假并重、传统业态和新业态齐升、基础设施建设和公共服务共进的全域体育旅游发展新格局。

建设一批具有文化内涵和产业核心竞争力的山东滨海旅游新业态，进一步探索地域特色与传统文化的"融点"，形成"挖掘—整理—保护"三位一体的山东体育旅游资源和地域文化特色的立体发展策略。基于此，打造具有地域特色和文化特质的体育颐养旅游、体育节事旅游、体育休闲度假旅游、户外运动休闲旅游、体育研学旅游、民俗文化旅游等体育旅游业态。

以体育旅游示范基地、体育旅游小镇作为展示"窗口"，向国际展示我国体育旅游的潜力和魅力，进一步提高山东滨海体育旅游的国际影响力。突出特色性、地域性、差异性，注重人本化、精品化、品牌化、生活化、体验化。建设阳光海岸、仙境海岸、金色海岸、运动海岸的休闲旅游品牌；以滨海地区特色体育休闲项目为突破口（冲浪、高尔夫、漂流、温泉、滑翔），建设具备滨海特色的体育旅游场域；优化产业形态和空间布局，调适体育、商业、社会的协调发展。

注重滨海体育旅游区域协同化、集群化、共享化。以青岛与烟台连结"原点"构建裙带性、集群性的山东滨海特色体育旅游产业，推动体育旅游业的协同化、规模化、集群化发展。

以海岸为"线"，构建精品旅游路线，在金海岸画出区域、差异的"虚线"，并在线段间的空白地区穿插仙境海岸度假、帆船帆板运动、齐鲁传统体育文化、红色体育文化、黄河体育生态文化、露营自驾旅游、滑雪高尔夫旅游的直线"箭头"，形成有特色，有方向的精品体育旅游路线。

重点关注体育旅游产业大数据建设，加快搭建智慧体育旅游平台。重视体育旅游大数据的数据采集、数据分析、决策优化能力，设计研发智慧体育旅游设备；推进"互联网+智慧体育旅游"平台开发，促成山东滨海体育旅游业的智慧管理、智慧营销、智慧服务、智慧体验。

第二节　山东滨海全域体育旅游发展原则

一、整体规划，点面结合

全域整体规划是区域体育旅游发展的基础，针对山东滨海区位优势、产业优势、资源禀赋和市场特点，科学规划山东滨海体育旅游产业的空间布局、结构布局和功能布局，注重全域性、整体性、系统性和规划布局的合理性，因地制宜、突出特色、逐步推进、有序开发。首先，考虑区域体育旅游资源的优化组合和区域旅游、文化、渔业等功能的结合。例如，在规划过程中，形成多元一体化，规划具备运输、休闲、游旅、露营等功能的交通道路。其次，要考虑区域体育旅游资源的共融共建，注重品牌的共享与组合营销。依靠区域产业叠加效应，打造具有国际竞争力的体育旅游产业聚集区。依托山东"仙境海岸"中温泉养生、葡萄酒庄、度假地产等优势旅游资源，将颐养度假、体育医疗旅游、滑雪旅游、马术旅游、高尔夫旅游、邮轮旅游、海钓旅游有效融合，打造业态融合的复合型高端体育旅游休闲度假综合体。

科学规划山东滨海全域体育旅游产业布局，既要坚持局部体育旅游核心景区的特色化、差异化、品牌化、体系化，以体育旅游项目、体育旅游驿站、体育旅游露营地、体育旅游特色村、体育旅游综合体、体育旅游特色小镇为点，以精品体育旅游线路、体育旅游绵延带为线进行局部建设，以空间集聚、辐射、引领的方式提升体育旅游市场吸引力；也要注重核心景区、景点、赛事节事承办地与周边区域的氛围化、规模化、共生化和共融化，加强全域体育旅游示范市、示范县（区）为面的区域综合化、复合化、体系化建设，突出体育旅游休闲建设，构建独具特色的体育休闲旅游区、体育休闲城市等在内的体育旅游体系。加快由点向线到面的方向梯度发展，并着力加快山东省滨海地区体育旅游全域化发展，搭建多点支撑、多面突破的具有亲切感、归属感和自由放松的全域体育旅游网。

二、全域统筹，城乡融合

全域统筹是以城带乡、以城促乡、以城哺乡，实现城乡互动、良性循环、共同发展的城乡一体化统筹协调发展机制。由于城乡二元结构、体育旅游资源禀赋、体育文化发展水平、社会经济发展水平、区位交通条件等要素存在较大差异，导致不同区域体育旅游所处的发展水平存在较大差距，这就需要不同区域、不同阶段的体育旅游统筹发展。通过财政、体育、旅游、交通、教育、文化等多部门联动，推动人力、物力、财力等要素向农村公共体育服务配置，完善农村体育旅游服务设施，协调体育旅游景区、赛事节事承办方与乡村社区、当地居民的利益关系，协调体育旅游产品供给与需求、体育旅游相关产业间的关系，协调体育旅游服务空间内外关系、软硬件服务、规模与质量等，实现山东滨海全域体育旅游的统筹发展。

发挥全域体育旅游促就业、惠民生、减贫困的引擎功能，将体育旅游功能有效融入新农村、美丽乡村、小城镇建设当中，统筹城乡体育旅游资源，提升体育旅游优势资源品质，创新创意潜优势体育旅游资源，引导体育旅游资源优质要素由城市走向农村，促进公共服务向农村延伸，将有利于农村体育旅游业发展的"资源"优化组合，通过体育旅游催化，促进山岳体育颐养旅游、乡村自驾旅游、休闲垂钓旅游、农村民俗体验旅游等融合业态的再融合，打造完善的城乡一体体育旅游产业链，实现体育旅游业的差异化、特色化发展和转型升级，实现乡村特色体育旅游产业集聚和融合，构建多业叠加融合的综合性体育旅游产业体，使农民实现就地现代化和城镇化，最终形成城乡联动、区域统筹、共建共享全域体育旅游红利的大战略、大产业、大开发格局。

三、多业并举，融合发展

体育旅游具有关联性、融合性、渗透性、体验性等特点，涉及社会、经济、文化、环境、生活的各个方面，集合关联度强、融合度高、综合性强、拉动强、产业链长等产业特性。城建、交通、商业、教育、文化、体育、环保、卫生等相关部门行业紧密结合，成为一条无边界产业链。发挥山东滨海地区的旅游、经济、文化、教育、商务、医疗、服务、信息等产业资源优势，打破体育与旅游产业、行业和地区壁垒；统筹交通、商业、文化、体育、卫生等相关部门行业间的协调发展，促进体育旅游"吃、住、行、游、购、娱、厕"等基础服务要素的合理配置和协调发展；通过体育旅游产业渗透、产业交叉和产业重组，实现"商、养、学、闲、情、奇"等新兴体育旅游要素跨界融合。

创新创意体育旅游产品，积极培育体育旅游新业态，需要在发展山东滨海体育旅游时综合考虑第一、二、三产业体育旅游化共赢发展，注重各个行业的体育旅游化融合发展。第一，多业并举，全业融合。注重农、林、牧、渔、医等业态与体育旅游的融合发展，注重体育乡村旅游、体育牧场旅游、体育森林旅游、体育湖滨旅游、体育颐养旅游的融合发展；注重产业制造与体育旅游结合，提高房车、营地、户外装备等体育旅游产品智能制造水平，提升体育旅游产品质量；注重服务业与体育旅游结合，提高体育旅游服务性消费水平，提升体育旅游的医疗、教育、金融、信息等服务品质，实现各行各业体育旅游化和多种资源体育旅游化。第二，精品带动，品牌发展。通过实施体育旅游精品示范工程，巩固发展山东滨海体育观赛、体育休闲、度假等传统体育旅游方式，创新发展山东滨海体育文化旅游、体育商务旅游、体育医疗旅游、体育研学旅游、体育地产旅游等新兴体育旅游业态。发展体育赛事旅游、体育节事旅游、体育休闲度假旅游等核心体育旅游产业品牌。加快推进体育旅游与特色乡村小镇、信息化、渔业、农业、林业、牧业等多方位产业品牌的融合，形成主业突出、分工协作、良性互动的特色体育旅游产业发展格局。

四、文化发展，智慧保障

挖掘山东滨海地区的海洋文化、黄河文化、仙道文化、养生文化、奥运文化、太阳文化、龙山文化等文化内涵，融入健康、创新、协调、绿色、开放、共享的发展理念。以文化为灵魂、生态为基础、科技为支撑、体育为特色，塑造融地域特色、传统文化与体育特质为一体的体育文化旅游品牌。依托烟台、威海仙境海岸的道教养生、仙道文化、度假文化品牌，黄河文化的生态、兵学、民俗品牌，潍坊风筝的民俗、休闲、节庆品牌，青岛的"帆船之都"文化和"足球名城"文化，日照的"太阳文化"和"水上运动之都"文化等体育文化品牌优势，挖掘山东滨海体育文化内涵，重视体育旅游产品的创意设计，提升体育文化内涵和附加值，打造特色鲜明、差异度高、体验性强、附加值高、文化多元、动静结合的体育旅游产品体系，把山东滨海地区建设成为原生态、多民俗、特色强的国内一流、世界知名的体育文化旅游创新区和体育文化休闲度假旅游绵延带。

互联网时代的到来，促使体育旅游与信息技术融合发展，加快体育旅游从传统服务业向现代服务业转变。建立以顾客体验为核心，体育、旅游、交通、公安、商检、卫生等部门信息共享、协同联动，以山东滨海体育旅游安全监管联动平台、体育旅游咨询服务平台、体育旅游健康服务平台、体育旅游电子商务平台和体育旅游营销平台等为主要内容的大数据中心，建立体育旅游智慧管理的预警、管理、决策机制，提升体育旅游服务水平，提高体育旅游者的满意度，提高体育旅游企业效益。加快山东滨海体育旅游空间的"智慧管理、智慧营销、智慧服务、智慧体验"建设，实现智慧体育旅游空间的立体化，共同促进滨海体育旅游产业的转型升级[1]。

五、提质扩容，创新发展

全域体育旅游是体育旅游发展理念、发展模式的创新，更是旅游业提质扩容、转型升级的新方向[2]。经济新常态背景下，我国区域经济政策面临着新一轮的政策调整，坚持科学创新理念，充分运用滨海体育旅游业在"转方式、调结构"及"提质扩容"中的成果。在稳步前进的同时，推动大众创业、万众创新，创新体育旅游发展模式，创新体育旅游发展理念。加快体育旅游供给侧结构性改革、体育旅游产品多元化创新，打造高品质滨海体育旅游产品，精准体育旅游产品营销，延展体育产业链条。创造体育旅游消费新热点，完善体育旅游服务体系，优化体育旅游环境，提升体育旅游企业美誉度，拓展体育旅游发展空间，构建体育旅游产业新体系。通过全域体育旅游的创新发展，实现体育旅游规模、结构、质量、效益同步提升，实现体育旅游从小旅游向大旅游，从旅游景区向旅游景区化、从粗放低效旅游向精细高效旅游转变。优化山东滨海体育旅游产业结构，创意滨海体育旅游产品，创新服务供给方式，构建多

---

[1] 姜付高，曹莉.大型体育赛事对城市旅游空间结构影响及其优化研究——以日照打造"水上运动之都"为例[J].北京体育大学学报，2016（11）：38-44，111.

[2] 石培华.全域旅游是新阶段旅游发展总体战略[EB/OL].（2016-02-17）[2020-10-02].http://www.lwcj.com/w/145709598820199.html.2016-02-17.

层次、多元化的体育旅游服务供给体系。发挥全域体育旅游创新发展的引领作用，促进山东滨海体育产业转型升级、提质扩容，实现山东滨海地区城乡体育旅游的全业共融、全域共建、全域共荣、全民共享。

六、全民参与，绿色共享

全民旅游时代应以生态文明建设为根本，以人人共享为目标。牢固树立城乡统筹、生态统筹、系统统筹的全面协调可持续发展的理念，倡导社会共建，坚持政府主导，注重多元参与，调动社会、个人的积极性，打造资源共享和充满活力的体育旅游市场。

发展山东滨海全域体育旅游既要调动体育旅游经营者、体育旅游相关服务者的参与积极性，提供品质体育旅游产品；也要使体育旅游者在体育旅游过程中注重旅游意识和文明素质的提升，获得健心、健身、顺心、开心；更要发挥体育产业绿色生态优势，合理开发利用体育旅游资源，将生态环境优势转化为体育旅游发展优势，将青山绿水转化为体育旅游天堂。优化体育旅游生态环境，推进体育旅游产业的绿色发展、循环发展、低碳发展，建设宜居、宜游的体育旅游生态环境；传承保护好传统文化，促进人、自然、社会的协调发展，促进生态文明建设；让体育旅游目的地居民共享体育旅游环境和服务，生活得便捷、舒心、幸福，树立人人都是风景、人人都是旅游形象、人人都是健身大使，具有高度责任感、幸福感、自豪感的主人翁意识。推动人人参与、人人尽力、人人享有，共享全域体育旅游发展成果，即通过全民参与促进体育旅游者、体育旅游经营者、体育旅游目的地居民的协调发展，共建共享全域体育旅游服务、体育旅游环境、体育旅游发展红利，提高幸福指数和健康指数。

第三节 山东滨海全域体育旅游空间优化与布局

一、山东滨海全域体育旅游空间优化路径

（一）发展极——极核带动、斑块扩展

任何区域的发展在空间和时间上都不是均匀展开、均衡分布的，在某些

区域、行业、部门，能得到优先发展，形成"发展极"，并通过影响力、吸引力、辐射力的极化作用形成强势斑块，带动其他区域、行业和部门，并构成区域发展的重心。山东滨海体育旅游产业以青岛为核心，辐射带动周围滨海地区发展，逐渐形成了以烟台—威海、青岛—日照、青岛—潍坊、青岛—烟台、潍坊—东营、滨州—东营为斑块的发展布局。因此，要想实现整个区域的全面发展，必须深度强化青岛作为极核城市的带动作用，通过青岛的更深层次发展，发挥其体育旅游集散中心的作用，形成从极核到斑块、从斑块到基质的全面协调、均衡发展，带动整个区域体育旅游产业的可持续发展。结合山东半岛城市群各节点的自然资源禀赋、体育水平高低、历史文脉、基础设施完善程度、客源市场大小和当前发展现状，将山东滨海体育旅游产业发展极分为三个层次，即一级核心点：青岛；二级关键点：烟台、威海、日照；三级发展点：潍坊、东营、滨州[1]。

一级核心点，要充分发挥青岛在海、陆、空全域空间的中心旅游城市职能和旅游集散中心作用，以国际体育旅游市场、国内中高端体育旅游市场为主体目标市场，重点发展体育休闲度假、大型体育赛事、体育商务会展、体育节庆旅游、邮轮游艇、海上垂钓、海上牧场、高尔夫等高端体育旅游，将青岛建成影响力极强的世界级著名体育旅游度假城市。二级关键点，发挥烟台、威海、日照在区域的中心旅游城市职能和旅游集散中心作用，以国际区域市场和国内体育旅游市场为主体目标市场，重点发展体育养生康体旅游、民俗体育旅游、体育节庆旅游、垂钓滑雪旅游、马术高尔夫旅游等休闲度假体育旅游产品，将烟台、威海、日照建成东北亚区域具有较强影响力的国际体育休闲度假旅游城市。三级发展点，发挥潍坊、东营和滨州国内和省内的中心旅游城市职能和旅游集散中心作用，以国内和省域体育旅游市场为主体目标市场，重点发展体育生态旅游、体育节庆旅游、民俗体育旅游、露营自驾旅游、体育休闲度假旅游等体育休闲旅游，将其建成国内具有较强影响力的体育休闲旅游城市。

（二）发展轴——轴线连带，廊道扩展

构筑以"日照—青岛—烟台（滨海线）"为发展主轴，以"烟台—威海""潍坊—青岛""潍坊—东营"和"滨州—东营"为支轴的山东省体育旅游发

---

[1] 姜付高，王铁. 山东半岛城市体育旅游带空间结构优化与可持续发展研究[J]. 西安体育学院学报，2015（1）：51-59.

展轴体系。依托"日照—青岛—烟台（滨海线）"主轴的辐射带动作用，壮大四条支轴的集聚作用，形成路线层次清晰的体育旅游发展扩散路径，促使体育旅游产业由主轴向支轴扩散，从一级核心点向二级关键点和三级发展点辐射，加快体育旅游景区化进程，逐渐辐射形成山东滨海全域体育旅游区[1]。

（三）发展网——连线成面，网状扩展

依托各中心城市和高级别景区，以海滨公路、城际铁路、航空空港、邮轮码头等沿海主干交通为脉络，以海岸为依托，进行东扩西联。向东依托青岛、烟台、威海等核心节点，面向仙境海岸体育旅游绵延带，利用海岛、海湾、渔礁、码头、航线等要素建构海洋体育旅游产业空间；向西依托青岛、烟台、威海、潍坊、东营等关键节点，面向广大内陆腹地，依托重要高铁、高速、风景道、主干河流、通用航空等交通廊道，串联内陆体育旅游城镇、体育旅游乡村等节点，通过产品分工、线路整合、市场承接、要素流动等途径，加强区域内部旅游合作，壮大内陆腹地旅游产业空间，推动体育旅游发达区域大大小小的经济中心（点）沿体育旅游廊道向不发达区域纵深发展推移，紧密联系城市与周边市镇、农村，扩大体育旅游核心区域和核心轴带的辐射能力。进一步完善充实海岸带吸引物、公共服务和接待服务等旅游产业要素，形成网状山东滨海体育旅游带旅游。

（四）发展域——网面扩展，域状融合

以青岛、烟台、威海、日照、潍坊、东营、滨州七个沿海城市为区域中心城市，依托仙境海岸绵延度假区、青岛奥帆赛基地、青岛崂山景区、烟台八仙过海旅游景区、烟台龙口南山景区、潍坊沂山景区、青州市青州古城景区、威海刘公岛景区、威海市威海华夏城景区、黄河口生态旅游区、日照奥林匹克水上运动基地等核心旅游景区、大型旅游度假区或体育旅游综合体为基地，有机融合周边观光、游憩、运动、美食、购物等旅游设施和服务，组合开发城郊山地、乡村、河流、湿地、滩涂、海岸、海岛、海湾等休闲游憩资源，科学规划山东滨海体育旅游资源布局，优化山东滨海地区体育旅游功能，加强体育旅

---

[1] 姜付高，王铁. 山东半岛城市体育旅游带空间结构优化与可持续发展研究[J]. 西安体育学院学报，2015（1）：51-59.

游与医疗、教育、卫生、商贸、文化、渔业、养老等产业的融合，构建以大型品牌体育赛事为核心的赛事体育旅游中心，以大型体育游乐园为核心的体育游憩中心，以体育休闲度假为核心的体育旅游度假中心，以大型体育商贸为核心的体育商展旅游中心，以体育诊断、医疗、康复为核心的体育颐养旅游度假中心，以体育修学、培训为核心的体育教育培训旅游中心的特色功能分区。通过功能分区组团优化的发展模式，充分发挥体育旅游中心节点作用，发挥体育旅游资源的优化组合优势，通过功能优化、合理布局，达到以点带线、以线带面，辐射带动区域体育旅游的均质发展，进而形成区域体育旅游网络，实现山东滨海地区全域体育旅游开放式、互动式、渐进式、均衡式发展。

二、山东滨海全域体育旅游空间布局

山东滨海体育旅游发展的最终目的是通过区域体育旅游"共建、共荣、共享"，实现区域体育旅游的全域发展，打造竞争优势明显、区域品牌形象显著、区域均质发展的体育旅游目的地。根据山东滨海体育旅游资源禀赋特色、区位条件等进行资源区域组合划分，考虑到各个滨海地市不同旅游发展实情，实施组合发展、因地制宜的发展战略，实现山东滨海体育旅游产业空间布局由滨海岸带向全域延伸，在空间上形成"一核、一链、四廊、多点支撑"的特色滨海体育旅游空间布局。

（一）"一核"引领

一核：青岛滨海体育旅游核心区。

依托青岛作为我国沿海重要中心城市、"一带一路"综合枢纽城市、世界海洋经济发展领军城市、世界滨海度假旅游城市、国际性港口城市、国家历史文化名城、国际海洋文化名城、国际高端海洋体育赛事中心城市、国内外知名蓝色体育运动休闲城市的战略地位，抓住建设国家级"青岛西海岸新区"的重大机遇，发挥青岛体育赛事中心、体育旅游金融中心、体育旅游创客中心、国际邮轮母港基地的产业优势，凸显青岛作为山东半岛海、陆、空全域空间旅游集散中心、接待服务中心的作用，以入境体育旅游市场、国内中高端体育旅游市场为主体目标市场。以"帆船之都"为品牌引领，凝炼青岛帆船文化和奥运文化。以青岛风河伟业体育健身休闲示范基地和青岛奥林匹克帆船中心体育旅游示范基地为引领，打造特色水上运动竞赛休闲旅游区。重点发展以"国际帆船周"为核心的自主IP高端体育赛事旅游；依托"田横岛祭海节""青岛国际海洋节""青岛国际啤酒节"等节庆品牌，打造体育节庆旅游嘉年华；深度挖掘滨海生态优势，依托温泉、高尔夫、邮轮游艇、海洋牧场等资源优势，突出休闲、浪漫、高端、时尚性等特征，重点发展体育康复、体育养生、体育疗养、体育休闲为主的高端体育休闲度假产品；依托"足球名城"，打造特色足球精品赛事；挖掘青岛历史文化名城、经济、金融、贸易中心的优势，大力发展体育商务会展旅游、品牌体育节庆旅游、特色民俗体育旅游、邮轮游艇旅游、帆船帆板旅游、新兴体育项目旅游等。将青岛建成具有世界级影响力的国际著名滨海体育旅游城市。

（二）"一链"串联

一链：山东滨海体育旅游发展链。

依托我省海滨地区丰富的滩、湾、岛、礁、林等自然资源和历史悠久的仙道文化、海洋文化、民俗文化、品牌赛事等优势资源，发挥滨海地区密集的国家级、省级旅游度假集聚区和连绵带的引领作用，以体育旅游集散中心、体育旅游精品线路、体育旅游综合体、体育特色旅游小镇、体育特色乡村旅游、自驾露营地、邮轮母港、航空码头、垂钓基地、海洋牧场为依托，串点成线，打造山东滨海系列特色体育旅游产业链。开发具有浓郁山东特色的自行车、摩托车、汽车、大帆赛、海钓、高尔夫、风筝冲浪、沙滩运动、海岛探险、航空飞行等不同形式的"山东滨海大环赛"赛事体育旅游链、滨海腹地运动休闲旅游链、滨海岸滩体育旅游链、海上体育休闲活动旅游链、海岛体育旅游链等特色滨海体育旅游链条。

（三）"多点"支撑

根据地理区域条件、旅游资源品位、旅游接待服务基础，考虑不同节点的特色主题和旅游功能，重点打造以下综合度假节点，依托七市各中心城区、具有优势度假资源和接待条件的大型旅游度假区、拥有广域市场吸引力的高级别景区，构筑各具特色的区域中心节点，辐射带动周边旅游资源开发和客流互动，梯度构建围绕中心节点的次一级节点，进而形成功能相对完善、主题相对统一的旅游产业组团，最终形成山东滨海旅游业重点突出、特色各具、相互支持、网络化发展的新格局（表5-1）。

表5-1 山东滨海体育旅游发展重要节点

重要节点	发展特色
日照山海天旅游度假区	水上运动、体育赛事、露营自驾、养生度假、海钓
日照奥林匹克公园	体育康体养生、水上运动、体育赛事、徒步、骑行
日照海滨森林公园	水上运动、露营、骑行、体育赛事、体育颐养度假
日照五莲山风景区	登山、民俗体育文化、攀岩、徒步、露营、山地自行车
日照莒县浮来青旅游综合体	水上运动、娱乐、茶文化、四季滑雪、露营自驾
日照岚山多岛海	露营自驾、水上运动、滩涂拓展、渔家民俗体验
青岛黄岛凤凰岛旅游度假区	水上运动、康体养生、体育赛事、影视文化、观光
青岛崂山风景名胜区	露营自驾、攀岩、山地骑行、山岳拓展、滑翔蹦极、拓展训练
青岛石老人度假旅游区	高尔夫球场、大型游乐场、水上运动、康体养生、海滨沙滩
青岛东部海洋科技旅游区	水上运动、海洋景观、休闲度假、奥运休闲业
青岛奥帆赛基地	水上运动、体育赛事、奥运文化体验、帆船帆板
青岛即墨田横岛旅游度假区	水上运动、妈祖庙会、文化古韵、海滨景观、海钓
青岛平度大泽山旅游区	登山、文化古韵、"葡萄之乡"露营自驾、观光、红色之旅
青岛黄岛琅琊台旅游度假区	观光、娱乐、渔家民俗体验、海钓、露营自驾、休闲度假
青岛黄岛灵山湾旅游度假区	垂钓、观光、娱乐休闲、水上运动、露营自驾、休闲度假
青岛莱西姜山旅游度假区	湿地赛事、攀岩、马术运动、场地越野、湿地旅游、骑行、露营
青岛大沽河省级生态旅游度假区（原胶州少海生态旅游度假区）	文化古韵、休闲徒步、生态观光、自驾游、湿地公园、泛舟自驾
烟台丁字湾海滨旅游度假区	高尔夫俱乐部、滑雪运动、康体养生、休闲度假、文化古韵
烟台海阳休闲运动度假区	康体运动、养生理疗、高尔夫球场、水上运动、沙雕文化
烟台城市东部海滨	海滨沙滩、水上运动、骑行、露营自驾、海钓、休闲度假

第五章　山东滨海全域体育旅游空间优化

（续表）

重要节点	发展特色
烟台城市西部海滨	海滨沙滩、水上运动、沙滩漫步、海钓、休闲度假
烟台蓬莱仙境海岸	仙道文化、养生度假、民俗体验、康体养生、水上运动
烟台长岛生态旅游度假区	文化产业、民俗风情、风景观光、露营自驾、海滨风貌
烟台龙口南山旅游度假集群	宗教历史文化、徒步观光、高尔夫、露营自驾、休闲度假
烟台牟平养马岛	赛马活动、温泉养生、自驾游、文化古韵、水上运动、海岛奇观
威海刘公岛风景区	历史文化、疗养胜地、避暑胜地、观光、海上渔家
威海文登昆嵛山风景区	登山运动、观光游览、休闲度假、露营自驾、养生康体
威海文登温泉健康旅游区	康体养生、休闲购物、温泉胜地、休闲度假
威海石岛渔家风情旅游区	民俗文化、渔家乐、垂钓海猎、帆船帆板、水上运动
威海荣成好运角旅游度假区	休闲娱乐、湿地公园、民俗体验、露营自驾、休闲度假
威海韩亚风情旅游区	高尔夫俱乐部、休闲观光、养生度假、民俗体验
威海乳山运动养生旅游区	疗养胜地、避暑胜地、康体养生、露营自驾、登山
潍坊青州云门山生态文化旅游度假区	养生康体、休闲度假、露营自驾、湿地公园、运动主题公园
潍坊杨家埠民间艺术大观园	民俗文化、休闲娱乐、徒步、民俗体验、风筝制作、风筝放飞
潍坊安丘青云山民俗游乐园	民族风情、休闲娱乐、桃花源、购物、民俗文化、民俗旅游
潍坊寿光生态农业旅游聚集区	湿地公园、影视文化、露营自驾、红色旅游
潍坊滨海欢乐海旅游度假区	风筝冲浪、马术运动、露营自驾、海洋科普、休闲娱乐
潍坊青州古城旅游区	文化古韵、自驾游、康体养生、风景观光、民俗体验

（续表）

重要节点	发展特色
潍坊青州仰天山国家森林公园	风景观光、民俗文化、露营自驾、康体养生、自行车
潍坊临朐老龙湾生态旅游	水上漂流、水上人家、休闲度假、露营自驾、垂钓
潍坊白浪河上游湿地体育公园	高尔夫练习场、童军营、康体养生、露营自驾
潍坊高密市红高粱民俗体验	民俗文化、红色旅游、露营自驾、乡村旅游
东营黄河口生态旅游区	特种赛车、热气球、湿地高尔夫、自驾车营地、赛事
东营黄河水城河海风情旅游区	民俗体育文化、康体养生、水上运动、露营自驾
东营广饶孙子文化旅游区	观光、娱乐、温泉养生、文化古韵、农家乐
东营揽翠湖旅游度假区	温泉养生、康体娱乐、运动休闲、露营自驾、水上运动
东营渤海航空城	航空旅游、科普休闲、航空体育、修学拓展、商展会议
滨州滨海湿地体验区	生态旅游、观光休闲、康体养生、露营自驾
滨州孙子国际兵学文化产业园	民俗文化、生态旅游、红色文化、休闲娱乐、观光
滨州大高航空城	航空科技、航空旅游、修学拓展、商展会议
滨州贝壳海岸度假	贝壳景观、露营自驾、观光徒步、休闲度假
滨州黄河古村风情带	垂钓、休闲娱乐、观光、文化古韵、健身养生

（四）"四廊"驱动

整合山东滨海地区的体育旅游集散地、景区和景点，打造以飞机场为依托的航空廊道；打造以铁路、高速公路为主的陆路交通廊道；打造以河流沿线风景带为依托的江河旅游廊道；打造以邮轮母港为依托的环山东半岛的滨海廊道。形成立体化的体育旅游交通廊道，并带动廊道两侧腹地体育旅游业进一步发展。

1. 依托陆路交通的体育旅游廊道

以山东滨海七地市为核心节点，对山东滨海地区体育旅游空间进行整合与布局。以高速铁路、高速公路线为轴线，以主要铁路、公路为腹地依托，辐射、带动交通沿线旅游节点城市，构建滨海陆路交通沿线旅游带。加速大连到烟台的海底隧道廊道建设，建设贯通天津、滨州、东营、潍坊、烟台、威海、青岛、日照的环渤海沿线的城铁交通轨道，加速青岛—日照—连云港、日照—曲阜、青岛—济南的贯穿引领作用，加速体育旅游流的转移。

2.依托滨海港口的体育旅游廊道

以青岛港为核心，以东营、滨州、潍坊、威海、烟台、日照六个沿海城市为节点，构建滨海"金项链"。发挥青岛的邮轮母港优势和辐射作用，将山东滨海沿线营造成独具北方特色的国际化滨海体育旅游绵延带。提升青岛邮轮母港的规模和效益，加速烟台、威海、日照的运输服务能力，合理布局港口、码头、停泊点建设，通过海陆统筹、空间互动，打造"陆上参与、岛上娱乐、海上休闲"的体育旅游发展模式。

3.依托区域流域的旅游廊道

山东滨海区域分布着黄河、潍河、大沽河、胶莱河等流域，体育旅游资源具有典型的沿河集聚特点，众多民俗节庆、核心景区、赛事资源集中分布在河流水域沿岸。应全面梳理滨海地区各流域沿线体育旅游资源和文化特色，以主干河流为纽带，整合上、中、下游及其两侧腹地的景点资源，打造特色流域体育旅游轴线，提升整个线路的旅游发展水平和区域旅游品牌效应。

4.依托航空线路的旅游廊道

科学布局通用航空机场、低空起降点。利用航空港的优势，建立以青岛为集散中心，以烟台、潍坊为一级航空节点，以日照、威海、滨州、东营为二级航空节点，以核心景区为依托，依据国家逐步放开低空领域的政策，加快航空飞行营地建设、航空小镇等机场服务设施建设，打造国际、国内线路相融合，高空与低空相结合的立体化航空旅游网络。

第四节 山东滨海全域体育旅游发展重点项目

一、重点发展"仙境海岸"全域体育度假旅游项目

"仙境海岸"以烟台、威海、青岛、日照等城市为主体，海岸线长达3000

多千米，岛、礁、滩、湾、角千姿百态、蔚为壮观，山、林、河、泉生态优美、异彩纷呈；道教文化、养生文化、东夷文化、海洋文化底蕴厚重、逍遥自在。统一规划、科学布局、错位发展、共建共享，注重全产业链、全服务链衔接。深度开发山东滨海体育休闲度假旅游产品，以"山海联动、魅力海岸"为发展理念，构建以"仙境海岸"品牌为引领，有机组合仙境蓬莱、仙岛长岛、仙山崂山、道家昆嵛山等仙道文化，开发与景区景点特点、产业发展方向、资源禀赋相统一的"逍遥山东"体育休闲度假旅游产品。融合"山、海、湖、林、泉"地域特色，深度挖掘、全面展示山东半岛独有的海洋文化，创新体育参与方式，凸显体育景观设计，提升服务品质等策略，以优质海岸、特色海岛、广阔海域、山岳乡村和耕海牧渔的民俗风情为载体，着力完善以高尔夫、滑雪、温泉养生、体育颐养、航空体验、邮轮、海钓等为特色的体育旅游项目，统筹"陆、海、空"发展，打造以中国道家体育养生、东方海洋文化体验、滨海体育休闲、滨海体育仙居度假、海洋逍遥运动为核心的仙境海岸体育休闲度假旅游带。

二、统筹发展"胶东人家"全域体育乡村旅游项目

美丽乡村建设和乡村旅游扶贫的持续开展，为乡村旅游的深度开发提供了契机。乡村旅游项目是全域体育旅游开展的重点方向，是实现城乡统筹发展、共建共享、宜居宜游的重要手段。挖掘山东的滨海、海岛、山岳、河流、森林、湖泊、温泉、建筑、文化、习俗、农业等资源优势，在传统农业旅游体验和农村旅游休闲的基础上，发挥自驾、徒步、自行车骑行等体育项目优势，注重体育健身休闲，提升服务质量，完善健身服务，营造处处是健身休闲、处处是生态、处处是乡韵的休闲环境，延伸体育旅游链条。挖掘体育特点，将秧歌、舞龙舞狮、高跷、跑旱船、风筝、滑翔、马拉松、山地自行车、溯溪、龙舟、垂钓、漂流、冲浪、徒步、蹦极、攀岩等体育项目与乡村特色自然资源、文化资源、宗教庆典、民风民俗、节日节庆有机结合起来，构建新兴体育参与、养生康体、体育健身休闲、体育嬉戏参与、田间智力游戏与乡村发展相融合的乡村体育旅游体系。开展"一镇一品、一村一队、一户一案"的体育旅游活动，实施精准发展、精准扶贫、精致服务策略，开发与景区、景点、乡村特点、产业发展方向、资源禀赋相统一的乡村体育旅游产品。统一规划、统一挂牌、统一标准、统一管理，依托"黄河人家""海上人家""海岛人家""温泉人家""奥运人家""仙道人家""湖上人家""森林人家""狩猎人家"

"风筝人家""东夷人家""航空人家""海钓人家""漂流人家""旱船人家""高跷人家"等独具特色的体育旅游小镇、体育旅游乡村、体育旅游驿站，打造具有地域自然特色、文化特色、体育特色的体育原生态乡村旅游，塑造"胶东人家"全域乡村体育旅游品牌。

三、融合发展"健康山东"全域体育颐养旅游项目

契合健康中国发展理念，以传统养生文化为核心，依托山东滨海的山地、海洋、温泉、湖泊、森林等特色生态优势资源，挖掘太极拳、八段锦、中医理疗、针灸、刮痧、道家养生术等中华传统颐养文化资源，发挥山东滨海的资源生态、产品生态、中医理疗、传统养生、传统食补、健身气功、体育诊断、体育干预、体育康复等体育健身养生之功能，以青岛、烟台、威海三个国家级医养结合试点城市为核心，创新体医融合、体养融合、医养融合、体旅融合等新产业、新业态的服务模式和运行机制，通过跨行业、跨地区、品牌化、规模化经营，实施科学颐养、精准医疗、医养结合、精致服务，打造体育温泉康体养生、太极康体养生、健身气功养生、中医理疗养生、逍遥休闲健身养生、森林康体养生、山地健身休闲养生、湿地生态休闲颐养、道家康体养生等体育健康诊断、体育健康干预、体育伤害治疗、体育伤病康复、体育伤害干预、体育健康预防、体育健康颐养等全域颐养体育旅游品牌。

四、蓬勃发展"儒风海韵"全域体育传统旅游项目

以齐鲁文化、泰山文化、黄河文化、海洋文化、红色文化、运河文化、湖泊文化、道家文化、儒家文化、海岱文化、移民文化、兵家文化等为主体，结合各地区传统民俗节庆活动，突出元旦、春节、元宵节、清明节、端午节、中秋节等关键节庆，以庙会、山会、民俗展演、地方性节庆活动及丰富多彩的民族民间传统体育活动为基础，挖掘移民民俗、节庆民俗、仙道民俗、婚娶民俗、祭海民俗、海洋民俗、黄河民俗、东夷民俗等具有吸引力的地方传统民俗体育资源，借助秧歌、斗蟋蟀、风筝、高跷、跑旱船、龙舟、腰鼓等民俗体育形式，传承创新优秀传统民俗文化，打造特色民俗狂欢活动旅游产品。挖掘武术文化内涵，传承、创新传统武术文化，系统整合齐鲁武术文化资源，以莱阳市螳螂拳、安丘市孙膑拳、崂山道教武术、莱州吴式太极拳非物质文化遗产项目为依托，以烟台、潍坊、青岛为主要节点城市，打造以莱州武校、崂山道教

武术、日照大青山太极研修中心为载体的全域武术修学体育旅游品牌。创新体育修学旅游方式，细分体育修学旅游市场，加强定制化体育修学旅游。探索传统体育旅游管理模式，促进地方性节庆活动及民族民间传统体育活动与体育旅游相结合，融自然、文化、教育、健身于一体，建设游客自由体验的舞台，创意开发具有表演性、互动性、体验性、高科技相融合的新产品。以莱州武术修学旅游、潍坊风筝文化体验旅游、仙道文化体验之旅、体育学术研讨旅游、道家养生修学旅游为主线，立足国内、面向世界，打造集传统体育文化展示、体育文化体验、体育文化修学、体育文化交流、传统文化衍生产品为一体的年节消费全产业链和独具山东民俗文化特色、展示中国文化精髓的系列体育修学旅游产品和修学旅游品牌。构建"儒风海韵"全域体育传统文化旅游区域联合体，打造中华体育旅游与文化融合发展区和中华传统国学研学旅游示范区等全域体育文化旅游品牌。

五、品牌发展"节事山东"全域体育节事旅游项目

我国传统的二十四节气及其蕴含的文化、民俗，以及结合地域特色所开展的节事节庆、仪式庆典、体育赛事，是开展全域旅游的宝贵资源，人们因赛而旅、因节而游、因赛而聚、因节而庆，丰富四季体育节事产品，多元化体育节事活动，打造品牌体育节庆，是平衡四季体育旅游消费，创造全季、全时体育旅游格局的重要方式。

体育节事IP具有生命周期长、稀缺性极强、培育周期长、回报价值高、辐射范围大、收入稳定性强的特点，对于提升区域形象、塑造区域品牌具有重要意义。按照"政府主导，市场运作，创新机制，社会参与"的模式，探索社会组织承办竞赛项目的新途径，科学规划赛事发展战略，通过整合资源和创意设计，开展个性鲜明、具有自主IP的四季节事活动。引进和培养专业化的节事、会展、商务旅游人才，建立专业化的服务公司，实现承办视野国际化、承办形式多样化、节事参与多元化、节事运营市场化、竞赛组织专业化。以"潍坊国际风筝节""威海铁人三项赛""东营国际马拉松赛""青岛国际帆船周""好客山东休闲汇""田横岛祭海节"等品牌节事、赛事塑造为引领，打造与区域季节相结合、与区域发展相契合、与区域功能相吻合、与区域自然相协调、与区域文化相适应、与区域生活相融合，特色强、参与性高、接地气、聚人气，具有产业化、专业化、常态化、国际化特征的品牌体育节事赛事。促进体育节事与旅游、传媒、培训等行业的融合，引领体育产业发展，拓展体育节事旅游空间辐射与影响力，形成具有山东地域特色、文化特色和国际影响力的品牌体育节事赛事产业集群。

六、助力发展"冰雪山东"全域体育冰雪旅游项目

充分发挥山东省的区域经济优势、区位优势、地理环境优势、山地自然资源优势、国家冰雪战略优势，采取宜冰则冰、宜雪则雪、室内室外、山前林后相结合的发展措施，挖掘潜力，不断创新，丰富冰雪产业业态，根据区位条件、人口规模、冰雪水平、资源环境、经济社会发展水平，科学规划冰雪运动场地设施，加速冰雪资源开发。引导社会力量建设冰雪运动场地，丰富冰雪运动场地类型，扩大冰雪场地供给，优化冰雪场地类型结构，提高场地设施质量。开发冰雪修学、冰雪节庆、冰雪赛事、山地滑雪、冰雪民俗体验、花样滑冰、冰壶体验、冰球赛事、冰雕、雪地高尔夫、冰雪温泉养生休闲为主的全域冰雪体育旅游项目和品牌。开发狗拉雪橇爬犁冰车、冰陀螺、冰上龙舟、冰蹴球、转龙射球、滑爬犁、冰雪捕鱼、冬捕节、冬日海钓等传统民俗冰雪体验旅游项目。建设一批融滑雪、登山、徒步、露营、捕鱼、狩猎、自驾、民俗、节庆、温泉等多种健身休闲运动为一体的复合型冰雪体育旅游度假区、冰雪体育旅游小镇、冰雪特色乡村、冰雪垂钓基地、冰雪旅游基地和冰雪运动中心。

七、培育发展"环赛山东"全域体育环赛旅游项目

首先，发挥山东港口码头串联、海洋牧场星布、交通体系完善、景区景点集聚、体育项目多元的优势，打造不同级别的"环赛"。高端比赛重视竞技水平，具有国际知名度和影响力；大众比赛推行全民参与，接地气并具有区域影响力。通过细分市场，创新设计，精准营销，提高"环赛"的旅游产品品质。其次，将山东的滨海风光、山水景色、岛礁地貌、齐鲁文化、风土民俗、饮食文化等绩优资源区域有机融合，发挥青岛的核心极化作用，以日照、烟台、威海、潍坊、东营、滨州为关键节点城市，聚力海滨山岳体育旅游资源整体开发，联合打造体育休闲旅游景区。以"旅游用项目串""体育用赛事串""属地用特色串""部门用优势串"为发展原则，致力开发"赛前适应+赛中竞技+赛后旅游"的山东环赛体育旅游产品，形成"一日比赛，多日停留；一人参赛，多人旅游；单人竞赛，多人消费"的体育旅游模式。系统规划、统筹发展、特色培育区域体育比赛项目，打造具有浓郁山东风的"环山东自行车赛""环山东马拉松系列赛""环山东龙舟系列赛""环山东摩托车系列赛""环山东汽车拉力赛""环山东帆船赛""环山东海钓赛"等不同形式的"大环

赛"。将整个环赛活动纳入市场营销和规划，形成全域体育自驾、自助、自主的系列赛事产品合力，打造"环赛山东"系列全域体育环赛旅游品牌。

八、特色发展"露营山东"全域体育自助旅游项目

挖掘海岸、山岳、河流、湖泊、森林、湿地资源优势，依托交通集散地、景区景点、各类公园、各类体育设施等，完善自驾、骑行、徒步等服务体系。完善露营地及其服务标准，规划建设不同类型、不同层次、布局合理的特色露营营地。积极发展房车、旅居车、摩托车、自行车等休闲运动用车的多元化、专业化、品牌化经营，鼓励营地经营企业、汽车租赁企业、营地汽车维护企业、自驾游俱乐部等进行多元化、组合式经营，提高自驾体系的专业化、网络化、信息化和精细化经营服务水平。加大自助旅游目的地、自驾旅游线路、自驾露营营地的规划建设力度，构建以高速公路、河道海路、旅游干道为纽带，以地区风景道、城市绿道、健身步道、河流为廊道，以景区景点、赛事节事、岛礁体验区、户外运动区、山水生态区、航空飞行区、乡村旅游区、休闲农业区等为依托，串点成线、串珠成链、串链成网，构建自驾车旅居车旅游网络体系。完善露营地的医疗救护、交通信息、娱乐休闲、设施补给等基础服务功能，鼓励在营地周边配套徒步、登山、骑行、垂钓、水上、冰雪、航空、赛车、马术等户外运动设施及服务。鼓励加快自驾游呼叫中心、紧急救援队伍和紧急救援基地建设，打造融自驾游旅游流统计、监测与预警于一体的智慧管理系统，引导自驾游游客科学选择旅游目的地，提高相关管理和经营部门的预控能力。融合节事赛事、高尔夫、登山、潜水、康体、滑雪等特色体育旅游资源，打造融城市景观、自然景观、文化景观为一体，具有浓郁地域特色、文化特色的海天露营区、运河露营区、黄河露营区、山地露营区、湖泊露营区、森林露营区、环城游憩露营区等丰富多彩、具有自主品牌的自助体育旅游产品，打造"露营山东"全域体育旅游品牌。

九、规范发展"逍遥山东"全域体育新兴旅游项目

户外新兴体育旅游项目具有挖掘自我潜能、挑战自我、超越自我的参与和勇敢精神，注重挑战极限后的愉悦和成就感，被世界各国誉为"未来体育运动"。极限运动的项目涉及"海、陆、空"多维空间，具有融入自然（自然、环境、生态、健康）和挑战自我（积极、勇敢、愉悦、刺激）的"天人合一"的特性。强烈的体验性使户外运动充满了安全隐患。应规范户外运动，完善保

障机制，加强户外运动的监督与评价。创意新兴体育项目，多元发展体育旅游项目，将蹦极、瑜伽、高尔夫、滑翔、漂流、山地越野、极限冲浪等新兴体育项目与旅游有机结合，创意发展海滩马拉松、邮轮瑜伽修学、山岳蹦极、雪地高尔夫、峡谷漂流、风筝冲浪等新兴体育旅游项目，创意组合"水上飞机+游艇""高尔夫+温泉养生""直升机+游艇邮轮""航空体验+滑雪""航空飞行+风筝冲浪""登山+翼装飞行""温泉+体育健康干预""露营+自行车骑行"等新兴体育旅游项目。着力打造具有国际知名度的"逍遥山东"新兴户外体育旅游体验区，促进体育与旅游、文化的深度融合发展。

第五节 山东滨海全域体育旅游发展模式

一、山东滨海全域体育旅游开发与管理

现代体育旅游是一种"大旅游"，要求树立"大市场""大管理"的体育旅游观，实现市场经济条件下小政府、大市场、专业化和社会化的管理模式。

传统的"条块分割"和"地域分割"管理体制，使滨海体育旅游产业相关部门缺乏综合协调和联合管理的机制和手段，跨行政区域、跨行政部门的体育旅游管理问题难以解决。山东滨海体育旅游要打造"无障碍滨海体育旅游区"，实现从"快餐游"到"营养游""品质游"的有机转变，适应"大尺度""大体育""大旅游"的市场环境，需要涉及体育、旅游、文化、海洋、交通、环保、建筑、税收等多个部门的"大管理"，建立跨越各部门利益的高层决策机构，在政府原有机构设置的前提下，建立统筹管理委员会，打破部门壁垒，形成国家与省、省与省、各市与各市、部门之间的网络状对接与合力，激励各利益相关方共同参与，优化资源配置，以实现扁平化、网格化的新型管理模式。

（一）山东滨海全域体育旅游开发与管理框架

政府拿出"权力清单"，明确政府该做什么；理出"责任清单"，明确政府该怎么管市场；给出"负面清单"，明确企业不该干什么，以此实现山东滨海全域体育旅游行政管理企业化、政府管理导向化、政策引导战略化、企业运作责任化，利用"看得见的手"和"看不见的手"共同组成新型滨海体育旅游管理框架（图5-1）。

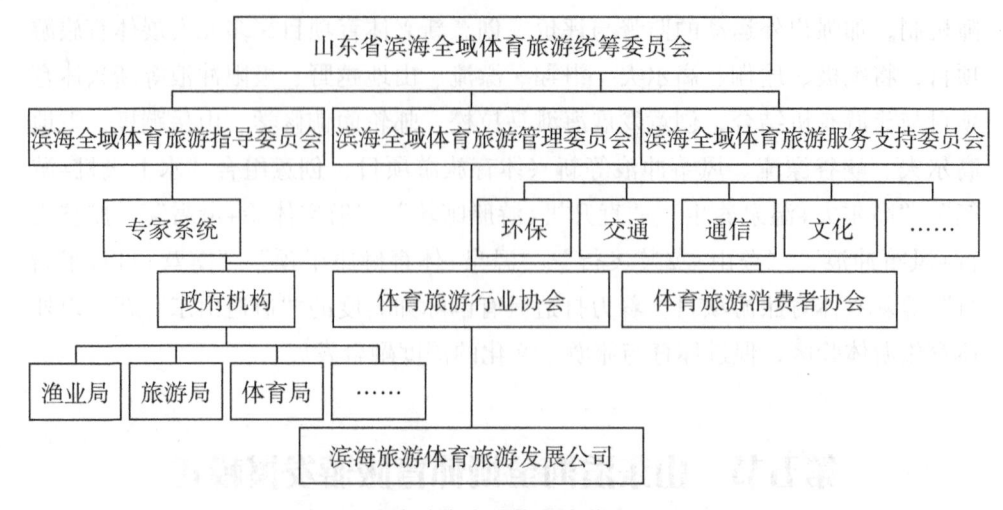

图5-1　山东滨海全域体育旅游组织结构图

　　成立由山东滨海全域体育旅游指导委员会、管理委员会和服务支持委员会组成的山东滨海全域体育旅游统筹委员会，它是山东滨海地区体育旅游的最高决策和综合协调机构。首先，滨海全域体育旅游指导委员会成员主要有体育、文化、旅游、海洋业等相关专业的专家，主要任务是根据全球旅游业的发展趋势及竞争对手的发展举措，对滨海体育旅游市场进行广泛的研究和分析，科学制订滨海体育旅游产品开发、产品营销和市场推广策略，为山东滨海全域体育旅游发展提供科学决策支持。其次，山东滨海全域体育旅游管理委员会由政府相关机构、滨海体育旅游行业协会和滨海体育旅游消费者协会构成，下设体育、旅游、海洋、文化、卫生、环保、渔业、商业、林业等相关行政职能部门，领导并实施重大体育赛事、体育旅游项目的评估与开发。协调滨海体育旅游的规划编制、标准制定、市场监管、对外促销，协调建设、开发、保护、管理部门的权、责、利关系，对发展中的重大事项进行决策和监督。滨海体育旅游行业协会由各地市体育旅游发展公司构成。最后，山东滨海全域体育旅游服务支持委员会由负责环保、通信、交通、文化、税收等相关部门构成，协调各部门利益和权益，规范协会自身工作，发挥行业协会在体育旅游市场监管、政府与企业、企业与企业、企业与其他行业间的桥梁和纽带作用，形成有利于体育旅游行业发展和行业自律的体制。

（二）山东滨海全域体育旅游开发与管理流程

　　山东滨海全域体育旅游开发管理流程是由项目规划、执行计划、项目检查、结果处理四个流程组成的闭合开发管理流程（图5-2）。

第五章 山东滨海全域体育旅游空间优化

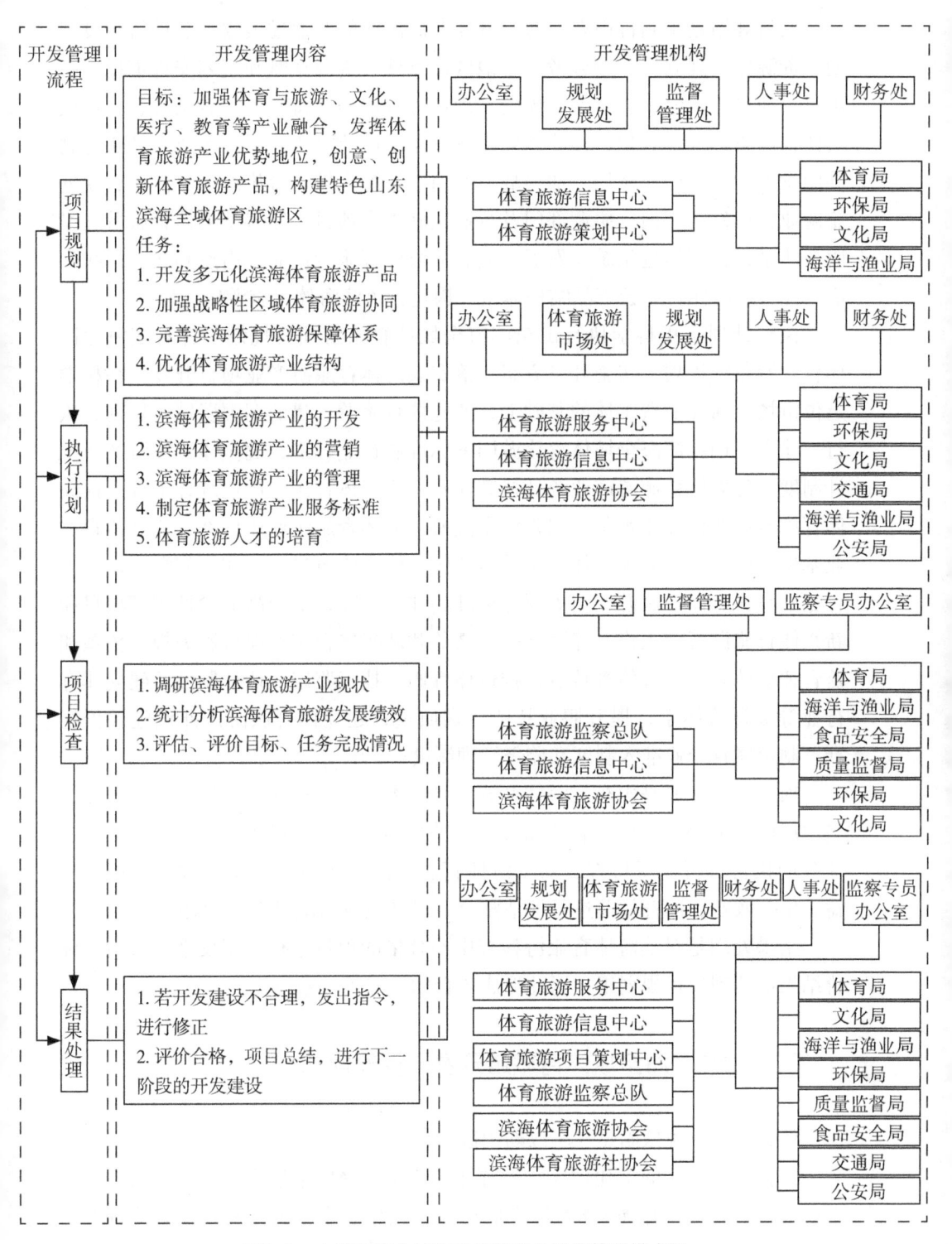

开发管理流程	开发管理内容	开发管理机构
项目规划	目标：加强体育与旅游、文化、医疗、教育等产业融合，发挥体育旅游产业优势地位，创意、创新体育旅游产品，构建特色山东滨海全域体育旅游区 任务： 1. 开发多元化滨海体育旅游产品 2. 加强战略性区域体育旅游协同 3. 完善滨海体育旅游保障体系 4. 优化体育旅游产业结构	办公室 规划发展处 监督管理处 人事处 财务处 体育旅游信息中心 体育旅游策划中心 体育局 环保局 文化局 海洋与渔业局
执行计划	1. 滨海体育旅游产业的开发 2. 滨海体育旅游产业的营销 3. 滨海体育旅游产业的管理 4. 制定体育旅游产业服务标准 5. 体育旅游人才的培育	办公室 体育旅游市场处 规划发展处 人事处 财务处 体育旅游服务中心 体育旅游信息中心 滨海体育旅游协会 体育局 环保局 文化局 交通局 海洋与渔业局 公安局
项目检查	1. 调研滨海体育旅游产业现状 2. 统计分析滨海体育旅游发展绩效 3. 评估、评价目标、任务完成情况	办公室 监督管理处 监察专员办公室 体育旅游监察总队 体育旅游信息中心 滨海体育旅游协会 体育局 海洋与渔业局 食品安全局 质量监督局 环保局 文化局
结果处理	1. 若开发建设不合理，发出指令，进行修正 2. 评价合格，项目总结，进行下一阶段的开发建设	办公室 规划发展处 体育旅游市场处 监督管理处 财务处 人事处 监察专员办公室 体育旅游服务中心 体育旅游信息中心 体育旅游项目策划中心 体育旅游监察总队 滨海体育旅游协会 滨海体育旅游社协会 体育局 文化局 海洋与渔业局 环保局 质量监督局 食品安全局 交通局 公安局

图5-2 山东滨海全域体育旅游产业开发管理模式图

213

项目规划是指制订山东滨海全域体育旅游区的产业发展规划、项目建设规划、资源保护规划等，综合考虑各地区位条件、资源禀赋和规划安排审批旅游项目。通过落实财政、金融、税费、用地等方面的扶持政策，鼓励社会力量投资体育旅游方式多元化，构建多元化体育旅游产业投资体系，形成多种所有制共同发展的体育产业格局。加强战略性山东滨海全域体育旅游区域协作、规划旅游业整体发展方向、协调部门及行业实施重大项目、完善滨海体育旅游支撑服务体系，共同推进旅游业发展。创意滨海体育旅游产品，由点到线、由线到面，完善滨海体育旅游产品结构体系，构建特色滨海体育旅游区。

执行计划是指科学执行山东滨海全域体育旅游项目规划。针对滨海地区体育旅游系统规划，实施开发方案，落实滨海体育旅游产业项目开发。在科学定位市场、精准消费主体的基础上，实施体育旅游项目的捆绑营销。贯彻、执行、建立、创新滨海全域体育旅游国家标准和行业标准，健全体育旅游产业统计制度，建立体育旅游产业统计核算体系，完善体育旅游产业统计来源，提高体育旅游产业标准化水平；完善山东滨海全域体育旅游产业标准，建立体育产业基地、体育休闲基地、体育旅游示范区、体育旅游景区、体育旅游小镇、体育旅游乡村、体育旅游线路等评定标准和评定工作；加强高危险性体育项目和新兴体育旅游管理工作，建立和完善高危和新兴体育旅游项目服务规范体系和监督评价体系；结合体育特点，推进体育职业技能鉴定和认证制度，建立体育行业等级评价体系，提升职业技能培训质量；建立体育旅游产业设施评价标准，制定体育产业准入制度和监督管理制度。

项目检查主要是山东滨海体育旅游管理委员会通过对滨海体育旅游企业、当地居民、滨海体育旅游者和相关行业进行调研，对滨海体育旅游各项流程、任务的执行进行监督检查，对滨海体育旅游的经济效益、文化效益、社会效益、生态效益、体育效益进行评估整合，对其完成情况进行科学评价。

结果处理是对滨海体育旅游检查中不合格的项目进行修正反馈，最后将评价结果反馈到项目规划组，以此形成闭合的开发管理系统。

二、山东滨海全域体育旅游开发与管理模式

体育旅游资源依附型——以崂山区为例。

依托核心景区的极化效应，发挥龙头旅游景区的辐射力，按照发展全域旅游的要求，树立"旅游+体育"发展思维，以核心景区为龙头，提升体育部门

在核心景区的地位与话语权，注重挖掘体育旅游特质，在旅游发展中有效融入体育元素，创新创意体育旅游项目，建立特色体育旅游综合体，丰富完善旅游产品体系。优化体育设施、公共服务设施和基础设施布局，提升体育旅游在核心旅游景区的比重。以核心景区推动体育旅游业与相关产业融合，优化体育旅游服务体系，形成"体育旅游共建、共管、共抓"的综合工作机制，推进"景区、城乡一体化发展"，实现旅游带动体育完善，通过区域旅游景区化发展，实现核心景区带动周边全域发展。其典型代表有青岛崂山区、烟台蓬莱市。

作为全国首批"国家旅游示范区"，崂山旅游资源丰富，旅游设施完善，其以崂山国家级5A风景区和石老人国家度假区为核心，依托核心景区的品牌优势和流量优势，将体育元素有效融入旅游资源中，丰富旅游产品体系。创新创意风筝冲浪、山岳徒步、自驾露营、体育康复、太极修学等体育旅游项目，并融入"海上名山、道教圣地、度假天堂"的品牌形象塑造当中。依托青岛极地海洋世界、青岛海滨雕塑园、石老人海水浴场、国信体育中心、青岛大剧院、青岛市博物馆、青岛国际会展中心、石老人休闲健身区、青岛国际啤酒城等精品项目、重要城市特色景观，开展城市骑行、城市马拉松、体育商展、精品赛事等融城市特色、城市景观于一体的城市体育旅游项目。注重特色节会培育，发挥节日集聚效应，以青岛国际啤酒节为龙头，以北宅樱桃节、北宅采摘节、枯桃花卉节、沙子口山海休闲游、王哥庄茶节为时间节点，挖掘崂山民间故事、崂山道教音乐、螳螂拳、崂山道教武术等民俗传统体育文化内涵，丰富四季体育旅游项目，大力发展民俗体育体验、传统体育修学、山岳自驾露营、航空飞行体验、乡间骑行采摘、海上人家垂钓等田园乡村、岛海渔村、山野人家等体育休闲旅游项目。依托山岳、滨海、湖泊等优势自然资源，以天泰滑雪场、石老人高尔夫球场为依托，开展滑雪、高尔夫、体育疗养、康体修学等体育休闲度假项目。

第六节 山东滨海全域体育旅游发展保障机制

一、创新管理机制，建立工作协调机制

深入落实国务院发布的《关于推进文化创意和设计服务与相关产业融合发展的若干意见》指导思想，改变体育旅游管理理念，理顺管理体制，创新运行机制，明确工作分工，完善工作机制，落实工作责任，实现"有所为，有所不为"，打造"创新、法治、责任、阳光"四位一体的新型体育旅游管理机制，

实现滨海体育旅游管理部门从全能型政府向服务型转变。成立由政府引导，由体育、旅游、文化、卫生、公安等相关部门统筹协调的管理机制，统筹滨海体育旅游相关部门的职能，打破体育、文化、旅游、海洋各部门各自为政的壁垒、弊端，统筹协调体育赛事、旅游、文化、商展等大型活动的资源整合、区域规划、项目引进、产品开发、功能协调等问题，实现多规合一，齐头并进，形成融合发展新思路。完善社会监督机制，拓宽公众参与渠道，引导社会力量参与滨海体育旅游规划的实施和监督，从体制机制上保证体育旅游业的协调发展。

二、完善金融体系，加大政策支持力度

推进全域体育旅游，需要完善的金融体系来支持体育旅游项目规划、体育旅游资源开发、体育场馆设施建设、体育旅游基础设施建设、体育旅游信息系统建设和体育旅游公共服务体系建设。发挥政府在全域体育旅游建设中的主导作用，在重大项目布局、土地和海域使用、税收和金融支持等方面给予政策支持，实现政府统筹协调部门职能，全社会共建、共享的体育旅游发展模式。

第一，加大政府财政投入和扶持力度，完善旅游基础设施，创新创意具有本土文化内涵和特征的体育旅游项目，培育自主体育旅游品牌。

第二，完善税收政策，利用体育产业上升为国家战略的机遇，厘清发展滨海体育旅游业涉及的税种和税目，考虑体育产业本身的公益性和社会服务性等特点，制定针对性的体育旅游税收优惠政策，规范对滨海体育旅游企业的收费行为，完善和落实体育旅游企业涉及的行政事业性收费的优惠政策。

第三，鼓励地方政府与金融机构合作。改革创新投融资模式，加强财政手段和金融手段的协调配合，创新金融产品。发挥政府引导资金的带动作用和杠杆作用，推进PPP等投融资模式在体育场馆、基础设施和体育旅游公共服务等方面的改革创新，实现投资主体的多元化。

第四，鼓励社会力量积极参与体育旅游领域，鼓励体育旅游企业、民间资本与政府进行合作。既重视国内体育旅游企业挖潜，也注重引入国际资本，通过资本多元化来参与体育旅游公共基础设施建设、重大体育旅游项目开发、大型体育赛事承办、体育旅游项目规划经营。鼓励旅行社、体育旅游企业参与政府采购和服务外包，引导和鼓励社会资本以独资、合资、合作、联营、参股、特许经营等方式参与体育旅游开发与经营。融合信息化和大数据优势，支持开展体育旅游一卡通、预付卡、微支付等金融创新业务，集成健身、门票、餐饮、住宿、交通、卫生、金融等多种服务，提供一体化体育旅游金融服务解

决方案。鼓励金融机构对体育旅游企业给予信贷支持，引导金融机构加大对体育旅游企业和体育旅游项目的融资支持，实现资金来源多元化、服务品质便捷化、服务方式多元化、服务范围全域化的体育旅游发展目标。

三、加强人才培养，建立人才服务体系

注重体育旅游智业建设，以人才机制、人才环境和人才资源能力建设为基础，以高层次人才和急需紧缺人才的开发为重点，以提升体育旅游行业队伍素质为实效，抓好培养、吸引和用好人才三个环节，重点发展体育旅游规划设计、体育旅游类企业管理与咨询服务、体育旅游营销与推广、体育旅游项目创意与策划、智慧旅游建设、体育旅游人才教育与培训等旅游服务业态，建设一支高素质、专业化、国际化的滨海体育旅游人才队伍。

第一，完善滨海体育旅游教育梯队培养，强化体育旅游人才培养与培训工作。注重人才培养多元化，加强海滨地区与旅游院校、体育院校、企业之间的学科建设与相互合作，注重体育旅游人才"走出去，请进来"。优化体育旅游专业设置，深化专业教学改革，走全社会开放式旅游教育培训之路，建立滨海体育旅游人才培训基地，完善滨海体育旅游人才培养体系，加大体育旅游职业教育培训力度，注重国外体育旅游成熟教育体系的吸收与创新；加强对体育旅游规划、体育旅游创意、体育市场营销、体育电子商务、体育赛事管理、体育修学、体育商务、体育医疗、体育专业技能、体育节事活动创意等人才的培养，推进体旅结合、体医结合、产教结合、校企合作，打造多层次、多类型、多模式的体育旅游人才培训体系。

第二，创新人才管理与服务机制，充分开发国内外人才资源，采取"引进来"和"送出去"等方式，加强体育产业人才的国际化培养。加强国内外交流与合作，支持和鼓励体育旅游人才的引进、培养和奖励。鼓励和支持体育旅游创业型领军人才、高级人才、经营管理人才、高技能人才到政府管理部门、体育旅游企业和体育旅游相关服务部门工作，加快培育、引进一支懂旅游、精体育，懂市场、善管理，懂营销、会运作的专业化、职业化、精细化、国际化的复合型体育旅游人才队伍。

四、健全法律法规，保障安全有序发展

第一，落实带薪休假，优化假期安排。贯彻《关于进一步促进旅游投资和

消费的若干意见》精神,将带薪休假与各地气候条件、地理环境、传统节日、特色活动相结合,鼓励和倡导弹性作息、错峰休假,以此提升旅游品质,激发消费热情,释放旅游消费潜力。例如,从气候条件角度出发,在冬天,黑龙江省可以适当安排带薪休假,黑龙江省体育旅游者可以选择去云南漂流,去海南潜水度假;在夏天,云南省的体育旅游者则可以利用弹性假期,去山东武术修学旅游,去青岛进行奥运帆船体验之旅。第二,完善体育旅游服务标准,加大体育旅游服务供给侧改革。如加快自驾车房车营地建设,制定全国自驾车房车营地建设标准。加强景区、乡村旅游示范点、旅游小镇的规范、管理与评价工作,完善以"厕所革命"为引领的基础服务设施建设。第三,加快制定、修订和完善其他与体育旅游相关的地方法规、规范性文件,推进依法治旅、按章办体。制定相关体育旅游法律法规,完善旅游法规的可操作性,保证体育旅游安全的有效监督与控制。建立、健全漂流、滑翔、蹦极、登山等户外运动项目的安全规范建设。第四,健全综合体育旅游监督机制,加强旅游安全风险监管。严格按安全标准执行,完善安全设施检查,注重安全隐患防控,加强安全风险预警,落实安全责任到位,避免体育旅游事故发生。第五,建立滨海体育旅游安全预警体系和紧急救援体系。完善应急处置机制和医疗救治体系,有效地规避和解决滨海体育旅游者的安全风险、伤害事故和各种突发公共事件,保护旅游者的安全和合法权益。第六,深入开展体育旅游市场综合整治,加强旅游市场综合执法。加强市场诚信建设,积极营造诚实守信的消费环境,确保体育旅游者旅游权益;规范各类景区门票价格、餐饮、交通等服务体系,依法打击损害游客权益、扰乱市场的行为。第七,完善违法信息共享机制,建立社会诚信体系。引导滨海体育旅游者健康旅游、文明旅游、安全旅游,严格执行《游客不文明行为记录管理暂行办法》,建立游客黑名单,减少不文明旅游行为的发生。

五、制定评价体系,注重体育旅游绩效

树立科学发展观,建立全面体育旅游绩效观,科学设计体育旅游发展评价体系。充分利用大数据,结合体育旅游发展的新方向、新业态、新特征,科学设置体育旅游发展的数据统计、数据分析,建立完善的评价指标体系;综合山东体育旅游自然资源、文化资源、体育资源等禀赋特色,将经济效益、生态效益、文化效益、社会效益、健康效益融入评价体系中,从系统角度及体育旅游供给侧和需求侧两个维度,探索建立契合山东滨海实情,适应山东滨海全域旅游特点的体育旅游绩效评价体系。以此明确山东滨海地区体育旅游资源特色,

客观反映山东滨海地区体育旅游资源分布状况，了解山东滨海地区体育旅游资源开发规模，明晰山东滨海地区体育旅游资源开发密度，准确定位山东滨海地区体育旅游资源发展方向，科学决策山东体育旅游资源发展战略，以此推动山东滨海地区体育旅游产业协调发展和健康发展。

第七节　山东滨海全域体育旅游空间优化策略

一、科学规划，优化山东滨海体育旅游空间结构

区域总体规划作为滨海旅游发展的重要抓手，是滨海发展全域体育旅游的重要基础。全域体育旅游健康向好发展首先要进行科学区划，统筹系统发展。通过构建"大产业观、大体育观、大旅游观"，加强"规划为投资服务，投资为运营护航"的大局意识，以科学规划瞄准高起点、落实高品位，形成具有战略意义的、科学合理的滨海体育旅游发展规划，使潜在的资源优势灵活地转化为后发优势。

依据资源特色，澳大利亚对滨海旅游资源进行总体功能布局，依据黄金海岸打造滨海度假天堂，平均每年接待游客1300万人次，占据国内生产总值的17%。山东滨海地区同样拥有3000千米海岸线，2021年受新冠疫情影响，接待入境游客只有52.8万人次[1]。缺乏具有全域意义的科学规划，缺乏具有区域功能的科学布局，缺乏体育旅游资源的统筹整合，缺乏体育旅游产品的结构优化，是山东滨海旅游产生差距的重要原因。

因此应首先依据滨海旅游功能的区域规划，对该区域内的地理环境、经济发展环境、历史文化特点、体育旅游要素禀赋情况、体育旅游的发展水平、客源市场等其他基础设施条件进行统筹协调，打破传统行政区划，对体育旅游空间进行科学布局，优化体育旅游产品结构，错位发展、资源共享、和而不同、优势互补、形成合力，打造区域体育旅游品牌，避免各个项目、各个景区、各个地域同质发展、恶性竞争、各自为政、相互割裂，导致区域竞争力弱、产品品质低、区域发展格局不均衡等弊端。故实现山东滨海全域体育旅游的健康发展，应纵观全局，形成"一核、一链、四廊、多点支撑"（详见第五章第四

---

[1] 2021年山东旅游数字［EB/OL］.（2021-12-16）［2022-01-02］. http://tjj.shandong.gov.cn/tjnj/nj2021/zk/indexch.htm.

节）的全域体育旅游空间布局，构建特色突出、功能多样的立体化全域体育旅游空间体系。

二、品牌塑造，提升山东滨海体育旅游产品品质

体育旅游品牌是自然资源、人文资源、景观资源、城市资源与体育文化内涵的有机融合，呈现出创意经济、体验经济、知识经济的发展特征，是区域体育旅游发展的核心竞争力。地域性、多元化、复合化定位是品牌体育旅游发展的一个重要因素，应兼顾旅游主体的众多体育旅游元素，既注重综合化，又注重特色化。如土耳其南部安塔利亚海滨度假区挖掘古罗马文化、传统养生、医疗等优势，打造独具特色的"生态""健康""人文"品牌；墨西哥坎昆旅游度假区挖掘玛雅文化内涵，借势滨海旅游资源，丰富现代体育项目，通过"古老文明"与"现代休闲"有机结合，打造独具地域特色的"玛雅世界"旅游品牌。

第一，挖掘内涵，塑造品牌。以"好客山东"为品牌统领，以"文化圣地、度假天堂"为区域旅游形象，以"动感齐鲁，逍遥山东"作为体育旅游营销口号，挖掘体育文化内涵，打造独具山东滨海特色品质和国际影响力的复合体育旅游品牌[1]。打造"帆船之都""国际风筝都""水上运动之都""仙境海岸"等系列城市品牌形象群，提升区域体育旅游形象，打造复合体育旅游品牌。打造以祭海、武术、秧歌、海洋节等为代表的民俗传统体育文化旅游品牌；打造以海洋牧场、高尔夫、滑雪为代表的户外休闲体育旅游品牌；打造以青岛石老人旅游度假区为代表的体育休闲度假旅游品牌；打造以保健养生、体育医疗为代表的体育康体旅游品牌；打造以莱州武校为代表的体育修学旅游品牌。挖掘乡村之美，依托黄河人家、胶东渔家、岛上人家、崂山人家、风筝人家、仙境人家、温泉人家、湖上船家、武术人家、高尔夫人家等特色街区、乡村建设，融合武术修学、垂钓、露营、自驾、滑雪、体育康复等体育手段，构建特色乡村体育之家。完成全域体育旅游要素配置，形成空间上、时间上的差异分工，有机组合的全域体育旅游产品业态，提供全旅程、全方位的旅游体验，并通过体育旅游产品集聚性、多样性、丰富性来塑造滨海体育旅游品牌，打造公共服务便捷，处处是美景、处处是服务的优秀体育旅游目的地。保持体育旅游品牌的生命力和竞争力，拓展体育旅游空间辐射与影响力，带动相关产

---

[1] 姜付高，曹莉.大型体育赛事对城市旅游空间结构影响及其优化研究——以日照打造"水上运动之都"为例[J].北京体育大学学报，2016，39（11）：38-44，111.

业的发展，提升综合竞争力和综合效益。

第二，借力赛事，塑造品牌。首先，大型赛事凭借其特有的影响力能够催生和吸引大量旅游者，起到拓展旅游空间、优化旅游结构的作用。据统计，2020年新冠疫情对英国游客人数造成较大影响，海外游客访问英国的次数为1110万人次，比2019年减少了73%；海外游客赴英旅游消费支出为62亿英镑（约合565亿元人民币），同比减少了78%[1]。其次，持续性、周期性的大型体育赛事使得旅游空间的影响力加大，集聚效应增强，并成为全民狂欢的节日。作为景观体育的代表，"环法自行车赛"成为体育赛事与自然景观、人文景观的完美结合，并通过丰富环法赛文化内涵、提升品牌价值、扩大城市旅游空间影响力实现赛事的完美运作。世界各地约有35亿观众通过电视观看比赛直播，成功带动了沿途城市旅游经济发展[2]。黄河口（东营市）国际马拉松将城市景观、黄河湿地景观、石油景观与赛事有机结合起来，自2008年首届黄河口马拉松赛举办以来，赛事规模逐年扩大，影响力日益增强，成为"中国成长最快的马拉松赛事"。从最初国内邀请赛到全国马拉松锦标赛；从3010名参赛选手到3万余名参赛运动员；从11个参赛国家和地区，扩展到69个国家和地区；连续八年被中国田径协会评为"全国马拉松金牌赛事"，在2015、2016年连续两年被国际田联认定为"银标赛事"，成为彰显"最美城市湿地"的最佳名片，精品马拉松赛为东营体育国际化创造了新典型。

第三，创意赛事，培育IP。以美国"超级碗"为例，2017年"超级碗"的品牌价值高达6.3亿美元，仅广告总收入估算就达到惊人的49亿美元，吸引了1.2亿观众，有5万人现场观看，在住宿、餐饮、旅游、娱乐等多个方面获得大约5亿美元的收入。我国体育赛事IP存在巨大的开发价值，据统计，体育赛事IP市场规模在2011年仅41.1亿元，2015年达到118.4亿元，预计到2025年，将达到400亿元。体育赛事IP对于提升区域形象、塑造区域体育旅游品牌具有重要意义。山东滨海地区应科学选择体育赛事，制定赛事发展战略规划，通过植入、创新，打造具有地域特色与品质的体育旅游品牌赛事，通过长期地、不断地实施旅游品牌的组合战略，打造经典、持久、大众喜爱、互动性强、参与度高、具有自主IP的体育赛事旅游品牌，形成以潍坊国际风筝节、青岛国际帆船周、日照海滨山岳行等为代表的体育赛事旅游品牌。

---

[1] 姜付高，曹莉.大型体育赛事对城市旅游空间结构影响及其优化研究——以日照打造"水上运动之都"为例[J].北京体育大学学报，2016，39（11）：38-44，111.

[2] 朱轶.环法以纪念"一战"百年之名试水东欧[N].东方早报，2013-11-08（B12）.

三、业态融合,延展山东滨海体育旅游产业链条

当前我国进入全面建成小康社会的决胜阶段,稳增长、促改革、调结构、惠民生作用持续增强。社会经济发展呈现出服务驱动、消费升级、品质提升、消费引领的新特征。积极培育体育、文化、旅游、教育、养老、健康等生活性服务业新业态,转变发展方式、拉动经济增长、扩大消费需求,提升生活性服务业效益,已成为培育中长期经济发展新动力和经济增长点的重要路径。体育旅游作为体育产业与旅游产业的有机融合,关联度指数最高,是一种体验性、消费性、关联性、时尚性很强的旅游业态。据有关专业机构对国内各类大型体育赛事的监测数据显示,2019年,全国范围内共举办规模赛事1828场,同比增长15.62%,总规模人次达712.56万,场均规模为3898人;全国范围内共举办认证赛事357场,同比增长5.31%。产生的旅游、餐饮、住宿、交通等关联消费达119亿元,对举办地产生的经济拉动超过300亿元。

首先,注重业态融合。以行业转型升级、项目提质增效为主线,以精品体育旅游项目建设为抓手,满足多样化、多层次的体育旅游消费需求,推动体育旅游产品向养生康体、休闲度假、运动体验、赛事观赏、户外拓展、商展修学等高端体育旅游方式转变。打造一批精品体育旅游线路、特色体育旅游综合体、特色体育旅游小镇、汽车露营地、体育养生康体度假区、体育产业园体验旅游区、体育运动休闲度假区,形成新的体育旅游增长点。加强部门合作,深化融合发展,将体育与文化、医疗、地产、演艺、商务、教育有机融合起来,培育体育竞赛观赏演艺、体育商务会展旅游、体育教育培训旅游、体育养生养老旅游、体育医疗干预旅游、体育民俗节气旅游等新型体育旅游业态,以及山岳拓展训练、户外汽车露营、航空运动体验、邮轮游艇休闲等新兴户外产品。

其次,注重产品融合。以体育赛事旅游为例。组织与承办体育赛事,应主动与城市旅游、文化营销相融合,统筹体育赛事与演艺、娱乐、文化、美食、商展等大型活动的引进、培育、创新、资源整合等协调、管理问题。使体育活动、美食节、酒店、演艺门票、景区门票等活动实现有机串联,既注意体育旅游节事的品质建设,也注重节事期间的娱乐、休闲、演艺、餐饮、商展等相关活动的开展,打造"体育运动狂欢节"和"体育节事、赛事嘉年华"产业链条。例如,2015年在"青岛国际帆船周"举办期间青岛市联合青岛国际海洋节,以"帆船之都·助推城市蓝色跨越"为主题,举办了海上巡游嘉年华、横渡汇泉湾活动。围绕国际帆船赛事、奥帆文化交流两大版块,开展"市长杯"

大帆船绕岛赛、青岛国际OP帆船赛和国际帆船赛三大赛事。同时，实现与世园会、国际时装节、啤酒节的融合联动，开展了一场融帆船运动、海洋文化旅游、海洋经济于一体的夏日盛会，诠释了青岛夏日"动感之都"的称号。

四、提质扩容，优化山东滨海体育旅游产品空间

按照"立足城市、做强岸线，依托海滨、海陆统筹，创新发展、业态融合"的思路优化空间布局。以转型升级、提质增效为主线，实现体育旅游产品结构升级、产业结构升级、空间结构升级，打造全域滨海体育旅游产品空间。

第一，拓展滨海体育旅游地理空间，扩大承载量。提升沙滩、近海岸面等体育空间利用情况，加强对滨海海底、滨海腹地、空中、岛礁等滨海体育旅游空间广度的拓展，创新与发展航空、山岳运动，注重游客体验，打造风筝冲浪、远洋垂钓、海底潜水、邮轮度假、海岛生存等新兴滨海体育旅游项目，构建海、陆、空统筹的立体化滨海全域体育旅游体验空间。

第二，拓展滨海体育旅游时间空间，提升体育旅游品质。挖掘山东文化内涵与资源特色，加强体育修学、体育赛事、体育节事、体育医疗、体育商展、民俗体育、体育会议等特色旅游整合创新，减轻由气候、地理环境等因素所引起的淡旺季压力。例如，依托"好客山东"文化旅游品牌，将节日体育作为体育旅游产品的核心，创新创意"仁义山东"主题体育旅游活动，突出民间体育习俗、体育节庆、民族体育等特色。发展以崂山、日照万平口观日为主题的健步祈福迎新体育旅游项目；打造以潍坊风筝、道家武术修学、田横岛祭祀、滨州鼓子秧歌、崂山跑旱船、胶州海阳秧歌为代表的民俗体验型体育旅游项目；打造以温泉、道家养生、太极养生为代表的康体疗养体育旅游项目；发展以滑雪、雪地高尔夫、冰上运动为主的冬季冰雪体育旅游项目，使年节时间更长、生活方式更健康、民俗体育文化更浓郁、体育消费更旺盛[1]。

第三，创新体育旅游空间组合，优化体育旅游产品。实现休闲度假、体育赛事、海钓体验、养生康体、运动体验、健身塑身等滨海特色体育旅游产品的有机结合，构建海、陆、空三者统筹的滨海体育旅游特色产品体系。比如，威海的"温泉康体+银滩度假休闲+刘公岛海钓"等生态体育旅游产品组合；潍坊的"民俗体育体验+渔家祭海仪式+风筝放飞"等民俗体育旅游产品组合；烟台

---

[1]山东省旅游局.突出文化传承增进群众福祉全力办好2014好客山东贺年会[J].山东经济战略研究，2013（12）：28-31.

的"长岛探险+海阳养生康体+南山高尔夫"等都市高度体育旅游产品组合；青岛的"崂山道家武术修学+奥帆赛基地帆船体验+天泰滑雪"等休闲体育旅游产品组合；日照的"五莲山徒步登山+帆船帆板体验+森林公园自行车生态骑行"等多元化体育旅游产品组合。通过体育旅游产品空间的优化，形成不同区域、不同特色、不同空间的体育旅游产品组合，打造海、陆、空立体化全域体育旅游产品空间体系。

五、智慧发展，完善山东滨海体育旅游网络体系

2022年的"中国旅游日"主题为"感悟中华文化，享受美好旅程"，推出"万名导游带您云旅游"直播推广，其目的是大数据、互联网、云计算等信息技术与旅游的有机融合，通过业态创新、管理创新和服务创新，实现信息技术在旅游全行业、全产业链的深层次开发与大范围应用，既让人们能感受到优秀导游的魅力，也可以让民众足不出户欣赏我国壮丽河山和各地的深厚文化，监测体育旅游网络舆情，预测体育旅游发展趋势，建构智慧旅游城市系统[1]。近年来，我国在线旅游市场连续扩大并保持高速增长。据统计，2021年，中国在线旅游市场交易规模相较2020年同比增长34.8%，交易规模达到13307.2亿元[2]。伴随"互联网+"及"线上+线下"的融合发展，实现"传统体育旅游→数据体育旅游→智慧体育旅游→互联网体育旅游"的有效转化，建立以大数据为支撑，以智慧旅游为引领的互联网体育旅游空间，科学评估体育旅游消费结构，预测体育旅游消费趋势，满足体育旅游消费多元化需求，加速体育旅游供给侧结构性改革已成为山东滨海体育旅游发展的必然趋势。

第一，山东滨海应加强体育旅游大数据的挖掘和分析，注重科技创新，建立以体育旅游服务平台、体育旅游管理平台和体育旅游营销平台为核心的大数据中心，对滨海体育旅游舆情进行监测和预警。通过完善体育旅游咨询中心系统、体育旅游者信息系统、体育旅游者消费结构系统、体育旅游目的地营销系统、体育旅游电子政务系统、体育旅游交通服务信息系统等重要旅游信息板块，主动感知体育旅游经营者、体育旅游者、体育旅游资源、体育旅游媒介等各方面信息，打造立体化的智慧滨海体育旅游空间[3]。

---

[1]冯颖."美丽中国之旅——2014智慧旅游年"启动[N].中国旅游报，2014-01-22（1）.

[2]2017中国网络经济在线报告[EB/OL].[2017-05-26].http://www.sohu.com/a/144151422_667510

[3]姜付高，曹莉.大型体育赛事对城市旅游空间结构影响及其优化研究——以日照打造"水上运动之都"为例[J].北京体育大学学报，2016，39（11）：38-44，111.

第二，山东滨海应注重互联网建设。通过体育与旅游、文化、创意、养生、营销、融资、服务等业态的融合，打造线上线下、内外交融的"互联网+体育旅游"空间体系，实现体育旅游空间的"智慧管理、智慧营销、智慧服务、智慧体验"。从政府角度，对体育旅游前、中、后所有资讯进行早发现、早分析、早预控，为政府体育旅游管理提供高效、智能化的信息平台；从体育旅游企业角度，通过对体育旅游者相关信息的数据挖掘，了解体育旅游者的消费特征、空间行为、消费趋势，科学预测体育旅游发展趋势和发展规模，促进体育旅游资源活化为体育旅游产品，为体育旅游企业提供更高效的营销平台和广阔的客源市场[1]。从体育旅游者角度，为滨海体育旅游者提供个性、便捷、多元、智能的体育旅游服务和体验，并通过体育旅游网络营销、在线体验、网上预订、网上支付等方式，完成体育旅游的人性化体验、个性化设计、多样化需求、精细化定制和高品质服务，最终实现体育旅游定制、体育旅游体验、体育旅游反馈与体育旅游预测，实现体育旅游资源及社会资源的共享化、系统化、集约化。

第三，山东旅游业已迈向大众化、散客化、高客制化的个性化旅游时代。个性化的体育旅游者对于产品的设计和需求有着独到体验和见解，其参与到旅游供给的各个环节之中，尤其是旅游商品设计生产，既成为体育旅游产品的创造者，也成为体育旅游产品的体验者和消费者，给体育旅游企业更直观地提供了发现新市场的机会。建立智慧旅游平台，为"体育旅游DIY"和"体育旅游订制"提供服务保障，引导体育旅游者切实感知体育旅游目的地，并在选择体育旅游目的地时，做到实时性、权变性出游，合理分化景区淡旺季[2]，实现季节平衡，以游客满意度的提升促进山东滨海地区体育旅游产业的健康发展。

六、注重服务，提升山东滨海体育旅游服务品质

与其他专项旅游相比，体育旅游服务既要满足游客的吃、住、行、游、购、娱、厕需求，还需要在旅游过程中提供体育参与的规范性、安全性、专业性及科学性的高品质体育专项服务，如安全出行、科学健身、快旅慢游、个性化的精细服务，已成为树立体育旅游品牌形象、提升综合效益的关键因素。作

---

[1] 陈潜.重庆：加快构建智慧旅游服务体系[N].中国旅游报，2015-04-17（2）.
[2] 姜付高，翟连林，曹萍.体验经济视角中的体育旅游与体育旅游营销[J].西安体育学院学报，2004（3）：25-27.

为地中海地区主要旅游目的地之一,西班牙的马略卡岛通过提升服务品质、完善服务设施来吸引游客和留住游客,国外游客比例高达82.1%,平均停留时间达到10天左右,休闲度假特征明显[1]。以自行车骑行为例,作为欧洲自行车旅行的圣地,马略卡岛被称为骑行者的天堂,每年自行车骑行游岛的游客超过5万人次。为方便自行车骑行旅游者,马略卡岛为骑行者提供精细化、人性化的服务。为方便运输,岛内火车可停放、搭载自行车;航班设立自行车托运专门服务;为方便获取骑行信息,岛上提供完善的道路标识和地图系统;为方便骑行者补给,岛内优化自行车驿站布局,建立功能完善的自行车基地;为提升骑行品质,岛上提供高水平的自行车导游。完善的服务设施和人性化服务,为马略卡岛骑行体育旅游者提供了极大的方便,促进了骑行度假体育旅游的发展[2]。

山东滨海地区应践行"游客为本,服务至诚"的旅游服务核心价值,响应健身中国、休闲中国的国家发展战略,通过完善公共服务设施,提升生态环境质量,优化社会文化环境,提高服务质量,满足日益增长的大众化、社会化、自主化、全民化的体育旅游发展需要。

第一,完善体育场馆设施。结合区域体育资源特色、体育发展水平、经济文化水平、客源结构和消费结构,科学布局体育场馆设施、体育赛事项目和体育休闲区域。

第二,完善体育旅游基础设施。完善以"厕所革命"为引领的交通服务、酒店餐饮、乡舍民居、购物娱乐、健身养生、医疗通信等基础设施建设。合理布局体育旅游综合体、体育旅游咨询中心、体育旅游标识、体育旅游营地、体育旅游驿站、航空飞行营地、船艇码头等体育旅游基础设施建设。

第三,完善旅游交通体系。构建以铁路、高速公路、航空、邮轮、客轮为核心的海、陆、空一体化的旅游交通网络体系。

第四,建立公共服务系统一体化。逐步建成由体育旅游信息服务系统、体育旅游消费者权益保护系统、体育旅游应急与救助服务系统等组成的旅游公共服务一体化系统。

挖掘山东滨海地区的海洋文化、东夷文化、齐鲁文化、黄河文化、仙境文化、养生文化、体育文化等文化特质,打造具有地域特色的道家养生、风筝放飞、蹴鞠体验、秧歌展演、武术修学旅游等娱乐性、健身性、体验性的体育旅

---

[1] 江海旭.地中海地区海岛旅游开发经验及启示[D].大连:辽宁师范大学,2011(6):26-28.
[2] 马略卡岛:地球另一边的骑行天堂[EB/OL].(2008-06-13)[2020-10-02]. http://travel.sina.com.cn/outdoor/2008-06-13/0948488.shtml.

游项目，满足体育旅游者的娱乐、健康消费。挖掘鲁菜精细、健康、中和的传统风格和内涵，丰富"食不厌精、脍不厌细"的饮食文化，推介具有山东地方风味小吃的特色餐饮业，建设集美食体验、美食修学、美食文化于一体的美食餐饮旅游服务项目，打造诸如青岛劈柴院美食街、烟台桃花街美食街、老潍县美食街等一批具有浓郁地方特色的美食街市，塑造"舌尖上的山东"系列美食品牌。创新创意山东滨海地区体育商品，将剪纸、风筝、葫芦、泥塑、农民画与体育元素有机结合，为游客提供便于携带的体育吉祥物、体育地标纪念品、体育赛事服饰、体育工艺品等特色体育商品。丰富山东滨海体育旅游住宿产品，按照山东滨海体育旅游客源市场的消费潜力、需求品质和档次结构，考虑淡旺季差异和市场需求弹性，适度建设高档星级酒店，以及以经济型连锁酒店为主体，以青年旅舍、农村客栈、民俗民居、汽车露营地等为补充的高、中、低不同档次、结构、类型相结合的立体化体育旅游接待体系[1]。实现全域景观化、市场秩序规范化、旅游服务精细化，让体育旅游参与者获得全方位、全程的完美体验。

七、细分市场，注重山东滨海体育旅游产品营销

对山东滨海体育旅游市场进行细分，了解山东滨海体育旅游者消费特征，明晰山东滨海体育旅游者消费需求，预测山东滨海体育旅游者消费趋势，并以此来准确定位山东滨海体育旅游目标和市场，打造不同精品线路，进行针对性营销。

第一，注重目标的调研与培育。注重高尔夫俱乐部、户外徒步俱乐部、自驾俱乐部、骑行俱乐部、登山俱乐部、帆船俱乐部、潜水俱乐部、海钓俱乐部、球迷俱乐部等各类体育运动休闲俱乐部的培育，加强与各类俱乐部的组织、沟通和调研，了解其消费特点、消费方式、消费需求和消费趋势。比如自行车骑行俱乐部，对骑行者进行调研，了解其消费特点，针对不同消费者，可结合山东特色露营地、特色旅游廊道和特色旅游景区，融合当地的饮食文化、民俗文化等，开展山东滨海自行车环行之旅、山东滨海山地骑行之旅、山东滨海美食之旅、山东滨海民俗体验之旅等特色各异的骑行旅游产品。

---

[1] 姜付高，商勇，陈德平. 山东省城镇居民体育旅游影响因素研究[J]. 曲阜师范大学学报，2004，30（4）：93-97.

第二，注重山东目标市场营销。山东滨海区域应发挥山东中纬度特色气候、资源、地理优势，依托区域文化、民俗、节庆、赛事等体育旅游资源优势，注重区域资源统筹，加强区域旅游项目差异化，打造特色体育旅游目的地。通过实行体育旅游品牌复合化的传播模式，实施"差异发展，联合推介；有机融合，捆绑营销"的营销策略，突出山东滨海地区体育旅游的资源特色、景观特色、文化特色、民俗特色、体育特色、产品特色、业态特色、功能特色，打造类型多样、合理分布、互补组合、特色鲜明、丰富多彩的全域体育旅游目的地。使得整个山东滨海体育旅游形象具体化与多元化，引导潜在体育旅游群体到山东旅游。同时应加强对海外主要客源市场的开拓，加大对"好客山东"品牌体系的营销宣传力度，以"好客山东"的品牌形象为引领，以"帆船之都""垂钓之都""风筝之都"等地市区域特色产品品牌为支撑，构建以"自驾山东""露营山东""养生山东""冰雪山东"为载体的"仁义山东"全域体育旅游精品项目，完善"好客山东"旅游品牌体系。通过网络、微信、推特、脸书等新媒体，加大线上营销；在韩国、日本、新加坡、美国，以及中国香港、中国澳门、中国台湾等国家和地区，设立"好客山东"海外旅游营销中心，建设"好客山东"体验店，加大线下营销。并通过现场表演、名人推介、广告投放、媒体报道、影视传播等手段，立体营销山东旅游，进一步吸引国际游客，扩大国外市场份额。

第六章 研究结论与展望

一、研究结论

①纵观国内外体育旅游研究之路，走过了一条由体育旅游现象描述到体育旅游效应研究、内外联系研究，再到注重体育旅游地空间利用和区划研究的道路。

②"全域体育旅游"是体育旅游发展的理想状态，是"大旅游观""大体育观""大产业观"与"全域城市化"的有机融合，是实现区域体育旅游城乡统筹、产业均衡、功能协调、业态共融、服务均等、全民共享的重要方式。

③全域体育旅游是指以特定区域为完整体育旅游目的地，以体育旅游为优势产业，挖掘体育内涵，融入体育特性，通过体育旅游业全区域、全融合、全时间、全要素、全产业链发展，实现体育旅游业全域共建、全域共管、全域共融、全域共享的发展模式。

④全域体育旅游空间形态上呈现出"点—线—面—域"的演化过程。具有适游空间全景化、适游季节全时化、成果共享全民化、产业融合全业化、统筹管理综合化、健身服务全域化、绩效评价系统化的特点。

⑤山东发展全域滨海体育旅游可行且极为重要，面临发展机遇却又存在发展不平衡的困境。

⑥山东滨海体育旅游呈现出以下特征：山东人依然是山东滨海体育旅游的主体。山东滨海体育旅游正从旅游观光向体育休闲度假旅游转型。山东滨海体育旅游产品还处在转型阶段，体育活动和娱乐消费比例偏低，缺乏品质较高、专项特征明显的体育专项旅游项目。从时间维度上看，山东滨海体育旅游出游选择的季节性差异突出，淡旺季明显。从活动空间上看，旅游产品主要集中在岸滩、海上和简单的船上活动，缺乏空中、海岛的立体化体育旅游产品体系。依据山东滨海体育旅游者的感知和满意度，山东滨海地区应加大体育旅游基础设施和服务设施建设，改善山东滨海体育旅游的软环境。

⑦山东滨海体育旅游资源禀赋划分为特富型（青岛市、烟台市）、中富

型（潍坊市）、不富型（威海市）和贫乏型（滨州市、东营市、日照市）四种类型，体育旅游资源禀赋区域分布不均，与体育、经济发展水平密切相关，类型数量呈现两头高中间低的分布格局。建议依据山东滨海区域体育旅游资源特色，科学规划区域体育旅游资源开发，准确定位区域体育旅游形象。

⑧山东滨海体育旅游资源丰度划分为特富型（威海市）、中富型（青岛市、烟台市、潍坊市）、不富型（日照市）和贫乏型（东营市、滨州市）四种类型。山东滨海各地市体育旅游资源丰度差异较大，开发密度和规模不均衡。

⑨山东滨海体育旅游资源绩效划分为成熟型体育旅游资源开发区（日照市）、成长型体育旅游资源开发区（青岛市）、发展型体育旅游资源开发区（烟台市、威海市、潍坊市）和限制型体育旅游资源开发区（东营市、滨州市）四类。山东滨海体育旅游资源绩效差异较大，成熟型滨海地区体育旅游资源较少，滨海地区体育旅游资源高禀赋、低绩效现象较为突出。

⑩山东滨海体育旅游发展目标体系由经济效益、文化效益、社会效益、生态效益、健康效益五大目标有机组成。山东滨海全域体育旅游发展应遵循整体规划、全域统筹、多业融合、绿色共享、创新创业、智慧发展的发展原则，实施陆海统筹、区域平衡、功能协调、系统优化、季节均衡、效益统筹、空间优化的发展战略。

⑪依据体育旅游空间结构演变规律，提出山东滨海体育旅游空间演变的"发展极、发展轴、发展网、发展域"演化路径。山东滨海体育旅游在空间上形成"一核、一链、四廊、多点支撑"的特色滨海体育旅游空间布局。发挥青岛滨海体育旅游核心的极化作用，依托山东滨海体育旅游海岸发展链，重点打造定位于"生态体验、湿地大观"的东（营）—滨（州）黄河口生态体育体验旅游区；定位于"传统文化、民俗娱乐"的潍坊民俗文化体育旅游区；定位于"仙境海岸、滨海休闲"的烟（台）—威（海）体育休闲度假旅游区；定位于"奥运体验、龙头效应"的青（岛）—日（照）水上运动体育旅游区四个特色体育旅游功能区。

⑫山东滨海体育旅游应重点发展"仙境海岸"全域体育度假旅游项目；统筹发展"胶东人家"全域体育乡村旅游项目；融合发展"健康山东"全域体育颐养旅游项目；蓬勃发展"儒风海韵"全域体育传统旅游项目；品牌发展"节事山东"全域体育节事旅游项目；助力发展"冰雪山东"全域体育冰雪旅游项目；培育发展"环赛山东"全域体育环赛旅游项目；特色发展"露营山东"全域体育自助旅游项目；规范发展"逍遥山东"全域体育新兴旅游项目。

⑬山东滨海体育旅游资源开发宜采用以下五种开发模式：体育旅游资源依

230

附型、体育旅游资源主导型、体育旅游资源融合型、体育旅游资源特色型、体育旅游产业组合型。

⑭山东滨海地区应采取科学规划，优化体育旅游空间结构；品牌塑造，提升体育旅游产品品质；业态融合，延伸体育旅游产业链条；区域统筹，实现体育旅游联动发展；提质扩容，优化体育旅游产品空间；智慧发展，完善体育旅游网络体系；注重服务，提升体育旅游服务品质；创新发展，平衡体育旅游淡旺季节；细分市场，注重体育旅游产品营销等措施，促进山东滨海体育旅游可持续发展。

二、研究不足

1. 数据资料不足

由于尚无健全的体育产业统计指标体系，尤其是缺乏体育旅游产业的统计指标体系，使整个体育旅游研究缺乏直接数据支持。对于体育旅游的真实发展状态难以还原和解释，只能借鉴旅游的统计数据，在概算的基础上进行分析，使得相关统计、分析缺乏原真支撑。不能切实了解体育旅游的发展实情，不能切实研究体育旅游与旅游、交通、文化、体育等各项产业的关联程度和契合程度。

2. 主观性判断误差

大尺度的体育旅游评价与空间优化是一个系统过程。首先，由于体育和旅游的跨界组合尚无科学经验可依，研究中体育旅游资源评价指标的选取具有主观性。其次，由于数据获得的可靠性和数据获得的局限性，使体育旅游资源评价因素选取受到局限，并且这些因素的选取主要依赖专家判断，体育旅游资源评价因素选取的科学性还需要进一步检验。在样本的赋分上，由于体育和旅游的跨界组合尚无科学经验可依，体育旅游资源禀赋、丰度、绩效评价的科学性还有很大的上升空间。

3. 缺失国际入境游客问卷调研

在山东滨海的实地调研上缺失国际入境游客的问卷调研，无法了解国际游客在山东旅游的具体情况。为最大程度弥补该项调研的缺憾，研究采用山东省及各地市旅游局官方公布的入境旅游相关统计数据进行分析。

三、研究展望

1. 建立体育旅游产业数据统计库

建立体育旅游产业统计体系，设立专门的体育旅游卫星账户，对体育旅游产业数据进行有效统计，明晰体育旅游产业发展脉络和现状，为体育旅游可持续发展提供支持。

2. 制定滨海体育旅游标准

对滨海体育旅游市场、滨海体育旅游资源、滨海体育旅游产品三者进行系统研究，明确三者之间的关系，从大旅游观、大体育观、大产业观视角，建立完善的滨海体育旅游系统评价体系，制定体育旅游产业卫星账户，建立独立、标准的体育旅游资源分类体系、评价体系和体育旅游产业指标统计体系。

3. 体育旅游空间结构演变规律的研究

产业与空间是区域体育旅游发展的两个重要问题，探讨体育旅游空间结构演变规律，分析空间关联和差异程度，是科学干预、调控乃至重构体育旅游空间结构，构建合理的体育旅游产业布局，制定体育旅游空间发展规划的重要依据，是推进"多规合一""战略部署"，完善空间规划体系，形成可持续发展的美丽国土的重要保障。

参考文献

中文报纸文章：

［1］奥运，旅游业的巨大机遇［N］.中国旅游报，2001-07-16（A01）.

［2］曹彧.让体育旅游异彩绽放——访国家体育总局副局长王钧［N］.中国体育报，2007-07-05（1）.

［3］2009年中国体育旅游发展高峰论坛组委会.促进体育旅游发展的倡议书［N］.中国旅游报，2009-12-14（3）.

［4］顾阳，刘存瑞.体育旅游：让生活更加健康美好［N］.经济日报，2010-07-19（6）.

［5］徐侃.着力构建安庆全域大旅游格局［N］.安庆日报，2011-04-08（1）.

［6］蔡姬煌.休闲杭州：描绘旅游全域化蓝图［N］.中国旅游报，2012-03-07（14）.

［7］凌云鹏.全域旅游托起"美丽仙境"［N］.烟台日报，2012-12-04（1）.

［8］汤少忠."全域旅游"驱动因素与发展模式［N］.中国旅游报，2014-06-04（14）.

［9］陈潜.重庆：加快构建智慧旅游服务体系［N］.中国旅游报，2015-04-17（2）.

［10］汤少忠."全域旅游"规划实践与思考［N］.中国旅游报，2015-07-10（A02）.

［11］石培华.如何认识与理解全域旅游［N］.中国旅游报，2016-02-03（4）.

［12］许成宽."景点旅游"转向"全域旅游"［N］.安徽经济报，2016-03-01（2）.

［13］王桂桂.发展全域旅游山东在行动［N］.中国旅游报，2016-05-13（C08）.

［14］李金早.务实科学发展全域旅游［N］.中国旅游报，2016-06-03（1）.

［15］沈仲亮，李志刚.五种全域旅游发展模式获肯定［N］.中国旅游报，2016-09-12（2）.

［16］罗文斌.全域旅游的发展背景、本质特征和价值目标解读［N］.中国旅游报，2016-09-13（3）.

［17］胡念望.发展"全域旅游"需要具备七个"体系"［N］.中国商报，2016-09-23（A03）.

中文期刊著作：

［18］陆大道.我国区域开发的宏观战略［J］.地理学报，1987（2）：5-8.

［19］韩杰，张中飞.吉林市冬季冰雪旅游资源开发初探［J］.东北师大学报：自然科学版，1990（2）：99-104.

［20］刘杰.论体育旅游［J］.哈尔滨体育学院学报，1991（1）：23-26.

［21］明庆忠.论山间盆地城市地貌适宜利用模式［J］.地理学与国土研究，1995（2）：52-56，64.

［22］李海东，保继刚.漂流专项旅游开发研究——以广东乐昌漂流为例［J］.经济地理，1995（2）：108-112.

［23］陈传康.城市旅游开发规划研究进展评述［J］.地球科学进展，1996（5）：508-512.

［24］俞孔坚，李迪华.城乡与区域规划的景观生态模式［J］.国外城市规划，1997（3）：27-31.

［25］明庆忠，刘坚，王德义.云南民族体育旅游产业化研究［J］.社会科学家，1998（6）：47-51.

［26］白晋湘，钟海平，周友秀，等.湘鄂渝黔边山寨民族体育文化与旅游资源的开发研究［J］.湘潭师范学院学报：社会科学版，1999（6）：136-138.

［27］王凯.中国主要旅游资源赋存的省际差异分析［J］.地理与地理信息科学，1999（3）：69-74.

［28］郑淑颖.景观生态学理论概述［J］.中山大学研究生学刊：自然科学版，1999（20）：95.

［29］王天军.发展民族体育旅游业的前景与对策［J］.广州体育学院学报，2000（2）：5-9，14.

［30］沈阳，饶远.云南旅游大省建设中的新亮点——民族体育与旅游业互动式发展［J］.学术探索，2001（1）：71-73.

［31］王子新，明庆忠.云南民族体育旅游产业化浅议［J］.北京第二外国语学院学报，2001（5）：44-48.

［32］吴永芳，杨铁黎. 城市体育旅游资源开发的初探［J］. 首都体育学院学报，2001，13（3）：83-87.

［33］姜付高. 浅议体育旅游生态化建设［J］. 曲阜师范大学学报：自然科学版，2002（4）：114-116.

［34］顾涛，陆元兆，杨永亮，等. 广西少数民族传统体育旅游资源评价［J］. 体育学刊，2002，9（3）：49-51.

［35］袁书琪，郑耀星. 体育旅游资源的特征、涵义和分类体系［J］. 体育学刊，2003，10（2）：33-36.

［36］吴宝宏. 体育旅游资源的评价与开发［J］. 黑龙江农垦师专学报，2003（1）：72-73.

［37］张松，蔡敦达. 欧美城市的风景保护与风景规划［J］. 城市规划，2003，27（9）：63-66.

［38］杨弢，姜付高. 体育旅游可持续发展对策［J］. 山东体育学院学报，2003，19（2）：20-23.

［39］韩纪光. 我国发展体育旅游的前景分析［J］. 体育与科学，2004，25（1）：35-37.

［40］孙一民. 广州亚运体育设施建设谈：城市的机遇［J］. 建筑与文化，2004（7）：18-21.

［41］肖锋，沈建华，刘静. 举办大型体育赛事对城市旅游的影响［J］. 沈阳体育学院学报，2004，23（6）：769-771.

［42］周立华. 体育旅游资源的内涵及开发问题研究［J］. 广州体育学院学报，2004（6）：108-110.

［43］孟峰年. 西北地区体育旅游资源开发的前瞻性分析［J］. 体育科学，2004，24（10）：26-30.

［44］姜付高，商勇，陈德平. 山东省城镇居民体育旅游影响因素研究［J］. 曲阜师范大学学报，2004，30（4）：93-97.

［45］韩忠培. 中国体育旅游资源和体育旅游市场开发研究［J］. 体育与科学，2005（3）：39-42.

［46］于素梅，易春燕. 体育旅游资源的内涵及开发问题研究［J］. 成都体育学院学报，2005（1）：26-28.

［47］周立华. 体育旅游资源"多类多元"开发模式构建［J］. 北京体育大学学报，2005，28（10）：1325-1327.

[48] 易剑东. 大型赛事对中国经济和社会发展的影响论纲[J]. 山东体育学院学报, 2005, 21 (6): 1-7.

[49] 韩忠培. 中国体育旅游资源和体育旅游市场开发研究[J]. 体育与科学, 2005 (3): 39-42.

[50] 李成银. 齐鲁武术简论[J]. 搏击, 2005 (8): 1-2.

[51] 姜付高. 体育旅游概念的哲学思辨[J]. 首都体育学院学报, 2005 (4): 30-31.

[52] 邓凤莲, 于素梅, 武胜奇. 我国体育旅游资源开发的支持系统与影响因素[J]. 上海体育学院学报, 2006, 30 (2): 35-40.

[53] 邱爱英, 宋秀丽, 周新. 体育旅游资源开发与保护的均衡选择和制度创新[J]. 体育与科学, 2006, 27 (5): 110-111.

[54] 李经龙, 郑淑婧. 中国品牌旅游资源空间布局研究[J]. 资源科学, 2006, 28 (1): 174-179.

[55] 王俊奇. 江西东北部民俗体育旅游文化资源开发的对策研究[J]. 山东体育科技, 2006, 28 (2): 50-52.

[56] 鲍明晓, 林显鹏, 刘欣葵. 奥运举办城市体育场馆的建设、运营与管理[J]. 体育科研, 2006, 27 (5): 1-10.

[57] 邓凤莲, 于素梅, 武胜奇. 我国体育旅游资源开发的支持系统与影响因素[J]. 上海体育学院学报, 2006, 30 (2): 35-40.

[58] 方哲红. 畲族传统体育旅游资源分析[J]. 北京体育大学学报, 2006, 29 (10): 1325-1326.

[59] 李天元, 陈家刚. 体育旅游资源开发及营销[J]. 旅游科学, 2006, 20 (6): 41-45.

[60] 陆元兆. 广西民族体育旅游资源开发的综合研究[J]. 中国体育科技, 2006, 42 (3): 65-71.

[61] 姚洁. 中外体育旅游资源开发状况研究[J]. 中州学刊, 2006 (3): 76-78.

[62] 姜付高, 商勇. 体育旅游开发支持评价系统的构建[J]. 沈阳体育学院学报, 2007, 26 (3): 27-29.

[63] 周琥, 宋常玉. 体育旅游产业区域发展模式构建的研究——以郴州市为例[J]. 北京体育大学学报, 2007 (4): 478-480.

[64] 于素梅. 小康社会的体育旅游资源开发研究[J]. 体育科学, 2007, 27 (5): 23-35.

[65] 施芳芳,常德胜.长三角地区体育旅游资源开发的现状与存在问题分析[J].体育与科学,2007,28(6):58-61.

[66] 尹德涛,夏学英.体育旅游与体育旅游资源分类研究[J].商业时代,2007(11):93-94.

[67] 孙班军,黄志强,郑浩.构建"环京津体育旅游圈"的战略构想[J].武汉体育学院学报,2007,41(11):31-35.

[68] 黄伟钊,许丹莉.关于广东举办大型旅游节事活动布局决策的思考[J].旅游论坛,2007,18(4):508-512.

[69] 周琥.体育旅游资源开发策划探析[J].体育与科学,2007,28(2):32-34.

[70] 刘军,李杰,周德书,等.广东体育旅游资源开发模式研究[J].体育学刊,2007,14(5):49-51.

[71] 周德书,王淑群,张丽红,等.广东体育旅游资源开发SWOT分析[J].广州体育学院学报,2007,27(2):84-87.

[72] 钟华.开发苏州太湖体育旅游资源优势与对策[J].体育与科学,2007,28(6):62-64.

[73] 邹云升,魏现.飞展山东"大旅游"的双翼——访山东社会科学院旅游研究中主任研究员王志东[J].走向界,2007(9):44-45.

[74] 云学容.四川体育旅游资源开发研究[J].体育文化导刊,2008(7):86-87.

[75] 袁书琪,任婵娟.天然体育旅游资源分类特点与分类体系构建[J].辽宁师范大学学报:自然科学版,2008,31(4):507-509.

[76] 任婵娟,袁书琪.天然体育旅游资源开发评价体系的构建[J].重庆师范大学学报:自然科学版,2008(4):96-100.

[77] 邓凤莲.河南省民俗体育旅游资源的优势与开发对策研究[J].体育研究与教育,2008,23(1):59-61.

[78] 张守平,臧留鸿.新疆少数民族特色体育旅游项目开发研究[J].成都体育学院学报,2008,34(9):54-56.

[79] 邓凤莲,于素梅,刘笑舫.中国体育旅游资源分类和开发支持系统及影响因素研究[J].北京体育大学学报,2008(8):1048-1050.

[80] 方春妮,张贵敏.我国体育旅游业集群化发展之策略[J].上海体育学院学报,2009,33(6):18-21.

［81］保继刚，项怡娴，吴永莹.北京奥运会对非举办地入境旅游的影响——以桂林阳朔为例［J］.人文地理，2009（2）：1-5.

［82］张葳.基于SWOT分析的京津冀"滨海旅游通道"构建［J］.河北师范大学学报：自然科学版，2009，33（1）：107-110.

［83］吕林.环渤海体育旅游经济圈发展战略研究［J］.山西财经大学学报，2009（s1）：100-101.

［84］谭延敏，张铁明，刘志红，等.环京津都市圈体育旅游研究［J］.体育文化导刊，2009（3）：78-81.

［85］施芳芳，常德胜.长三角地区体育旅游资源的整合系统开发研究［J］.西安体育学院学报，2009，26（4）：410-412.

［86］石晓峰，李建英，王飞.山西省体育旅游资源分析及开发策略研究［J］.中国体育科技，2009，45（3）：126-131.

［87］唐鹏."全域成都"规划探讨［J］.规划师，2009，25（8）：31-34.

［88］杨宇，付敏，甘森.都江生活将会如歌似水——专访都江堰市政协副主席、规划管理局局长屈军［J］.西部广播电视，2009（4）：78-79.

［89］杨竹莘.区域经济差异理论的发展与演变评析［J］.工业技术经济，2009（8）：63-68.

［90］王辉.体育旅游产业特征及发展策略探讨［J］.体育与科学，2010（4）：59-64.

［91］舒宗礼，夏贵霞，石岩.湖北省体育旅游资源综合开发研究［J］.体育文化导刊，2010（4）：74-77.

［92］魏文山，杜兆斌.打造山东"三山两湖"体育休闲旅游圈的战略构想［J］.山东体育学院学报，2010，26（5）：31-34.

［93］吴国清.大型节事对城市旅游空间发展的影响机理［J］.人文地理，2010，115（5）：137-141.

［94］林显鹏.体育场馆建设在促进城市更新过程中的地位与作用研究［J］.城市观察，2010（6）：5-23.

［95］黄玲.海洋体育旅游地旅游空间结构的分析及其优化研究［J］.广州体育学院学报，2010，30（3）：58-62.

［96］李延超，饶远.贵州喀斯特体育旅游资源开发思考［J］.体育文化导刊，2010（1）：83-85.

［97］李松梅，朱志强，郭俊清，等.区域滑雪体育旅游可持续发展评价体系

研究［J］.沈阳体育学院学报，2010，29（3）：15-19.

［98］刘一民，赵溢洋，刘翔.关于体育强国战略若干问题的思考［J］.中国体育科技，2010，46（1）：32-36.

［99］孙翠琪，冯云.青藏高原少数民族传统体育旅游开发研究［J］.体育文化导刊，2011（11）：114-117.

［100］戴林琳.节事旅游对乡村聚落影响的居民感知差异研究——以京郊江水河村和长哨营村为例［J］.人文地理，2011（8）：9-10.

［101］魏火艳.河南省体育旅游资源开发研究［J］.体育文化导刊，2011（3）：94-96.

［102］石晓峰.我国中部地区体育旅游资源开发策略［J］.武汉体育学院学报，2011（6）：10-16.

［103］王明儒，张景胜，李金，等.浪漫者大连：锁定全域旅游［J］.城市住宅，2011（10）：46-47.

［104］任慧，李春雷.我国休闲体育产业价值链构造及延伸路径研究［J］.天津体育学院学报，2011，26（1）：15-18.

［105］毛溪浩.以风景桐庐建设为统揽大力发展全域旅游［J］.政策瞭望，2012（12）：36-38.

［106］宛霞.体育旅游资源分类新论［J］.体育文化导刊，2012（7）：90-93.

［107］蔡玉军，邵斌，魏磊，等.城市公共体育空间结构现状模式研究——以上海市中心城区为例［J］.体育科学，2012，32（7）：9-17.

［108］曹焕男，哈彤.京津冀体育产业旅游圈的构建与发展研究［J］.经营管理者，2012（4）：43.

［109］朱文杰.河南省体育旅游开发研究［J］.体育文化导刊，2012（1）：91-95.

［110］刘英，刘晓静，梁宗正.基于AHP和模糊数学的河南省体育旅游资源评价研究［J］.地域研究与开发，2012，31（3）：108-111.

［111］王隆华.福建体育旅游产业跨越发展的战略选择［J］.南京体育学院学报：社会科学版，2012（1）：84-88.

［112］沈克印，刘梅英.高尔夫产业可持续发展的环境伦理思考［J］.成都体育学院学报，2012，38（11）：26-30.

［113］张广海，王佳.我国旅游资源竞争力综合评价及其开发类型研究［J］.中国海洋大学学报：社会科学版，2013（2）：43-50.

[114] 俞峰，吴义，邵显明，等. 基于TOWS分析和熵权模糊层次分析的体育旅游资源开发战略综合评价研究[J]. 体育科技，2013（3）：26-28，32.

[115] 邓杰，杜长亮. 民族体育旅游资源开发原则及策略[J]. 体育与科学，2013（6）：107-110.

[116] 高圆媛. 云南省少数民族体育旅游资源分布特征与开发策略选择[J]. 沈阳体育学院学报，2013（4）：54-57.

[117] 张文磊，周忠发. 全域体验开发模式：区域旅游开发的新途径[J]. 生态经济，2013（2）：29-32.

[118] 李国锋. 甘肃省体育旅游资源开发研究[J]. 体育文化导刊，2013（6）：81-84.

[119] 陈毅清，张璐. 基于结构方程模型的黄山市体育旅游产业集群实证研究[J]. 吉林体育学院学报，2013（6）：18-23.

[120] 李玏，刘家明，王润，等. 北京市高尔夫旅游资源空间分布特征及影响因素[J]. 地理研究，2013，32（10）：1937-1947.

[121] 杨丽花，刘永，蒋清文. 吉林省冰雪旅游发展的空间布局及路径研究[J]. 沈阳师范大学学报：自然科学版，2013，31（2）：222-227.

[122] 厉新建，张凌云，崔莉. 全域旅游：建设世界一流旅游目的地的理念创新——以北京为例[J]. 人文地理，2013（3）：130-134.

[123] 吕俊芳. 辽宁沿海经济带"全域旅游"发展研究[J]. 经济研究参考，2013（29）：52-56，64.

[124] 山东省旅游局. 突出文化传承增进群众福祉全力办好2014好客山东贺年会[J]. 山东经济战略研究，2013（12）：28-31.

[125] 马勇，刘军. 丝绸之路旅游文化经济带全球发展战略研究[J]. 世界地理研究，2014（2）：151-158.

[126] 吕俊芳. 城乡统筹视阈下中国全域旅游发展范式研究[J]. 河南科学，2014（1）：139-142.

[127] 汤敬东. 环渤海体育旅游带的开发研究[J]. 沈阳体育学院学报，2014（5）：64-67，89.

[128] 王宇，刘楷操. 江苏水文化体育旅游资源开发的对策研究[J]. 南京体育学院学报：社会科学版，2014（1）：40-44.

[129] 韩政，夏敏慧，宋静敏，等. 海南黎族地区热带体育旅游资源调查研究[J]. 海南大学学报：人文社会科学版，2014（3）：126-130.

[130] 陈蕾，李鹏程. 少数民族传统体育资源的文化价值及其开发［J］. 贵州民族研究，2014（6）：178-181.

[131] 张小林，孙玮，刘兰. 少数民族特色村寨体育文化旅游资源创意开发研究——基于湘西德夯苗寨的调查研究［J］. 贵州民族研究，2015（1）：156-159.

[132] 李光，李艳翎. 中南地区冰雪体育旅游资源价值实现研究［J］. 中国体育科技，2015（4）：117-124.

[133] 张靖弦，黄海燕. 上海国际赛车场主题旅游空间的发展研究［J］. 上海体育学院学报，2015，39（2）：24-30.

[134] 姜付高，王铁. 山东半岛城市体育旅游带空间结构优化与可持续发展研究［J］. 西安体育学院学报，2015，32（1）：51-59.

[135] 荣思军，韩炜. 区域体育旅游资源联动开发共生模式的研究——以山东半岛滨海地区为例［J］. 山东体育学院学报，2015，31（1）：45-50.

[136] 张靖弦，黄海燕. 上海国际赛车场主题旅游空间的发展研究——基于英国"赛车谷"的启示与思考［J］. 上海体育学院学报，2015，39（2）：24-29.

[137] 肖秀显，陈华胜. 体育旅游资源开发的要素分析——基于大众视角［J］. 沈阳体育学院学报，2015（4）：74-79，85.

[138] 陈浩，任玉勇，王丽，等. 京杭运河生态体育旅游可持续发展研究［J］. 北京体育大学学报，2015（4）：26-32.

[139] 张俊红，卢玉. 皖南地区体育旅游开发现状与对策［J］. 上海体育学院学报，2015，39（6）：56-60.

[140] 周家俊，周晓鹏，黄莹. 甘孜州全域旅游的内涵研究［J］. 旅游纵览（下半月），2015（10）：99.

[141] 唐晓云. 旅游的社会文化功能及其实现路径［J］. 决策探索，2015（2）：42-43.

[142] 山东省人民政府. 山东省人民政府关于贯彻国发〔2014〕46号文件加快发展体育产业促进体育消费的实施意见［J］. 山东省人民政府公报，2015（25）：6-18.

[143] 李金早. 从景点旅游模式走向全域旅游模式［J］. 紫光阁，2016（3）：42.

[144] 黄佺，谭奇余. 体育旅游资源普查及地图表达研究［J］. 体育文化导刊，2016（7）：113-117.

［145］郑亮.济南都市圈体育旅游资源开发与提升研究［J］.体育世界（学术版），2016（12）：20-21.

［146］江伟,曲进.一带一路背景下广东滨海体育旅游发展策略研究［J］.广州体育学院学报，2016（6）：61-64.

［147］肖荣华,袁峰.运用SWOT分析湛江体育旅游资源现状的研究［J］.体育科技文献通报，2016，24（11）：41-42.

［148］朱佳斌.产业融合视域下的体育旅游资源开发研究［J］.旅游纵览月刊，2016（3）：17，20.

［149］姜付高,曹莉,孙晋海,等.我国滨海地区体育旅游资源禀赋、丰度与绩效评价研究［J］.天津体育学院学报，2016，31（4）：277-282.

［150］姜付高,曹莉.大型体育赛事对城市旅游空间结构影响及其优化研究——以日照打造"水上运动之都"为例［J］.北京体育大学学报，2016，39（11）：38-44，111.

［151］郑亮.济南都市圈体育旅游资源开发与提升研究［J］.体育世界（学术版），2016（12）：20-21.

［152］张强,邓忠伟,陈浩."生态文明"战略机遇期体育健身旅游资源开发与环境保护创新研究——以我国世界遗产地为例［J］.北京体育大学学报，2016（12）：28-36.

［153］刘文佳,姜淼淼.冰雪旅游资源的价值及其体系构建［J］.冰雪运动，2016（2）：90-92，96.

［154］中共中央,国务院."健康中国2030"规划纲要［J］.中华人民共和国国务院公报，2016（32）：5-20.

［155］左文君,明庆忠,李圆圆.全域旅游特征、发展动力和实现路径研究［J］.乐山师范学院学报，2016（11）：91-96，136.

［156］张辉.中国旅游发展笔谈——全域旅游（二）［J］.旅游学刊，2016（12）：1.

［157］苟俊豪,刘兵,张靖.新疆冰雪旅游开发的区域博弈分析［J］.科技促进发展，2016（3）：339-344.

［158］尹罡,张旻.旅游产业转型背景下资源非优区旅游开发研究——基于湖南省益阳市的案例分析［J］.重庆理工大学学报：社会科学版，2014（3）：52-57.

［159］卢永雪.少数民族传统体育旅游的开发模式研究［J］.贵州民族研究，2016（10）：182-185.

英文期刊文章:

[160] Forer P C, Pearce D G. Spatial Patterns of Package Tourism in New Zealand [J]. New Zealand Geographer, 1984, 40 (1): 34-43.

[161] Glyptis S. Sport and Tourism in Western Europe [J]. Sport & Tourism in Western Europe, 1982.

[162] Janiskee R L. Resort Camping in America [J]. Annals of Tourism Research, 1990, 17 (3): 385-407.

[163] Glyptis S A, Cooper C P. Sport and Tourism [J]. Progress in Tourism Recreation & Hospitality Management, 1991.

[164] Roehl W S. Developing New Tourism Products: Sport Fishing in the South-East United States [J]. Tourism Management, 1993, 14 (4): 279-288.

[165] Maurice R. Mega-Events and Urban policy [J]. Annals of Tourism Research, 1994, 21 (1): 1-19.

[166] Hiller H H. Assessing the Impact of Mega-events: A Linkage Model [J]. Current Issues in Tourism, 1998, 1 (1): 47-57.

[167] Markwick M C. Golf Tourism Development, Stakeholders, Differing Discourses and Alternative Agendas: the Case of Malta [J]. Tourism Management, 2000, 21 (5): 515-524.

[168] Preston-Whyte R. Constructed Leisure Space: The Seaside at Durban [J]. Annals of Tourism Research, 2001, 28 (3): 581-596.

[169] Sternberg E. What Makes Buildings Catalytic? How Cultural Facilities Can Be Designed to Spur Surrounding Development [J]. Journal of Architectural and Planning Research, 2002, 19 (1): 30-43.

[170] Preston Whyte R. Constructions of Surfing Space at Durban, South Africa [J]. Tourism Geographies, 2002, 4 (3): 307-328.

[171] Kasimati E. Economic Aspects and the Summer Olympics: A Review of Related Research [J]. International Journal of Tourism Research, 2003, 5 (6): 433-444.

[172] Fredline E. Host and Guest Relations and Sport Tourism [J]. Sport in Society, 2005, 8 (2): 263-279.

[173] Shih H Y. Network Characteristics of Drive Tourism Destinations: An Application of Network Analysis in Tourism [J]. Tourism Management, 2006, 27 (5): 1029-1039.

[174] Daniels M J. Central Place Theory and Sport Tourism Impacts [J]. Annals of Tourism Research, 2007, 34 (2): 332-347.

[175] Lasanta T. Do Tourism-Based Ski Resorts Contribute to the Homogeneous Development of the Mediterranean Mountains? [J]. Tourism Management, 2007, 28 (5): 1326-1339.

[176] Connell J, Page S J. Exploring the Spatial Patterns of Car-Based Tourist Travel in Loch Lomond and Trossachs National Park, Scotland [J]. Tourism Management, 2008, 29 (3): 561-580.

[177] Farooquee N A. Environmental and Socio-Cultural Impacts of River Rafting and Camping on Ganga in Uttarakhand Himalaya [J]. Current Science, 2008, 94 (5): 587-594.

[178] Silberman J A, Rees P W. Reinventing Mountain Settlements: A GIS Model for Identifying Possible Ski Towns in the U.S. Rocky Mountains [J]. Applied Geography, 2010, 30 (1): 36-49.

[179] Barros C P. The Length of Stay of Golf Tourism: A Survival Analysis [J]. Tourism Management, 2010, 31 (1): 13-21.

[180] Johnson R. Encyclopedia of Urban Studies [J]. Library Journal, 2010.

[181] Hung K, Petrick J F. Why do gou Cruise? Exploring the Motivations for Taking Cruise Holidays, and the Construction of a Cruising Motivation Scale [J]. Tourism Management, 2011, 32 (2): 386-393.

[182] Kellens W, Neutens T, Deckers P, et al. Coastal Flood Risks and Seasonal Tourism: Analysing the Effects of Tourism Dynamics on Casualty Calculations [J]. Natural Hazards, 2012, 60 (3): 1211-1229.

网上电子公告：

[183] 徐晓平. 发展全域旅游 创建全域旅游示范区 [EB/OL]. (2016-02-26) [2020-10-02]. http://www.lwcj.com/w/145731274720209.html.

[184] 魏小安. 全域旅游面面观——如何促进全域旅游发展 [EB/OL]. (2016-03-04) [2020-10-02]. http://www.lwcj.com/w/145709560520194.html.

［185］姚昆遗. 全域旅游以观念改变引领产业发展［EB/OL］. （2016-03-04）［2020-10-02］. http：//www.lwcj.com/w/145709568020195.html.

［186］石培华. 全域旅游是新阶段旅游发展总体战略［EB/OL］. （2016-02-17）［2020-10-02］. http：//www.cnta.gov.cn/ztwz/zghy/rdjj/201602/t20160217_760855.shtml.

［187］新浪旅游. 马略卡岛：地球另一边的骑行天堂［EB/OL］. （2008-06-13）［2020-10-02］. http：//travel.sina.com.cn/outdoor/2008-06-13/0948488.shtml.

［188］蓝之馨，林小昭. 广东GDP超万亿美元比肩全球第十五位国家［EB/OL］. （2014-01-02）［2020-10-02］. http：//www.yicai.com/news/3305147.html.

学位论文：

［189］徐征. 中国城市体育公园空间布局的研究［D］. 北京：北京体育大学，2007.

［190］朱丽娜. 山东省地级以上城市体育场馆布局研究［D］. 北京：北京体育大学，2008.

［191］王芳. 环渤海体育旅游带的构建与2008年奥运会互动关系的研究［D］. 曲阜：曲阜师范大学，2007.

［192］窦淑慧. 长三角体育旅游资源开发现状分析与一体化策略研究［D］. 苏州：苏州大学，2008.

［193］邹广琦. 河北省体育与旅游产业融合对旅游产业结构演化影响研究［D］. 秦皇岛：燕山大学，2014.

［194］邢亮. 山东省体育旅游空间结构分析及布局模式研究［D］. 曲阜：曲阜师范大学，2008.

［195］郭鑫. 日本滑雪旅游地域特征、发展趋势研究［D］. 上海：上海师范大学，2014.

［196］石晓峰. 中国中部地区体育旅游资源开发研究［D］. 太原：山西大学，2011.

［197］刘晓燕. 贵阳市体育旅游资源开发研究［D］. 成都：成都体育学院，2013.

［198］赵金岭. 我国高端体育旅游的理论与实证研究［D］. 福州：福建师范大学，2013.

［199］刘宁. 低碳经济视角下体育旅游产业发展研究［D］. 青岛：中国海洋大学，2014.

［200］邓开民. 云南少数民族传统体育旅游资源开发利用研究［D］. 北京：北京体育大学，2012.

［201］顾杨洋. 浙江海洋经济核心区体育旅游目的地系统空间特征研究［D］. 宁波：宁波大学，2014.

［202］李明峰. 福建东山县滨海体育旅游资源评价与开发对策研究［D］. 福州：福建师范大学，2008.

［203］元旦旺久. 西藏体育旅游资源评价与开发研究［D］. 成都：西南交通大学，2015.

［204］俞琦. 中国全域城市化理论实践研究［D］. 上海：华东师范大学，2013.

［205］杨殿慧. 威海市全域城市化实施路径研究［D］. 哈尔滨：哈尔滨工业大学，2016.

［206］钟学思. 桂林体育旅游开发模式研究［D］. 桂林：广西师范大学，2008.

［207］孙中芹. 山东省"孔、孟、墨"三子体育旅游带的规划研究［D］. 曲阜：曲阜师范大学，2010.

［208］武燕平. 体育旅游区域开发研究［D］. 青岛：中国海洋大学，2008.

［209］蒋龙. 甘孜州体育旅游资源分类及产品开发研究［D］. 成都：成都理工大学，2015.

［210］吴佩. 日照海滨旅游地国内游客消费行为研究［D］. 曲阜：曲阜师范大学，2014.

［211］江海旭. 地中海地区海岛旅游开发经验及启示［D］. 大连：辽宁师范大学，2011（6）：26-28.

［212］宋嵋. 传统节日文化与山东节庆旅游资源开发［D］. 济南：山东大学，2006.

［213］田纪鹏. 我国滨海旅游空间结构研究［D］. 青岛：中国海洋大学，2008.

［214］何效祖. 基于地域系统结构研究的旅游资源评价与旅游地实证分析［D］. 兰州：兰州大学，2007.

［215］肖彦俊. 山东省城市社区体育健身公共服务满意度研究［D］. 曲阜：曲阜师范大学，2015.

[216] 何丽红.长江流域旅游发展绩效的地区差异研究[D].上海：华东师范大学，2008.

中文专著：

[217] 楚义芳.旅游的空间经济分析[M].西安：陕西人民出版社，1992.

[218] 张家骧.马克思主义经济学说在中国的传播、运用与发展[M].郑州：河南人民出版社，1994.

[219] 郑积源.跨世纪科技与社会可持续发展[M].北京：人民出版社，1999.

[220] 王德刚.旅游资源开发与利用[M].济南：山东大学出版社，2000.

[221] 托马斯·古德尔，杰弗瑞·戈比.人类思想史中的休闲[M].成素梅，马慧娣，季斌，等，译.昆明：云南人民出版社，2000.

[222] 马波.现代旅游文化学[M].青岛：青岛出版社，2002.

[223] Mike Weed, Chris Bull.体育旅游[M].戴光全，朱竑，译.天津：南开大学出版社，2006.

[224] Stephen Williams.旅游休闲[M].杜靖川，曾萍，译.昆明：云南大学出版社，2006.

[225] 李小建.经济地理学[M].北京：高等教育出版社，2006.

[226] 吴殿廷.山岳景观旅游开发规划实务[M].北京：中国旅游出版社，2006.

[227] 高佩义.城市化发展学导论[M].北京：中国财政经济出版社，2009.

[228] 贝利.比较城市化——20世纪的不同道路[M].顾朝林，汪侠，俞金国，译.北京：商务印书馆，2010.

[229] 钟敬文.民俗学概论[M].北京：高等教育出版社，2010.

[230] 张林，黄海燕，潘时华.长三角地区体育产业发展报告（2014—2015）[M].北京：社会科学文献出版社，2015.

英文专著：

[231] Corner J, Harvey S. Enterprise and Heritage: Cross Currents of National Culture [M]. London: Routledge, 1991.

[232] Bale J. Landscapes of Modern Sport. Landscapes of Modern Sport [M]. Leicester: Leicester University Press, 1994.

［233］Hudson S. Snow Business: A Study of the International Ski Industry［M］. London: Cassell, 2000.

［234］Getz D. Sport Event Tourism: Planning, Development, and Marketing. Sport and Adventure Tourism［M］. New York: Haworth, 2003.

［235］Van Schaik L, Gollings J. Design City Melboume［M］. New York: John Wiley & Sons, 2006.

论文集：

［236］袁园媛，施怡娜，黄海燕. 阿尔伯克基国际热气球节与城市旅游空间发展及对我国的启示［G］. 2015第十届全国体育科学大会论文摘要汇编（三）. 北京：中国体育科学学会（China Sport Science Society），2015：3.

［237］樊文斌. 大连全域旅游规划探讨［C］. 2011城市发展与规划大会论文集. 杨州：江苏省扬州市人民政府，中国城市科学研究会，中国城市规划学会，江苏省住房和城乡建设厅，2011：5.

［238］王恒. 全域城市化背景下的大连市旅游景区空间结构优化研究［C］. 第十六届全国区域旅游开发学术研讨会论文集. 武汉：中国区域科学协会区域旅游开发专业委员会，湖北省农业厅，湖北省旅游局，2012：7.

标准：

［239］旅游资源分类、调查与评价：GB/T 18972——2003［S］. 中华人民共和国国家质量监督检验检疫总局，2003.

附 录

附录1　山东滨海体育旅游行为调查

尊敬的女士们、先生们：

  我是曲阜师范大学体育科学学院2014级博士生姜付高，为了不断提高山东滨海旅游服务水平，了解您的体育旅游要求和意见，使您的旅游消费得到质价相符的服务，请您协助我们填写此调查问卷。本表仅供科学研究之用，涉及个人信息的内容，我们将遵守《统计法》，严格为您保密。对您的真诚支持，表示衷心的感谢！

1. 您的居住地：

城镇	乡村

2. 您的性别：

男	女

3. 您的年龄：

15岁以下	15~24岁
25~34岁	35~44岁
45~59岁	60岁及以上

4. 您的职业：

公务员	公司职员
事业单位	自由职业者
学生	农民
离退休人员	其他

5. 您的学历：

小学及以下	初中
高中/中专/技校	大学专科
大学本科	硕士及以上

6. 您参加滨海旅游的主要目的是（可多选）：

休闲度假	探亲访友
亲近自然	寻求刺激
体育活动	观光购物
商务、会议	结识新友
保健疗养	其他

7. 影响您参加滨海旅游的因素有（可多选）：

经济因素	时间因素
身体健康因素	交通因素
目的地形象	旅游安全
旅游服务	其他

8. 您通常喜欢选择什么季节参加滨海旅游（可多选）：

春季	夏季	秋季	冬季

9. 旅行时间上您会选择：

小长假	年假
带薪休假假期	周末
奖励旅游	随时

10. 您在旅游目的地停留时长：

1天	2天	3天	4天	5天	6天及以上

11. 您了解本次旅游主要通过（可多选）：

互联网	大众媒体（电视、广播）
出版物（报纸、杂志、海报）	旅游手册
旅游会展	旅行社
广告邮寄	亲朋好友
其他	广播

12. 您在此次旅游中主要进行了哪些方面的消费：

住宿	购物
餐饮	交通
娱乐	门票
体育活动	其他

13. 通常您会选择哪种旅游方式：

旅行社报团	与亲友自助游
与"驴友"同行	独自出游
单位组团	其他

14. 根据您所获得信息，本地对您的主要吸引物是什么（可多选）：

历史、文化和艺术（博物馆、城堡、教堂等）	滨海风光
商业和会议	体育运动
民俗文化、节事	海滨自然生态（绿地、公园、森林等）
海上运动（帆船、摩托艇等）	保健疗养
海岛探险	主题公园
特色娱乐、饮食（音乐、酒吧、餐饮）	购物
生态采摘	其他

15. 在您旅游过程中，您最不满意的地方：

旅游景点名不副实	旅游娱乐设施不完善
交通条件不便	饮食结构不合理
购物设施不便利	宾馆的数量、结构、布局不合理
相关行业的发展水平低（卫生、通信等）	游人太多
景区或旅行社工作人员职业素养不高	其他

16. 如果您是自助游，您觉得最不满意的地方：

费用高	住宿难
交通不畅	缺少体育指导
旅游信息不足	耗费精力
其他	

17. 如果您是参团旅游，您觉得最不满意的地方：

走马观花	被带去购物
导游服务不满意	体育活动参与时间少
增加景点，加收门票	其他

18. 本次旅游活动，您参加以下哪项活动：

海滩	沙滩排球	沙滩足球	沙滩竞走	沙滩摔跤	沙滩卡巴迪	滑沙	沙丁车
	泥滩拉船	泥滩足球	泥滩健美	泥滩拾贝	泥滩速滑	骑马	
海上	游泳	跳水	滑水	冲浪	水上自行车	帆板	水上摩托
	帆船	皮划艇	航海模型	潜水			
船上	海钓	拉船	爬桅杆	摇船	升帆	垂钓	定点抛锚
	观赛	蹦跳船					
海空	跳伞	滑翔伞	动力伞	风筝冲浪	摩托牵引伞	热气球	滑翔翼
	观赛						
海岛	海岛登山	岛礁攀岩	海岛拓展	海岛野营	海岛跳水	观赛	海岛定向
	海钓						
陆地	登山	观看体育比赛	参加体育会议、展览	参观体育建筑	参加比赛	高尔夫	温泉保健
	以上都没参加						

19. 如您再到滨海旅游，您希望参加哪项活动：

海滩	沙滩排球	沙滩足球	沙滩竞走	沙滩摔跤	沙滩卡巴迪	滑沙	沙丁车
	泥滩拉船	泥滩足球	泥滩健美	泥滩拾贝	泥滩速滑	骑马	
海上	游泳	跳水	滑水	冲浪	水上自行车	帆板	水上摩托
	帆船	皮划艇	航海模型	潜水			
船上	海钓	拉船	爬桅杆	摇船	升帆	垂钓	定点抛锚
	观赛	蹦跳船					
海空	跳伞	滑翔伞	动力伞	风筝冲浪	摩托牵引伞	热气球	滑翔翼
	观赛						
海岛	海岛登山	岛礁攀岩	海岛拓展	海岛野营	海岛跳水	观赛	海岛定向
陆地	登山	观看体育比赛	参加体育会议、展览	参观体育建筑	参加比赛	高尔夫	温泉保健

20. 在本次旅游过程中，您认为还需加强哪类旅游服务设施建设：

旅游问询处	旅游标识
公共卫生间	野营营地
自助设施	临时休憩场所
其他	

21. 在此次旅游之前，您对旅游目的地的整体形象评价如何：

编号	问题	评价（注：请您按照以下各项的评价进行，分值越高表示您的评价越高，99表示不清楚，以下类同）
（1）	城市旅游业形象	1　2　3　4　5　6　7　8　9　10　99
（2）	城市整体服务水平	1　2　3　4　5　6　7　8　9　10　99

22. 在此次旅游之前，您对此次旅游的期望有多高：

编号	问题	评价
（1）	旅游质量的总体预期	1　2　3　4　5　6　7　8　9　10　99
（2）	旅游过程服务质量的预期	1　2　3　4　5　6　7　8　9　10　99

23. 在此次旅游过程中，您对此次旅游的服务质量如何评价：

编号	问题	评价
（1）	旅游交通	1　2　3　4　5　6　7　8　9　10　99
（2）	旅游餐饮	1　2　3　4　5　6　7　8　9　10　99
（3）	旅游住宿	1　2　3　4　5　6　7　8　9　10　99
（4）	旅游购物	1　2　3　4　5　6　7　8　9　10　99
（5）	旅游娱乐	1　2　3　4　5　6　7　8　9　10　99
（6）	旅游宣传	1　2　3　4　5　6　7　8　9　10　99
（7）	旅游景点	1　2　3　4　5　6　7　8　9　10　99
（8）	旅行社服务	1　2　3　4　5　6　7　8　9　10　99
（9）	导游服务	1　2　3　4　5　6　7　8　9　10　99

24. 您对此次出游的总体评价如何：

编号	问题	评价
（1）	总体满意度	1　2　3　4　5　6　7　8　9　10　99
（2）	与需求相比满意程度	1　2　3　4　5　6　7　8　9　10　99
（3）	与理想中相比的满意程度	1　2　3　4　5　6　7　8　9　10　99

25. 您对再次旅游的情况如何评价：

编号	问题	评价
（1）	未来重游的可能性	1　2　3　4　5　6　7　8　9　10　99
（2）	推荐亲朋友来该地区旅游可能性	1　2　3　4　5　6　7　8　9　10　99

备注：请您在认为合适的选项后面划"√"

编号：□□□□□□　　调查时间：2015年　　月　　日　　调查地点：

附录2　山东滨海体育旅游资源评价

尊敬的××您好：

　　我是曲阜师范大学体育科学学院2014级博士生姜付高，非常感谢您能在百忙中填写《山东省滨海体育旅游资源指标评价体系》专家咨询调查问卷。借鉴相关旅游资源评价指标，结合体育旅游业的发展现状，在访谈专家的基础上，初步选定以下体育旅游资源质量评价单体样本及其参考赋值。鉴于您在该领域的研究水平和权威性，需要您对评价指标体系的要素构成与各要素赋值提出修订意见并予以确定。

　　本表仅供科学研究之用，涉及个人信息的内容，我们将遵守《统计法》，严格为您保密。对您的真诚支持，表示衷心感谢！

序号	旅游资源单体名录	级别	单体调整	作者首赋分	专家修订赋值
1	AAAA级景区	国家级		8	
2	AAAAA级景区	国家级		10	
3	国家级风景名胜区	国家级		10	
4	国家级森林公园	国家级		10	
5	国家级水利风景区	国家级		10	
6	国家级自然保护区	国家级		10	
7	国家级湿地公园	国家级		10	
8	海洋特别保护区、海洋公园	国家级		10	
9	国家海洋自然保护区	国家级		10	
10	国家级地质公园	国家级		10	
11	国家精品体育旅游路线	国家级		10	
12	国家旅游度假区	国家级		10	
13	中国历史文化名城（镇、村）	名城		10	
		名镇		8	
		名村		6	
14	全国工业旅游示范点	国家级		6	
15	全国农业旅游示范点	国家级		6	

(续表)

序号	旅游资源单体名录	级别	单体调整	作者首赋分	专家修订赋值
16	全国休闲农业与乡村旅游示范单位	示范县		6	
		示范点		6	
17	国家级非物质文化遗产	国际级		2	
18	省级非物质文化遗产	省级		1	
19	全国重点文物保护单位	国际级		10	
20	五星级酒店	国家级		5	
21	四星级酒店	国家级		4	
22	三星级酒店	国家级		3	
23	国际旅行社	国家级		5	
24	休闲渔业示范基地	国家级		8	
25	优秀旅游城市	国家级		5	
26	高尔夫球场	国家级		5	
27	体育赛事	国内		6	
28	职业联赛	国家级		10	
29	滑雪场	国家级		5	
30	国家级体育产业基地	国家级		10	

您对本评价的修订意见：合理（ ）较合理（ ）不合理（ ）

增加：

取消：

调整：

说明：

1. 资源单体选择与评分依据：①体育旅游资源吸引力大小；②体育旅游资源的规模等级；③体育旅游资源的类型；④体育旅游者的旅游偏好；⑤开展体育旅游关联程度。

2. 请您在"专家修订赋值（分）"栏内，首先对资源单体进行取舍、调整，然后填上您认为合适的分值。

3. 根据上表确定赋值标准后，具体评价步骤是将专家对各项体育旅游资源单体样本赋分，按照由大到小的顺序排列，取中位数。利用"题项与总分相关性"筛选指标法，采用同质性检验，求出各体育旅游资源单体评价样本得分与总分之间的积累方差相关系数,若各体育旅游资源评价样本得分与总分相关性未达到显著水平,或两者相关系数小于0.400,呈现低度相关,则将该体育旅游资源评价单体样本得分及其代表选项去掉,确定体育旅游资源单体样本和赋分。

再次衷心感谢您的指正与帮助!

(请您于2015年9月1日前将您的意见反馈,用随带信封寄出即可,如有异议,可联系:手机号码:15906337828,电子信箱:seawindsd@163.com)

曲阜师范大学体育科学学院2014级博士生

姜付高

2015.6.30

附录3 山东滨海地区体育旅游资源

山东省沿海地市4A级景区

名称	批准时间（年）	所在地
邹平市鹤伴山森林旅游区	2012	滨州
东营市黄河口生态旅游区	2008	东营
东营市广饶孙子文化旅游区	2012	东营
青岛海滨风景区	2001	青岛
崂山风景名胜区	2001	青岛
青岛啤酒博物馆	2005	青岛
青岛海底世界	2005	青岛
青岛银海国际游艇俱乐部旅游区	2006	青岛
青岛极地海洋世界	2007	青岛
青岛市天泰温泉度假区	2008	青岛
青岛金沙滩景区	2008	青岛
青岛国际工艺品城	2008	青岛
青岛市天幕城旅游区	2009	青岛
青岛市方特梦幻王国景区	2012	青岛
青岛市奥帆中心旅游区	2012	青岛
日照五莲山旅游风景区	2003	日照
日照市海滨国家森林公园	2009	日照
日照市万平口海滨风景区	2009	日照
刘家湾赶海园	2011	日照
刘公岛风景名胜区	2001	威海
荣成市成山头风景名胜区	2002	威海
乳山银滩旅游度假区	2002	威海
威海荣成赤山风景名胜区	2005	威海
潍坊沂山风景区	2003	潍坊
潍坊杨家埠民间艺术大观园	2007	潍坊
青州市云门山风景区	2008	潍坊
青州市仰天山国家森林公园	2008	潍坊

(续表)

名称	批准时间（年）	所在地
潍坊市金宝乐园	2008	潍坊
潍坊市寿光林海生态博览园	2008	潍坊
潍坊市安丘青云山民俗游乐园	2009	潍坊
潍坊市寿光蔬菜高科技示范园	2009	潍坊
潍坊市诸城恐龙博物馆	2009	潍坊
潍坊市昌邑绿博园	2011	潍坊
潍坊市金泉寺景区	2012	潍坊
潍坊市诸城恐龙文化旅游区	2013	潍坊
烟台南山旅游区	2001	烟台
蓬莱阁旅游区	2001	烟台
烟台蓬莱海洋极地世界	2005	烟台
烟台金沙滩海滨公园	2005	烟台
烟台张裕酒文化博物馆	2005	烟台
烟台市牟氏庄园	2008	烟台
烟台市养马岛旅游度假区	2009	烟台
烟台市招远罗山黄金文化旅游区	2011	烟台
浮来山景区	2011	烟台
烟台市昆嵛山森林旅游区	2012	烟台
烟台市长岛旅游景区	2012	烟台

数据来源：国家旅游局官网。
统计时间截止：2013年12月。

山东省沿海地市5A级景区

景区名称	批准时间（年）	所在地
烟台蓬莱阁旅游区（三仙山·八仙过海）	2007	烟台
青岛崂山景区	2011	青岛
威海刘公岛景区	2011	威海
烟台龙口南山景区	2011	烟台
潍坊市青州古城旅游区	2017	潍坊
威海市华夏城旅游景区	2017	威海
东营市黄河口生态旅游区	2019	东营

数据来源：国家旅游局官网。
统计时间截止：2022年8月。

国家级风景名胜区

国家级风景名胜区	批准时间（年）	所在地
青岛崂山风景名胜区	1982	青岛
青州风景名胜区	2002	潍坊
胶东半岛海滨风景名胜区	1988	烟台、威海

数据来源：中华人民共和国中央人民政府网。

统计时间截止：2014年12月。

国家森林公园

国家森林公园	批准时间（年）	所在地
鹤伴山国家森林公园	2010	滨州
黄河口国家森林公园	2010	东营
崂山国家森林公园	2006	青岛
灵山湾国家森林公园	2007	青岛
珠山国家森林公园	2006	青岛
日照海滨国家森林公园	2007	日照
五莲山国家森林公园	2010	日照
刘公岛国家森林公园	2010	威海
槎山国家森林公园	2007	威海
双岛国家森林公园	2006	威海
伟德山国家森林公园	2010	威海
岠嵎山国家森林公园	2010	威海
沂山国家森林公园	2010	潍坊
仰天山国家森林公园	2010	潍坊
寿阳山国家森林公园	2010	潍坊
昆嵛山国家森林公园	2007	烟台
罗山国家森林公园	2010	烟台
长岛国家森林公园	2010	烟台
艾山国家森林公园	2010	烟台
龙口南山国家森林公园	2010	烟台
招虎山国家森林公园	2007	烟台
牙山国家森林公园	2010	烟台

数据来源：国家林业局官网。

统计时间截止：2014年12月。

水利风景区

水利风景区	批准时间（年）	所在地
中海水利风景区	2006	滨州
秦口河水利风景区	2009	滨州
三河湖水利风景区	2010	滨州
小开河灌区水利风景区	2010	滨州
古城河水利风景区	2011	滨州
黄河岛水利风景区	2011	滨州
山东邹平黄河风景名胜区	2012	滨州
山东滨州黄河水利风景名胜区	2012	滨州
沾化县徒骇河思源湖水利风景区	2013	滨州
博兴县打渔张引黄灌区水利风景区	2013	滨州
天鹅湖公园风景名胜区	2002	东营
仙月湖风景区	2005	东营
清风湖风景区	2005	东营
孙武湖水利风景区	2007	东营
垦利县黄河水利风景名胜区	2012	东营
三里河公园风景名胜区	2007	青岛
少海水利风景区	2010	青岛
莱西湖水利风景区	2007	青岛
抱龙河水利风景区	2010	威海
峆崳湖水利风景区	2011	威海
潍河水利风景区	2005	潍坊
弥河水利风景区	2006	潍坊
峡山湖水利风景区	2008	潍坊
白浪河水利风景区	2009	潍坊
淌水崖水库水利风景区	2009	潍坊
胶河水利风景区	2009	潍坊
浞河水利风景区	2010	潍坊
仁河水库水利风景区	2011	潍坊
沂山东镇湖水利风景区	2011	潍坊

（续表）

水利风景区	批准时间（年）	所在地
东村河水利风景区	2007	烟台
五龙河水利风景区	2011	烟台
龙口市王屋水库水利风景区	2012	烟台
栖霞市长春湖水利风景区	2012	烟台
招远市金都龙王湖水利风景区	2013	烟台

数据来源：中华人民共和国水利部官网。
统计时间截止：2014年12月。

国家级自然保护区

国家级自然保护区	批准时间（年）	所在地
滨州贝壳堤岛与湿地国家级自然保护区	2006	滨州
黄河三角洲国家级自然保护区	1992	东营
马山国家级自然保护区	1994	青岛
荣成大天鹅国家级自然保护区	2007	威海
山旺古生物化石国家级自然保护区	1980	潍坊
长岛国家级自然保护区	1988	烟台
昆嵛山国家级自然保护区	2008	烟台

数据来源：国家环保局官网。
统计时间截止：2014年12月。

国家湿地公园

国家湿地公园	所在地	批次
黄河岛国家湿地公园	滨州	第七批
少海国家湿地公园（试点）	青岛	第五批
莒南鸡龙河国家湿地公园	日照	第七批
峡山湖国家湿地公园（试点）	潍坊	第五批
安丘拥翠湖国家湿地公园（试点）	潍坊	第五批
寿光滨海国家湿地公园（试点）	潍坊	第五批
潍坊白浪河国家湿地公园	潍坊	第七批
王屋湖国家湿地公园	烟台	第七批
莱州湾金仓国家湿地公园	烟台	第七批

数据来源：国家林业局官网。
统计时间截止：2014年12月。

海洋特别保护区、海洋公园

海洋特别保护区、海洋公园	所在地
东营黄河口生态国家级海洋特别保护区	东营
东营利津底栖鱼类生态国家级海洋特别保护区	东营
东营河口浅海贝类生态国家级海洋特别保护区	东营
东营广饶沙蚕类生态国家级海洋特别保护区	东营
东营莱州湾蛏类生态国家级海洋特别保护区	东营
日照国家级海洋公园	日照
文登海洋生态国家级海洋特别保护区	威海
威海刘公岛海洋生态国家级海洋特别保护区	威海
乳山塔岛湾海洋生态国家级海洋特别保护区	威海
威海小石岛国家级海洋特别保护区	威海
刘公岛国家级海洋公园	威海
大乳山国家级海洋公园	威海
昌邑国家级海洋生态特别保护区	潍坊
龙口黄水河口海洋生态国家级海洋特别保护区	烟台
烟台芝罘岛群国家级海洋特别保护区	烟台
烟台牟平沙质海岸国家级海洋特别保护区	烟台
莱阳五龙河口国家级海洋特别保护区	烟台
海阳万米海滩国家级海洋特别保护区	烟台
莱州浅滩国家级海洋特别保护区	烟台
长岛国家级海洋公园	烟台
蓬莱登州浅滩国家级海洋特别保护区	烟台

数据来源：国家海洋局官网。

统计时间截止：2013年12月。

国家级海洋自然保护区

国家级海洋自然保护区	批准时间（年）	所在地
滨州贝壳堤岛与湿地国家级自然保护区	2006	滨州
荣成大天鹅国家级自然保护区	2007	威海
山东长岛国家级自然保护区	1982	烟台
黄河三角洲国家级自然保护区	1992	东营

数据来源：国家海洋局官网。

统计时间截止：2013年12月。

国家精品体育旅游路线

精品旅游路线	批准时间（年）	所在地
黄河口（东营）国际马拉松赛	2011	东营
黄河口（东营）国际马拉松赛	2012	东营
山东青岛奥林匹克帆船中心	2014	青岛

中国历史文化名城

中国历史文化名城	批准时间（年）	所在地
青岛	1994	青岛
蓬莱	2011	烟台
烟台	2013	烟台
青州	2013	潍坊

数据来源：中华人民共和国中央人民政府网。
统计时间截止：2013年12月。

中国历史文化名村

中国历史文化名村	批准时间（年）	所在地
东楮岛村	2007	威海
雄崖所村	2009	青岛
庄子村	2014	烟台

数据来源：中华人民共和国中央人民政府网。
统计时间截止：2014年12月。

全国工业旅游示范点

全国工业旅游示范点	所在地	批次
青岛啤酒厂	青岛	第一批
青岛海尔工业园	青岛	第一批
青岛港	青岛	第一批
青岛华东葡萄酒庄园	青岛	第一批
海信集团	青岛	第二批
青岛贝雕工艺品厂	青岛	第二批
青岛可口可乐饮料有限公司	青岛	第二批
青岛保税区	青岛	第四批

(续表)

全国工业旅游示范点	所在地	批次
山东中烟工业有限责任公司青州卷烟厂	潍坊	第二批
日照港	日照	第二批
威海宏安集团	威海	第二批
威海艺达集团	威海	第二批
威海金猴集团	威海	第二批
威海清华紫光科技园区	威海	第三批
威海云龙家纺工业园	威海	第三批
山东健人食品科技有限公司工业园	威海	第四批
威海啤酒集团工业园	威海	第四批
新郎欧美尔家居置业有限公司	潍坊	第四批
烟台张裕集团	烟台	第一批
烟台中粮长城葡萄酿酒有限公司	烟台	第二批
烟台南山集团	烟台	第二批
山东航天科技展馆	烟台	第四批
鲁花集团工业旅游区	烟台	第四批
山东新冷大食品集团有限公司	烟台	第四批

数据来源：国家旅游局官网。

统计时间截止：2007年12月。

全国农业旅游示范点

全国农业旅游示范点	批次	所在地
龙口南山集团	第一批	东营
青岛崂山北宅生态旅游区	第一批	青岛
青岛石老人观光园	第一批	青岛
即墨蔬菜科技示范园	第一批	青岛
青岛红岛西大洋休闲渔村	第二批	青岛
青岛崂山茶苑生态旅游区	第二批	青岛
日照王家皂民俗旅游村	第一批	日照
日照桃花岛风情园	第一批	日照
日照任家台民俗旅游村	第一批	日照
日照市乔家墩子村	第二批	日照

（续表）

全国农业旅游示范点	批次	所在地
日照竹洞天风景区	第二批	日照
日照市肥家庄民俗旅游度假村	第二批	日照
日照市靴石民俗旅游村	第二批	日照
威海青龙旅游度假村	第二批	威海
威海好当家集团	第二批	威海
潍坊金宝游乐园	第一批	潍坊
寿光高科技蔬菜示范园	第一批	潍坊
寿光林海生态博览园	第一批	潍坊
昌乐尧沟镇农业旅游示范园	第一批	潍坊
昌邑绿博园	第二批	潍坊
潍坊杨家埠民间艺术大观园	第二批	潍坊
烟台市农业科技博览园	第一批	烟台
长岛渔家乐	第一批	烟台
烟台昆嵛山国家森林公园	第一批	烟台
烟台招虎山国家森林公园	第二批	烟台
烟台蓬莱兴瑞庄园	第二批	烟台

数据来源：国家旅游局官网。
统计时间截止：2005年12月。

全国休闲农业与乡村旅游示范单位

类别	全国休闲农业与乡村旅游示范单位	年份	所在地
示范点	昌邑市绿博园	2010	潍坊
	烟台市农博园	2010	烟台
	阳信县金阳街道办事处	2010	滨州
	青岛市大泽山葡萄观光园	2010	青岛
	青岛市枯桃花卉实业有限公司	2010	青岛
	青岛市崂山区王哥庄街道晓望社区	2011	青岛
	青岛藏马山乡村旅游休闲度假地	2011	青岛
	青岛市山色峪樱桃专业合作社	2012	青岛
	滨州市芳绿食用菌高效生态休闲农业点	2013	滨州
	青岛宫家巨峰葡萄生态观光园	2013	青岛

（续表）

类别	全国休闲农业与乡村旅游示范单位	年份	所在地
示范区	荣成市	2010	威海
	牟平区	2011	烟台
	平度市	2011	青岛

数据来源：国家旅游局官网。

统计时间截止：2014年12月。

五星级酒店

五星级酒店	所在地
东营蓝海国际大饭店	东营
东营东胜大厦	东营
青岛海尔洲际酒店	青岛
青岛万达艾美酒店	青岛
青岛景园假日酒店	青岛
青岛鑫江希尔顿逸林酒店	青岛
青岛麒麟皇冠大酒店	青岛
青岛汇泉王朝大酒店	青岛
青岛海景花园大酒店	青岛
青岛香格里拉大饭店	青岛
青岛丽晶大酒店	青岛
威海海悦建国饭店	威海
威海金海湾国际饭店	威海
新富佳悦大酒店	潍坊
潍坊金茂国际大酒店	潍坊
潍坊富华大酒店有限公司	潍坊
烟台华美达广场大酒店	烟台
烟台东方海天酒店	烟台
烟台金海湾酒店	烟台
龙口南山国际会议中心	烟台
蓬莱华玺大酒店	烟台

数据来源：国家旅游局官网。

统计时间截止：2016年1月。

休闲渔业示范基地

休闲渔业示范基地	批准时间（年）	所在地
滨州市黄河岛休闲渔业示范基地	2013	滨州
日照市万宝水产总公司休闲渔业示范基地	2012	日照
威海西港休闲渔业示范基地	2012	威海
威海市荣成天鹅湖休闲渔业示范基地	2013	威海
威海市西霞口休闲渔业示范基地	2013	威海
威海市北海双岛湾休闲渔业示范基地	2013	威海
潍坊市寿光林海生态博览园休闲渔业示范基地	2013	潍坊
东方海洋休闲渔业牟平垂钓俱乐部	2012	烟台

数据来源：农业部渔业局官网。

统计时间截止：2013年12月。

优秀旅游城市

优秀旅游城市	所在地
滨州市	滨州
东营市	东营
即墨市	青岛
胶南市	青岛
青岛市	青岛
日照市	日照
荣城市	威海
乳山市	威海
威海市	威海
文登市	威海
青州市	潍坊
寿光市	潍坊
潍坊市	潍坊
诸城市	潍坊
海阳市	烟台
莱州市	烟台
龙口市	烟台
蓬莱市	烟台
栖霞市	烟台
烟台市	烟台
招远市	烟台

数据来源：国家旅游局官网。

统计时间截止：2013年12月。

高尔夫球场

高尔夫球场	所在地
山东青岛胶州中置少海湾高尔夫球场	青岛
山东青岛杰那希斯（云山）高尔夫球会	青岛
山东青岛金山国际高尔夫俱乐部	青岛
山东青岛伯爵山高尔夫俱乐部	青岛
山东青岛嶺海温泉高尔夫俱乐部	青岛
青岛黄金湖岸乡村俱乐部	青岛
山东青岛韩龙高尔夫俱乐部	青岛
山东青岛平度凯斯乐乡村俱乐部	青岛
山东青岛国际高尔夫俱乐部	青岛
山东青岛石老人国际高尔夫俱乐部	青岛
山东青岛茶山国际高尔夫俱乐部	青岛
山东青岛桃源江景高尔夫俱乐部	青岛
山东青岛天泰温泉高尔夫俱乐部	青岛
山东青岛凯思乐高尔夫俱乐部	青岛
山东青岛八千水城高尔夫俱乐部	青岛
山东青岛东方高尔夫俱乐部	青岛
山东青岛华山国际高尔夫俱乐部	青岛
山东青岛千禧宏达海滨高尔夫俱乐部	青岛
山东威海刘公岛高尔夫俱乐部	威海
山东威海威高天安高尔夫俱乐部（原BIP）	威海
山东威海文登天福高尔夫球会	威海
山东威海瑞圣高尔夫俱乐部（原张保皋）	威海
山东威海光耀全球候鸟度假地高尔夫俱乐部	威海
山东威海锦湖韩亚高尔夫俱乐部	威海
山东威海东方如意高尔夫俱乐部	威海
山东荣成大洋湖高尔夫俱乐部	威海
山东威海碧艾琵温泉高尔夫俱乐部	威海
山东威海荣成利智高尔夫俱乐部（待审）	威海
山东威海荣成石岛高尔夫旅游度假村	威海
山东威海RESOM高尔夫度假村	威海

（续表）

高尔夫球场	所在地
山东威海好当家高尔夫球会	威海
山东潍坊浮烟山高尔夫球会	潍坊
山东潍坊新国大度假村有限公司	潍坊
山东潍坊白浪绿洲高尔夫球会	潍坊
山东寿光市晨鸣生态湿地公园（建设中）	潍坊
山东南山国际高尔夫球会（东海西区）	烟台
山东龙口南山丹岭高尔夫俱乐部	烟台
山东烟台苹果城高尔夫球会	烟台
山东龙口海天高尔夫俱乐部	烟台
南山国际高尔夫球会东海中区	烟台
山东烟台马山寨伍斯南高尔夫俱乐部	烟台
山东蓬莱中粮君顶酒庄高尔夫俱乐部	烟台
山东烟台南光高尔夫俱乐部	烟台
山东烟台马山寨高尔夫俱乐部	烟台
山东海阳旭宝高尔夫俱乐部	烟台
山东烟台东方高尔夫俱乐部	烟台
山东烟台高尔夫俱乐部（原东海）	烟台
山东龙口南山国际高尔夫球会	烟台

数据来源：网络整理。

统计时间截止：2014年12月。

山东省沿海地市举办的国际赛事状况

竞赛名称	比赛地点	年份
第五届世界风筝锦标赛	潍坊	2009
沙滩手球四国邀请赛	烟台	2009
U19国际邀请赛	潍坊	2009
市长杯帆船赛	青岛	2009
第九届青岛国际柔道公开赛	青岛	2009
中日韩大帆船拉力赛	日照	2009
国际马联盛装舞步挑战赛	青岛	2009
沃尔沃大帆船拉力赛	青岛	2009

(续表)

竞赛名称	比赛地点	年份
青岛公开赛暨欧巡挑战赛	青岛	2009
世界杯蹼泳赛	烟台	2010
第27届潍坊国际风筝会暨第六届世界风筝锦标赛	潍坊	2010
中国潍坊滨海国际风筝冲浪邀请赛	潍坊	2010
"潍坊杯"青年国际足球邀请赛	潍坊	2010
长距离铁人三项世界杯赛	威海	2010
国际网联青少年（U18）巡回赛	威海	2010
国际马联盛装舞步挑战赛	青岛	2010
世界柔道大奖赛（中国站）	青岛	2010
山东青岛国际龙舟邀请赛	青岛	2010
国际泳联世界跳水系列赛	青岛	2010
青岛公开赛暨欧巡挑战赛	青岛	2010
黄河口国际马拉松赛暨全国马拉松积分赛	东营	2010
国际帆船赛	威海	2011
东亚俱乐部手球锦标赛（男、女）	威海	2011
第28届潍坊国际风筝会暨第七届世界风筝锦标赛	潍坊	2011
"潍坊杯"国际青年足球邀请赛	潍坊	2011
"希望杯"潍坊国际青少年足球邀请赛	潍坊	2011
中国潍坊滨海国际风筝冲浪锦标赛	潍坊	2011
国际网联青少年（U18）巡回赛	威海	2011
青岛国际帆船赛	青岛	2011
HOBIE-16双体帆船亚太赛	威海	2012
国际网联青少年（U18）巡回赛	威海	2012
第29届潍坊国际风筝会暨第八届世界风筝锦标赛	潍坊	2012
国际风筝会	潍坊	2012
潍坊"希望杯"国际青少年足球邀请赛	潍坊	2012
"潍坊杯"国际青年足球邀请赛	潍坊	2012
第四届潍坊滨海国际风筝冲浪邀请赛暨第二届国际风筝冲浪公开赛	潍坊	2012
国际铁联长距离铁人三项世界杯赛亚洲锦标赛	威海	2012
世界柔道大奖赛暨奥运会积分赛	青岛	2012
黄河口（东营）国际马拉松赛	东营	2012

（续表）

竞赛名称	比赛地点	年份
中日韩大帆船赛	日照	2012
亚洲羽毛球锦标赛	青岛	2012
青岛国际帆船周比赛	青岛	2012
全国城市俱乐部杯帆船赛	青岛	2012
国际象棋中德对抗赛	青岛	2012
青岛印第卡街道赛	青岛	2012
"潍坊杯"国际青年足球邀请赛	潍坊	2013
潍坊"希望杯"国际青少年足球邀请赛	潍坊	2013
潍坊世界风筝锦标赛	潍坊	2013
中国潍坊滨海国际风筝冲浪邀请赛	潍坊	2013
国际网联青少年（U18）巡回赛	威海	2013
"同一亚洲"巡回赛	烟台	2013
亚太业余高尔夫球锦标赛	烟台	2013
国际铁联长距离铁人三项世界杯赛	威海	2013
激光雷迪尔级帆船世界锦标赛	日照	2013
中日韩大帆船赛	日照	2013
帆船世界杯青岛站	青岛	2013
青岛国际帆船周	青岛	2013
世界柔道大奖赛中国站暨奥运会积分赛	青岛	2013
中国青少年花样游泳公开赛暨全国青少年花样游泳锦标赛	青岛	2013
欧亚乒乓球对抗赛	青岛	2013
沙滩网球赛	海阳	2013
世界杯攀岩赛	海阳	2013
黄河口（东营）国际马拉松赛	东营	2013
全地形车国际邀请赛	东营	2013
南山中国大师赛	烟台龙口	2014
"潍坊杯"国际青年足球邀请赛	潍坊	2014
潍坊"希望杯"国际青少年足球邀请赛	潍坊	2014
第31届潍坊国际风筝会暨第十届世界风筝锦标赛	潍坊	2014
第6届中国潍坊滨海国际风筝冲浪邀请赛	潍坊	2014
U-22国家队友谊赛（6场）	潍坊	2014

(续表)

竞赛名称	比赛地点	年份
国际铁联长距离铁人三项世界锦标赛	威海	2014
中国极限运动大奖赛	海阳	2014
世界杯攀岩赛	海阳	2014
中日韩大帆船赛	日照	2014
帆船世界杯青岛站	青岛	2014
青岛国际帆船周	青岛	2014
世界柔道大奖赛中国站暨奥运会积分赛	青岛	2014
U19男足四国邀请赛	青岛	2014
青岛银行金山挑战赛	青岛	2014
国际极限赛（系列赛）	青岛	2014
中国全地形车锦标赛暨国际邀请赛	东营	2014

数据来源：国家体育总局官网整理。

统计时间截止：2015年10月。

山东省沿海地市举办的国内赛事状况

竞赛名称	比赛地点	年份
第二届全国12人龙舟锦标赛	烟台	2009
全国U15比赛	青岛、威海	2009
全国U16女足联赛	青岛	2009
全国短道速滑青年锦标赛	青岛	2009
全国短道速滑少年锦标赛	青岛	2009
全国帆板锦标赛暨全运会帆板预赛	日照	2009
全国翻波板锦标赛	乳山	2009
全国橄榄球冠军赛男子	青岛	2009
全国橄榄球冠军赛女子	青岛	2009
全国高尔夫女子职业巡回赛第三站	烟台	2009
全国高尔夫女子职业巡回赛第二站	青岛	2009
全国高尔夫球业余锦标赛	烟台南山	2009
全国鸽王赛	青岛	2009
全国公路自行车冠军赛	烟台	2009
全国滑水精英赛	日照	2009

（续表）

竞赛名称	比赛地点	年份
全国健身交谊舞锦标赛	东营	2009
全国马术绕桶冠军赛	青岛	2009
全国男子篮球职业联赛	东营	2009
全国女子篮球青年联赛	青岛	2009
全国女子篮球乙级联赛	烟台	2009
全国皮划艇激流回旋青少年锦标赛	日照	2009
全国青年U21沙滩排球锦标赛	莱州	2009
全国青年帆船锦标赛	日照	2009
全国青少年蹼泳锦标赛	烟台	2009
全国沙滩男、女手球锦标赛	威海	2009
全国沙滩排球巡回赛	海阳	2009
	日照	2009
全国沙滩摔跤锦标赛	烟台	2009
全国射箭精英赛	荣成	2009
全国现代五项冠军赛	烟台	2009
全国象棋甲级联赛	高密	2009
全国信鸽通讯赛	青岛	2009
全国重点学校射箭锦标赛	荣成	2009
烟台街道赛	烟台	2009
中国乒乓球俱乐部甲B比赛	烟台	2009
中国足球协会甲级联赛	青岛	2009
2010—2011年全国CBA职业联赛	青岛	2010
2010—2011年全国WCBA联赛	青岛	2010
U15全国耐克杯决赛	潍坊	2010
U15优胜者杯赛	潍坊	2010
第二届全国12人龙舟锦标赛	烟台	2010
第十三届全国公开水域锦标赛暨水运会公开水域比赛	日照	2010
贺龙中国业余篮球公开赛（男子）	青岛	2010
贺龙中国业余篮球公开赛业余俱乐部男子比赛	青岛	2010
肯德基全国青少年三人篮球冠军挑战赛（男子）	青岛	2010
全国初中男子篮球联赛	青岛	2010

（续表）

竞赛名称	比赛地点	年份
全国冬季山地户外挑战赛	威海	2010
全国动力伞优秀选手赛	海阳	2010
全国帆板锦标赛	日照	2010
全国帆船锦标赛	日照	2010
全国高尔夫球男子职业锦标赛	烟台	2010
全国高中男子篮球联赛	青岛	2010
全国国际象棋棋童杯赛	青岛	2010
全国花毽邀请赛	胶南	2010
全国滑水锦标赛	日照	2010
全国激流回旋锦标赛暨水上运动会激流回旋比赛	日照	2010
全国毽球邀请赛	胶南	2010
全国卡丁车锦标赛（CKC）（青少年组）	潍坊	2010
全国篮球俱乐部三线队比赛（男子）	青岛	2010
全国龙舟邀请赛	潍坊	2010
全国龙舟邀请赛	海阳	2010
全国马术盛装舞步冠军赛	青岛	2010
全国马术盛装舞步锦标赛	青岛	2010
全国摩托车越野锦标赛	日照	2010
全国摩托艇锦标赛	日照	2010
全国男子篮球青年联赛	青岛基地	2010
全国女子篮球青年联赛	青岛基地	2010
全国女子手球锦标赛	威海	2010
全国攀岩分站赛	海阳	2010
全国皮划艇静水锦标赛暨水上运动会皮划艇静水比赛	日照	2010
全国蹼泳锦标赛	日照	2010
全国青年帆船锦标赛	青岛	2010
全国青少年航海模型锦标赛	青岛	2010
全国青少年攀岩分站赛	青岛	2010
全国青少年三人篮球比赛（男子）	青岛	2010
全国青少年三人篮球比赛（女子）	青岛	2010
全国赛艇锦标赛暨水上运动会赛艇比赛	日照	2010

(续表)

竞赛名称	比赛地点	年份
全国沙滩木球公开赛	胶南	2010
全国沙滩手球锦标赛	威海	2010
全国摔跤少年锦标赛	潍坊	2010
全国摔跤少年锦标赛	潍坊	2010
全国水球锦标赛暨水上运动会水球比赛	日照	2010
全国跳水冠军赛暨中国水上运动会跳水比赛	日照	2010
全国铁人三项冠军杯系列赛	威海	2010
全国铁人三项锦标赛	日照	2010
全国业余高尔夫球冠军赛	南山	2010
全国游泳锦标赛	日照	2010
全国中学生、业余体校手球锦标赛	潍坊	2010
全国自由式轮滑大赛	胶南	2010
烟台城市汽车赛	烟台	2010
中国马术协会绕桶巡回赛	青岛基地	2010
中国女子足协杯赛	荣成	2010
中国乒乓球俱乐部甲A比赛	烟台	2010
理光杯职业围棋混双赛	烟台	2011
全国动力伞锦标赛	海阳	2011
全国翻波板锦标赛	青岛	2011
全国公路自行车冠军赛	东营	2011
全国海钓锦标赛	胶南	2011
全国健美操比赛暨青少年比赛	青岛	2011
全国篮球重点单位U15女子比赛	青岛	2011
全国男子篮球青年联赛	烟台	2011
全国汽车飘移系列赛	烟台	2011
全国青年帆船赛	乳山	2011
全国青少年帆板锦标赛	日照	2011
全国青少年高尔夫球锦标赛	南山	2011
全国青少年卡丁车锦标赛	潍坊	2011
全国青少年模拟建筑网络竞赛	青岛	2011
全国少儿乒乓球杯赛总决赛	滨州	2011

（续表）

竞赛名称	比赛地点	年份
全国少年击剑赛	烟台	2011
全国速度轮滑锦标赛	海阳	2011
全国铁人三项冠军杯系列赛	威海	2011
全国武术之乡比赛	烟台	2011
全国现代五项冠军赛	青岛	2011
全国游泳锦标赛	日照	2011
全国女子自由式摔跤冠军赛	滨州	2011
中国男子篮球职业联赛	青岛	2011
中国女子篮球甲级联赛	潍坊	2011
中国女子职业高尔夫球巡回赛	烟台	2011
中国乒乓球俱乐部甲B比赛	烟台	2011
中国羽毛球俱乐部超级联赛	青岛	2011
中国足球协会中甲俱乐部预备队联赛	青岛	2011
中国足球协会室内五人制足球甲级联赛	青岛	2011
"别克杯"中国高尔夫球俱乐部联赛	烟台	2012
第二十六届全国软式网球锦标赛	日照	2012
第十八届全国软式网球冠军赛	日照	2012
第四届全国荷球锦标赛	胶南	2012
汇丰全国青少年高尔夫冠军赛	烟台	2012
全国7人制橄榄球青年锦标赛（男、女）	青岛	2012
全国地掷球锦标赛	东营	2012
全国儿童击剑赛	烟台	2012
全国翻波板锦标赛	烟台	2012
全国高尔夫女子职业巡回赛第四站	青岛	2012
全国健美操联赛（4站）	威海	2012
全国男子古典式摔跤青年锦标赛	潍坊	2012
全国男子篮球高水平后备人才基地U15比赛	烟台	2012
全国男子篮球联赛	济南、青岛	2012
全国女子篮球高水平后备人才基地U13比赛	青岛	2012
全国女足U-16联赛	青岛	2012
全国女足联赛	潍坊	2012

（续表）

竞赛名称	比赛地点	年份
全国蹼泳锦标赛	烟台	2012
全国青年帆船赛	日照	2012
全国青少年（中学生）毽球锦标赛	胶南	2012
全国青少年男排冠军赛	潍坊	2012
全国柔道锦标赛	滨州	2012
全国沙滩排球巡回赛暨第十二届全运会资格赛	文登	2012
全国山地户外运动挑战赛	日照	2012
全国少年（16—17岁）田径锦标赛	烟台	2012
全国速度轮滑（公路）锦标赛	胶南	2012
全国跆拳道青年锦标赛	青岛	2012
全国铁人三项冠军杯赛	威海	2012
全国万人全民健身操大赛总决赛	青岛	2012
全国业余城市精英挑战赛	青岛	2012
全国业余铁人三项积分赛第九站	威海	2012
全国长距离铁人三项锦标赛	威海	2012
中国羽毛球俱乐部超级联赛	青岛	2012
中国足球协会室内五人制足球甲级联赛	青岛	2012
"皇冠杯"中国业余高尔夫球城市精英挑战赛	青岛	2013
2013—2014赛季WCBA联赛	烟台	2013
城市俱乐部杯帆船赛	青岛	2013
第19届全国青少年软网锦标赛	潍坊	2013
第二届"青岛之夏"桥牌公开赛	青岛	2013
全国7人制橄榄球青年锦标赛（男、女）	潍坊	2013
全国U15女子篮球比赛	烟台	2013
全国帆板冠军赛	日照	2013
全国翻波板锦标赛	青岛	2013
全国花样滑冰冠军赛	青岛	2013
全国花样轮滑锦标赛	青岛	2013
全国健美操联赛	青岛	2013
全国卡车大赛	招远	2013
全国男子篮球高水平后备人才基地U15比赛	青岛	2013

（续表）

竞赛名称	比赛地点	年份
全国马术绕桶巡回赛	青岛	2013
全国摩托车越野锦标赛	东营	2013
全国男子自由式摔跤锦标赛暨全运会预赛	潍坊	2013
全国女子篮球俱乐部青年联赛	青岛	2013
全国女足U-16联赛	潍坊	2013
全国全民健身操舞大赛总决赛	青岛	2013
全国沙滩排球巡回赛暨第十二届全运会资格赛	文登	2013
全国少年（16—17岁）田径锦标赛暨世少赛选拔赛	潍坊	2013
全国手球后备人才基地、业余体校手球锦标赛	潍坊	2013
全国网球青少年U14排名赛	滨州	2013
全国网球青少年U16排名赛	滨州	2013
全国五子棋公开赛	济南、青岛	2013
全国业余高尔夫球希望赛第五站	青岛	2013
全国业余铁人三项积分赛第八站	威海	2013
全国游泳锦标赛	青岛	2013
全运会第二次预赛	潍坊	2013
全运会帆板预赛	烟台	2013
市长杯帆船赛	青岛	2013
室内五人制足球甲级联赛	青岛	2013
威海帆船周	威海	2013
中国高尔夫球男子职业锦标赛	烟台	2013
中国青少年花样游泳公开赛暨全国青少年花样游泳锦标赛	青岛	2013
中国全地形车锦标赛	东营	2013
"别克杯"中国高尔夫球俱乐部联赛	青岛	2014
"我爱祖国海疆"全国青少年航海建筑模型教育竞赛	青岛	2014
BMW大师赛资格赛	烟台	2014
城市俱乐部杯帆船赛	青岛	2014
高尔夫球希望赛	青岛	2014
南山中国大师赛资格赛	烟台	2014
全国7人制橄榄球系列积分赛	威海	2014
全国动力伞锦标赛	青岛	2014

（续表）

竞赛名称	比赛地点	年份
全国儿童击剑赛	烟台	2014
全国帆船冠军赛	日照	2014
全国翻波板锦标赛	烟台	2014
全国公路自行车冠军赛	青岛胶州	2014
全国航空航天模型锦标赛	青岛胶州	2014
全国后备人才基地、业余体校手球锦标赛	潍坊	2014
全国健美操联赛	烟台	2014
全国健美锦标赛	青岛	2014
全国马拉松锦标赛系列赛	东营	2014
全国马术绕桶巡回赛	青岛	2014
全国男子古典式摔跤青年锦标赛	潍坊	2014
全国男子篮球俱乐部青年联赛	青岛	2014
全国女子篮球俱乐部青年联赛	青岛	2014
全国汽车场地越野锦标赛（COC）	博山	2014
全国青年7人制橄榄球系列积分赛	威海	2014
全国青少年（中学生）毽球锦标赛	潍坊	2014
全国青少年U18女排锦标赛	潍坊	2014
全国青少年铁人三项冠军杯赛	威海	2014
全国青少年武术散打锦标赛	潍坊	2014
全国全民健身操舞大赛总决赛	青岛	2014
全国沙滩排球巡回赛	威海	2014
全国沙滩足球城市预赛	海阳	2014
全国少儿门球赛	滨州	2014
全国少年（14—15岁）田径锦标赛	潍坊	2014
全国少年乒乓球比赛	博兴	2014
全国铁人三项冠军杯赛	威海	2014
全国现代五项少年锦标赛暨青少年训练营	青岛	2014
全国业余铁人三项积分赛第七站	威海	2014
全国游泳冠军赛	青岛	2014
全国中学生手球锦标赛	潍坊	2014
全国男子自由式摔跤少年锦标赛	博兴	2014

（续表）

竞赛名称	比赛地点	年份
市长杯帆船赛	青岛	2014
沃尔沃公开赛资格赛	南山	2014
中超精英梯队联赛	潍坊	2014
中国高尔夫教练员巡回赛	南山	2014
中国男子职业高尔夫球挑战赛	烟台	2014
中国全地形车锦标赛	东营	2014
中国业余高尔夫球锦标赛	烟台	2014
中国职业高尔夫球锦标赛	青岛	2014
中国足球协会杯赛	济南、青岛	2014
中信银行中国业余高尔夫球巡回赛	青岛	2014
中巡赛—美巡中国系列赛	蓬莱	2014

数据来源：国家体育总局官网整理。

统计时间截止：2015年10月。

职业联赛

联赛名称	球队	主场地点
中国足球协会职业联赛	青岛中能足球俱乐部，青岛黄海足球俱乐部	青岛
中国篮球职业联赛	青岛双星篮球俱乐部	青岛

数据来源：国家体育总局官网整理。

统计时间截止：2015年12月。

山东省沿海地市滑雪场

沿海地市	滑雪场名称
青岛	塔山滑雪场
	茶山滑雪场
	金山滑雪场
	崂山滑雪场风景区
	藏马山滑雪场
	灵珠山滑雪场
	清闲庄园滑雪场
	天泰温泉滑雪场

(续表)

沿海地市	滑雪场名称
青岛	石门山世界文化园崂山滑雪场
	必捷滑雪场
	崂山北宅高山滑雪场
东营	东营滑雪场
	龙居桃花岛滑雪场
	万象滑雪场
烟台	塔山滑雪场
	海阳林山滑雪场
	勃朗鲁东滑雪场
	莱阳金山滑雪场
	蓬莱韩菲滑雪场
潍坊	青州驼山滑雪场
	青云山滑雪场
威海	威虎山滑雪场
	山泰生态园滑雪场（文登区）
	塔山滑雪场
	金龙山滑雪场
滨州	中海滑雪场
	博兴地球村滑雪场
	无棣碣石山滑雪场
日照	五莲山滑雪场
	沁园春滑雪场
	浮来山滑雪场

数据来源：网络搜集。

统计时间截止：2015年12月。

国家体育产业基地

基地名称	所在城市	批准时间（年）
青岛即墨国家级体育产业基地	青岛即墨	2012

数据来源：国家体育总局官网整理。

统计时间截止：2014年12月。